华中师范大学出版基金丛书
学术著作系列

U0873039

★2017年度国家社会科学基金重点资助项目

大型体育场馆经营权改革研究

陈元欣 著

CBJJ

华中师范大学出版社

新出图证（鄂）字 10 号

图书在版编目（CIP）数据

大型体育场馆经营权改革研究/陈元欣 著. —武汉：华中师范大学出版社，2021.12

ISBN 978-7-5622-9530-3

Ⅰ.①大… Ⅱ.①陈… Ⅲ.①体育场—经营管理—体制改革—研究—中国 ②体育馆—经营管理—体制改革—研究—中国 Ⅳ.①G818

中国版本图书馆 CIP 数据核字（2021）第 215749 号

DAXING TIYU CHANGGUAN JINGYINGQUAN GAIGE YANJIU

大型体育场馆经营权改革研究

©陈元欣 著

责任编辑：苏 睿　　**责任校对**：童 雯　　**封面设计**：罗明波

编辑室：学术出版中心　　**电话**：027-67867370

出版发行：华中师范大学出版社

社址：湖北省武汉市洪山区珞喻路 152 号　　**邮编**：430079

电话：027-67863426/3280（发行部）　027-67861321（邮购）

传真：027-67863291

网址：http://press.ccnu.edu.cn　　**电子信箱**：press@mail.ccnu.edu.cn

印刷：湖北恒泰印务有限公司　　**督印**：刘 敏

字数：253 千字

开本：710mm×1000mm 1/16　　**印张**：17

版次：2021 年 12 月第 1 版　　**印次**：2021 年 12 月第 1 次印刷

定价：68.00 元

欢迎上网查询、购书

序

党的十八届三中全会通过的《中共中央关于全面深化改革若干重大问题的决定》拉开了体育等领域全面深化改革的大幕，大型体育场馆（以下简称“场馆”）运营改革问题作为体育领域改革的重要内容引起了社会各界的高度关注。国家先后出台了一系列政策，积极推进场馆运营改革，而场馆运营改革的核心问题是经营权改革。2016 年国家发改委等 24 部委出台的《关于促进消费带动转型升级的行动方案》提出：行政机关和事业单位所属的体育场馆，通过引入社会资本和现代公司化运营机制等，推广“所有权属于国有，经营权属于公司”的分离改革模式。2019 年国务院办公厅出台的《关于促进全民健身和体育消费推动体育产业高质量发展的意见》再次明确提出要：“深化场馆运营管理改革。鼓励各地推进公共体育场馆‘改造功能、改革机制’工程。政府投资新建体育场馆应委托第三方企业运营。”虽然国家相关政策不断提出要深化场馆运营管理改革，但如何推进改革，改革理念从空中落地，尚无具体顶层设计，亟须深入研究。因此，在当前国家全面深化改革进程中，就场馆经营权改革问题进行深入研究，具有重要的现实意义和应用价值，可为全国深化场馆运营管理改革提供经验借鉴与理论支持，破解场馆运营难题。

该书高度关注目前场馆经营权改革中遇到的各种问题，以问题为导向，着力于解决场馆经营权改革中遇到的各种难题，从场馆经营权改革的基本情况与实践探索入手，就剧院和域外场馆运营经验与模式、企业化改革、PPP 模式在场馆经营权改革中的应用、民营企业和职业体育俱乐部参与场馆运营、场馆运营企业规模化运营、场馆经营权竞标问题、场馆委托合同、场馆经营权改革后公共体育服务供给、场馆运营商激励机制和监管体系构建等问题进行了较为深入的分析，部分研究内容国内学者鲜有涉猎，在一定程度上丰富和拓展了场馆运营改革的研究内容。

该书在对国内外场馆运营改革成功经验归纳、提炼的基础上提出的对策与建议具有较高的应用价值和可操作性，对于地方各级政府贯彻落实国务院和国家体育总局等部门关于场馆经营权改革的政策具有重要的借鉴和参考价值，可为各地政府推进场馆经营权改革、编制改革方案提供理论支持与经验借鉴。

目　录

1 绪　　论

1.1 研究背景与意义

党的十八届三中全会通过的《中共中央关于全面深化改革若干重大问题的决定》开启了全面深化改革的大幕，大型体育场馆（以下简称“场馆”）运营改革问题作为体育领域改革的重要内容引起了社会各界的高度关注。国家先后出台了一系列政策，积极推进场馆运营改革，并将经营权改革作为场馆运营改革的核心问题。2016 年国家发改委等 24 部委联合发布的《关于促进消费带动转型升级的行动方案》提出：行政机关和事业单位所属的体育场馆，通过引入社会资本和现代公司化运营机制等，推广“所有权属于国有，经营权属于公司”的分离改革模式。根据国务院部署，国家体育总局选择江苏、浙江、重庆三个省（市）作为试点，探索推进场馆经营权属于公司的改革。在上述省（市）改革试点的基础上，国家体育总局在全国范围内启动了公共体育场馆改造功能、改革机制的场馆“两改”工程，场馆经营权改革是机制改革的核心内容，亦是改造场馆功能的前提和基础。2019 年国务院办公厅印发的《关于促进全民健身和体育消费推动体育产业高质量发展的意见》再次明确提出：要“深化场馆运营管理改革，鼓励各地推进公共体育场馆‘改造功能、改革机制’工程。政府投资新建体育场馆应委托第三方企业运营，不宜单独设立事业单位管理。支持职业体育俱乐部主场场馆优先改革”。虽然国家相关政策不断提出要深化场馆运营管理改革，但如何推进改革，使改革理念从空中落地，尚无具体顶层设计，亟须深入研究。因此，在当前国家全面深化改革进程中，就场馆经营权改革问题进行深入研究，具有重要的现实意义和应用价值，可为全国深化场馆运营管理改革提供经验借鉴与理论支持，破解场馆运营难题。

1.2 相关概念界定

本书研究对象为大型体育场馆，但现实中与大型体育场馆相关且含义相近的概念有多个，如体育场地、体育场馆、公共体育场馆等，为明确本书的研究对象，应就场馆以及与之相关的概念进行界定与说明。

1.2.1 体育场地

体育场地应该说是有关体育场馆概念中内涵与外延最为广泛的概念，所涵盖范围包括各种可用于开展体育活动的场地。根据《第六次全国体育场地普查实施方案》对于体育场地概念的界定，体育场地是指专门用于体育训练、比赛和健身活动的，有一定投资的、公益性或经营性体育设施，包括必要的附属功能用房。根据该概念界定，体育场地有两个基本特征：一是专门用于体育训练、比赛和健身活动的，非专用的不应作为体育场地，如公园、广场、道路等；二是应有一定投资，无投资的沙滩、草地等自然场地不能作为体育场地。从体育场地的概念来看，体育场地所涵盖范围比较广，包括体育场馆以及其他各种类型的体育场地。根据《第六次全国体育场地普查实施方案》的说明，此次普查共有83种体育场地类型以及其他类型的体育场地。《第六次全国体育场地普查数据公报》显示，截至2013年12月31日，我国共有各类体育场地169.46万个。

1.2.2 体育场馆

体育场馆是进行运动训练、运动竞赛及身体锻炼的专业性场所，是为了满足运动训练、运动竞赛和大众体育消费需要而专门修建的各类运动场所的总称①。根据不同的标准，体育场馆可以进行不同的分类。如

① 赵钢，雷厉. 体育场馆经营管理概论［M］. 北京：北京体育大学出版社，2007.

根据体育场馆的使用性质可将其分为比赛场馆、教学训练场馆和健身娱乐场馆；根据体育场馆的规模可以将其分为特大型、大型、中型和小型体育场馆；从体育场馆的使用功能来看，可以将其分为专用性体育场馆和综合性体育场馆，一般而言，体育场和体育馆为综合性体育场馆。目前，我国各地建设的体育中心基本上是按照“一场两馆”（体育场一座、体育馆和游泳馆各一座）的模式兴建的，而且，我国建筑行业标准——《体育建筑设计规范》（JGJ31-2003）也仅对体育场、体育馆和游泳馆的建筑标准进行了规范。在国内，一般意义上体育场馆是指体育场、体育馆和游泳馆。2014 年体育总局等部门联合开展的第六次全国体育场地普查结果显示，全国共有各类体育场馆约 1.4 万个。本书关于研究对象体育场馆的界定即指体育场、体育馆和游泳馆。

1.2.3 公共体育场馆

关于公共体育场馆的概念在理论上尚有争议，在具体的认定上也缺乏相应的操作性指南。根据国务院 2003 年颁布的《公共文化体育设施条例》第二条的规定：本条例所称公共文化体育设施，是指由各级人民政府举办或者社会力量举办的，向公众开放用于开展文化体育活动的公益性的图书馆、博物馆、纪念馆、美术馆、文化馆（站）、体育场（馆）、青少年宫、工人文化宫等的建筑物、场地和设备。从该条例关于公共文化体育设施的界定可以推理出：公共体育场馆应是指由各级人民政府举办或者社会力量举办的，向公众开放用于开展体育活动的公益性的体育场馆。从该概念界定可以看出公共体育场馆应具备两个基本条件：一是对外开放；二是公益性。不论投资主体是政府还是社会力量，只要符合这两个基本条件的体育场馆，均可认定为公共体育场馆，这也就是说社会力量亦可投资建设公共体育场馆。

1.2.4 大型体育场馆

关于大型体育场馆，国内并无较为统一、权威的概念。根据原国家计委、国家建委、财政部 1978 年颁布的《关于基本建设项目和大中型划分标准的规定》的界定，按投资额划分的基本建设项目，属于生产性建设项目中的能源、交通、原材料部门的工程项目，投资额达到 5 000 万元以上为大中型项目；其他部门和非工业建设项目，投资额达到 3 000 万元以上为大中型建设项目。体育场馆建设属于其他部门和非工业建设项目，因此，体育场馆投资在 3 000 万元以上的为大中型建设项目。由于该规定颁布时间较早，当前若仍按照该规定划分大中型和小型体育场馆不太合适。而且，由于国内各地的土地价格差异较大，不同地区建设规模相差不大的体育场馆的投资额相差却比较大，所以，当前依据体育场馆的投资规模来界定体育场馆规模已不太合适。

《体育建筑设计规范》按照体育场馆承办的不同层次的比赛要求和规模等级将体育场馆分为特大型、大型、中型和小型，并对不同等级体育场馆的座席数量也做出了建议性的说明和要求。2013 年国家体育总局等 8 部门出台的《关于加强大型体育场馆运营管理改革创新　提高公共服务水平的意见》（以下简称《8 部门意见》）将大型体育场馆界定为：本意见所称大型体育场馆，是指由各级人民政府和社会力量投资建设、向公众开放、达到《体育建筑设计规范》（JGJ31-2003）有关规模规定的体育场（观众座位数 20 000 座及以上），体育馆（观众座位数 3 000 座及以上），游泳馆、跳水馆（观众座位数 1 500 座及以上）等体育建筑。《大型体育场馆基本公共服务规范》在适用范围中指出："本规范适用于由各级人民政府举办或者社会力量举办的，向公众开放、达到《体育建筑设计规范》（JGJ31-2003）有关规模规定的体育场（观众座位数 20 000 座及以上），体育馆（观众座位数 3 000 座及以上），游泳馆、跳水馆（观众座位数 1 500 座及以上）等，及由这些体育场馆组成的综合性场馆单位。"

从我国场馆建设的现实来看，场馆建设形式多以"一场两馆"（体育场、体育馆和游泳馆）为主，但亦有其他多种组合形式，如体育场与全民健身中心、体育馆与网球馆等。在场馆群中，个别场馆如体育场、体育馆等达到《8 部门意见》规定的大型体育场馆的标准，但场馆群中其他场馆达不到大型场馆的标准。本书亦将此类场馆群作为大型体育场馆纳入研究对象。

从大型体育场馆与公共体育场馆的关系来看，在我国，大型体育场馆基本上均为公共体育场馆，几乎没有非公共的大型体育场馆。国内仅有的个别大型体育场馆，如五棵松体育馆、南通体育会展中心等，虽为社会力量投资建设，但政府在供地等方面予以支持，且场馆在对外开放过程中均提供了公益性服务（如五棵松篮球公园的公益开放），亦可将其纳入公共体育场馆的范畴。公共体育场馆一般多为政府投资建设的体量相对较大，具备一定规模的场馆，如体育系统下属事业单位管理的体育场馆等。但大型体育场馆又不能等同于公共体育场馆，二者还是有一定差异，尤其是大型体育场馆，其与主要用于全民健身的中小型公共体育场馆在运营管理方面具有较大差异。

因此，从大型体育场馆、公共体育场馆的概念及其相互关系来看，本书的研究对象既是大型体育场馆，亦是公共体育场馆，为公共体育场馆中具备一定规模和体量的场馆。

1.2.5 场馆经营权

场馆经营权是本书研究的核心概念，亦是研究的主要内容，需要就经营权改革进行明确的界定，以为后续研究奠定基础。

(1) 场馆经营权提出的政策依据

2015 年国家体育总局印发的《体育场馆运营管理办法》提出："积极推进场馆管理体制改革和运营机制创新，推动场馆所有权和经营权两权分离，引入和运用现代企业制度，激发场馆活力。"其首次明确提出体育场馆所有权与经营权这对名词，创造性地提出了大型体育场馆运营管理改革的具体思路，即推进场馆两权分离改革，但是对于如何实施场馆两权分离以及如何划分场馆所有权、经营权的范畴并没有给出具体的意见。

2016 年国家发改委等 24 部委印发的《关于促进消费带动转型升级的行动方案》提出："对于行政机关和事业单位所属的体育场馆引入社会资本和现代公司化运营机制等，推广所有权属于国有，经营权属于公司的分离改革模式。"该方案的出台是对以往政策的一个突破，明确了两权分离的具体操作方式，即所有权属于国有，经营权属于公司。

2018 年初，为继续推进场馆运营管理改革，体育总局下发了《关于在全国开展公共体育场馆"改造功能、改革机制"试点工作的通知》

(以下简称《两改试点》)，提出要改革机制，推进公共体育场馆“所有权属于国有，经营权属于公司”的分离改革，实现场馆由市场运营，激发发展活力。《两改试点》提出机制改革的主要内容仍是经营权改革，但对于如何推进改革，则提出由各地因地制宜，选择部分场馆进行试点。

(2) 场馆经营权的含义

经营权概念并非新生事物。1988 年通过的《中华人民共和国全民所有制工业企业法》第二条第二款规定：“企业的财产属于全民所有，国家依照所有权和经营权分离的原则授予企业经营管理。企业对国家授予其经营管理的财产享有占有、使用和依法处分的权利。”这是第一次从法律上对经营权概念的界定。

《决策科学辞典》对经营权做两种定义，指出：“私有企业的经营权是指董事会及经理人员代表公司法人经营业务的权利，而国有企业的经营权是指企业对国家授予其经营管理的财产享有占有、使用和依法处分的权利。”

以上两种关于经营权的定义，丰富了经营权的相关理论，但是应用到场馆运营实际中还存在理论上的空白。如目前我国大多数场馆是由各级体育行政部门下属的事业单位来运营，事业单位实际上也享有场馆的经营权，但是上述两种解释仅仅限定了私营企业和国有企业的经营权，对于事业单位拥有的经营权没有明确的解释，容易造成认识上的模糊，因此有必要对场馆经营权做一步明确界定。

根据《中华人民共和国物权法》，结合两权分离的内涵，笔者认为经营权应当属于物权的法律范畴。物权是指权利人依法对特定的物享有直接支配和排他的权利，包括所有权和他物权（用益物权和担保物权）。物权分为自物权和他物权。自物权是指权利人对于自己的物所享有的权利，与他人之物无关，故称作自物权，所有权是自物权。他物权是指权利人对于不属于自己所有的物，而依据合同的约定或法律的规定所享有的占有、使用、收益的权利。他物权一般不包括处分的权利，因为只有享有所有权的人，才能合法行使处分权。至此，经营权的上位概念相对厘清。

《行政单位国有资产管理暂行办法》《事业单位国有资产监督管理条例》和《企业国有资产监督管理条例》对行政事业单位、国有企业资产管理给出了明确的规定，其中都明确了行政事业单位、国有企业资产归国家所有，行政事业单位、国有企业对本单位占有、使用的国有资产进行管理，国有资产收益管理、资产处置需由相关财政部门、上级主管部门或国有资产监督管理机构批准。因此，结合《中华人民共和国物权法》中对经营权的上位概念——他物权的定义，笔者将场馆经营权界定为：权利人对于场馆依据合同的约定或法律的规定所享有的占有、使用、收益的权利。这一观点目前在理论研究领域已获得一定的认可，如北京市东城区体育局副局长马力在 2017 年 3 月中国体育场馆协会会员代表大会作的《浅析事业型体育场馆引入和运用现代企业制度的必要性》主题分享中指出，经营权指企业的经营者对企业法人财产的占有、使用及收益的权利。

1.3 主要研究方法

1.3.1 文献资料法

课题组查阅了中国知网、国家体育总局决策咨询研究项目成果库等相关研究成果，查阅了国家体育总局、江苏省体育局、浙江省体育局、重庆市体育局、湖北省体育局和中国体育场馆协会等有关场馆运营管理方面的文献资料，研究了场馆改革试点报告以及国内外部分场馆签订的委托管理合同、场馆运营审计报告等文献资料。通过互联网，查阅了国内有关体育场馆运营管理改革的相关文件和政策规定等资料。

1.3.2 实地考察法

课题组先后对武汉体育中心、武汉洪山体育中心、武汉新华路体育中心、江苏省五台山体育中心、南京奥体中心、浙江省黄龙体育中心、重庆涪陵体育场、北京五棵松场馆群、北京工人体育中心、国家奥体中心、福建奥体中心、深圳大运中心、深圳湾体育中心、国家体育场、国家游泳中心、长沙贺龙体育中心、陕西省体育场、广州天河体育中心、广州新体育馆等 40 多个场馆的运营管理改革进行了实地调研与考察。

1.3.3 问卷调查法

根据本课题研究的需要以及推进场馆经营权改革的现实需要，课题组进行了半封闭式的《大型体育场馆经营权改革调查问卷》调查。为保证问卷的效度，课题组聘请了场馆理论方面和管理实践方面的 5 位专家对问卷的内容和效度进行了检验，其中 4 位专家认为本问卷的内容和效度完全合理，1 位专家认为基本合理，最后根据专家的修改意见对问卷进行了修改。因此，问卷具有较高的效度。问卷调查工作在国家体育总局经济司的支持下，利用中国体育场馆协会于 2017 年 3 月在上海召开中国体育场馆协会会员代表大会的机会，以中国体育场馆协会的名义，对到场的全国各公共体育场馆负责人以问卷和访谈的形式进行调查、访问，并在江苏省体育局、湖北省体育局、安徽省体育场馆协会的支持下，对部分符合条件的场馆进行调查。调查共发放问卷 216 份，回收 216 份，回收率为 100%。经过统计核算，排除 34 份无效问卷（其中，30 份问卷中场馆规模为小型及其他场馆，不符合本课题研究对象），有效问卷 176 份，有效率为 81.5%。

本课题在江苏省体育局的支持下，由江苏省体育局发文就江苏省场馆的经营权改革情况进行了专项调查，调查场馆 86 家。

1.3.4 专家访谈法

根据研究的需要，课题组走访并咨询了国家体育总局经济司有关领导，江苏省、福建省、湖北省等省体育局负责人，部分省、市场馆的负责人以及从事体育场馆研究的国内外专家、学者 30 余人。在国家体育总局经济司和中国场馆协会的支持下，在 2017 年中国体育场馆协会会员代表大会期间，召开了大型体育场馆两权分离改革的场馆负责人座谈会，就场馆经营权改革的核心问题以及主要困难等听取了部分场馆负责人的意见和建议。

1.3.5 观察法

湖北省为我国首批场馆改革试点省。课题组主要成员全程参与湖北省场馆改革的试点工作，深入观察，了解改革动态，分析改革前后的变化，总结其改革试点主要措施与成效，为其他省（市）改革提供经验。同时，课题组成员积极参与江苏省、浙江省和重庆市场馆两权分离改革试点省（市）的改革工作中，观察试点场馆的改革推进情况，为本课题研究提供一手案例与素材。

1.3.6 个案研究法

根据本课题研究的需要，课题组在调查和研究过程中，选择了部分具有典型代表性的个案进行深入研究，以期为推进场馆经营权改革提供成功经验借鉴。对国外场馆运营机构，选取全球最为著名的场馆运营机构——AEG，就其运营的成功经验进行分析，以期为国内专业场馆运营商提供借鉴。台湾地区运动中心委托管理已实施多年，有其成功经验与做法，本课题就台湾地区运动中心的经营权改革问题以及部分典型个案进行了详细分析。黄龙体育中心是浙江省场馆运营管理改革的试点单位，又是事业类型的场馆，本课题就其经营权改革的流程以及具体路径等进行了深入分析。黄石奥体中心作为国内首个实施 PPP 模式的场馆项目，对于国内场馆 PPP 项目实施具有一定借鉴价值。

1.4 主要研究内容

本课题以问题为导向，在当前全面深化改革的大背景下，就场馆经营权改革的现实问题进行了深入研究。研究所选择的侧重点也是当前场馆经营权改革实践中遇到的棘手问题和突出困境，从场馆经营权改革的实践出发，全面调查梳理场馆经营权改革的基本情况、现实困惑与实践进展情况，提供域外经验借鉴与改革路径设计，就场馆经营权改革过程中凸显的竞标、合同、公共服务、激励机制建设、监管等现实问题进行深入分析，提出相应解决方案与对策建议。

在场馆经营权改革的现实困境部分，通过问卷调查等方法，就当前国内场馆经营权改革的基本情况进行了分析，归纳、梳理了场馆经营权改革的主要困境、阻碍因素与改革预期等。重点就江苏省场馆经营权改革试点情况与存在的主要问题进行了总结与梳理，为本课题的研究提供了重要基础。

剧院委托管理与域外场馆运营经验对于推进场馆经营权改革具有借鉴意义。重点对剧院委托管理的成功经验以及 PPP 模式在我国台湾地区和美国体育场馆中的应用进行了详细分析，梳理归纳了美国体育场馆的运营模式，并就全球著名场馆运营商 AEG 的成功经验与典型个案进行了分析，可供国内场馆运营机构借鉴。

场馆经营权改革路径是本课题研究的重要内容。根据国家相关政策要求，场馆经营权改革要将场馆经营权授予公司，推进场馆运营管理机构企业化改革。改革路径虽多元，但亦需因地制宜。本课题研究重点就 PPP 模式在场馆经营权改革中的应用、民营企业和职业体育俱乐部参与场馆运营以及场馆运营企业规模化发展等问题进行了深入剖析，并提出具体改革策略。

场馆经营权改革在具体实施过程中面临运营机构的遴选、合同条款的设计、激励机制的建立、公共服务的供给、运营管理的监管等诸多难题，迫切需要理论支持与实践指导。本课题研究就场馆经营权改革的竞标问题进行了深入分析，提出了具体应对策略。解决场馆经营权竞标过程中的信息不对称问题，有助于场馆业主遴选优秀场馆运营商。场馆运营管理合同是明确场馆业主与运营商之间责权利关系的重要法律依据。合同的核心条款设计以及公共服务内容约定对于保障场馆业主及公共权益至关重要，因此提出并推广场馆运营管理示范合同尤为必要。

场馆经营权改革的核心目的是提高公共服务水平，但场馆经营权交由企业后，受企业逐利性等因素影响，部分场馆公共服务供给水平难以保障，从而背离场馆经营权改革初衷，因此，就场馆经营权改革后公共服务的供给问题进行研究十分必要。

场馆运营商激励机制建立关系委托管理的成败，建立有效的场馆运营商激励机制有助于解决场馆委托管理过程中因信息不对称造成的道德风险问题，实现激励相容。本课题研究通过构建委托代理模型，提出最优激励机制是“基本费用＋绩效费用”的薪酬激励机制，并应适度引入隐性激励机制。

构建完善的监管体系，加强监管是确保场馆经营权改革达成预期目标的重要举措，有必要从场馆经营权改革的视角入手就监管体系建设进行深入研究。

最后，在上述全面、深入分析的基础上，高度概括和提炼形成本课题研究的主要结论，并提出推进场馆经营权改革的八条具体措施与建议，以期为推进场馆经营权改革提供参考。

2 场馆经营权改革认知与实践探索

2016 年国家发改委等 24 部委联合发布的《关于促进消费带动转型升级的行动方案》提出：行政机关和事业单位所属的体育场馆，通过引入社会资本和现代公司化运营机制等，推广“所有权属于国有，经营权属于公司”的两权分离改革模式。随后这一改革模式相继被写入了全国《体育发展“十三五”规划》和《体育产业发展“十三五”规划》，国家体育总局选择江苏省、浙江省、重庆市作为改革试点，探索推进场馆经营权属于公司的经营权改革工作，这标志着场馆经营权改革工作成为“十三五”时期场馆改革的重点。

为全面了解我国场馆的基本情况和场馆负责人对于改革的认知，为下一步深入研究场馆经营权改革的主要内容、路径、模式和政策建议等提供研究依据，课题组在国家体育总局经济司和中国体育场馆协会的支持下，借 2017 年 3 月在上海召开中国体育场馆协会会员代表大会的机会，以中国体育场馆协会的名义，对到场的全国体育场馆负责人以问卷和访谈的形式进行调查、访问。此后，在江苏省体育局、湖北省体育场馆协会等部门的大力支持下，对江苏、湖北、安徽等省场馆进行了补充调查。

2.1 场馆经营权改革认知

2.1.1 场馆运营管理基本情况

场馆运营管理基本情况是场馆经营权改革的逻辑起点，改革之前应准确了解场馆运营管理的基本情况。

（1）多数场馆为大中型体育场馆，且多位于城区内调查中符合本课题研究对象的场馆共有 176 家，按照《体育建筑设计规范》的分类，其中，特大型 9 家，大型 85 家，中型 82 家。调查中虽有部分小型及其他场馆（32 家），但由于不符合本课题关于研究对象的界定，未纳入统计范围。按照场馆所在城区区位分类，131 家场馆位于中心城区，45 家场馆位于城市郊区，如表 2-1 所示。

表 2-1 被调查场馆所在区位

区位	中心城区	城市郊区
场馆数	131	45
占比	74.4%	25.6%

（2）事业单位场馆占比较大，但多数场馆已实现公司化运营

调查数据显示，纯企业运营的场馆达到 31 家，但有 145 家场馆仍由事业单位管理，这说明事业单位管理仍是场馆运营管理的主要类型。从事业单位内部分类情况来看，公益二类的场馆管理机构以 80 家占据多数，如表 2-2 所示。另外，对场馆内部企业化情况的调查数据显示，场馆内无公司运营的仅有 29 家，其余 147 家场馆均由不同经营性质的公司运营，而其中国有独资公司占比最高，如表 2-3 所示。

表 2-2 被调查场馆所在事业单位的类型

类型	公益一类	公益二类	自收自支	其他
场馆数	43	80	22	31
占比	24.4%	45.5%	12.5%	17.6%

表 2-3 被调查场馆拥有运营公司的性质

公司性质	国有独资	国有企业	民营企业	混合所有	其他
场馆数	95	36	9	7	29
占比	54.0%	20.4%	5.1%	4.0%	16.5%

（3）场馆经营仍以自主经营为主，其他经营方式为辅

在被调查的场馆中，自主经营的场馆有 117 家，占场馆总数的 66.5%，其次为租赁经营和委托管理，而承包经营和合资合作经营场馆仅寥寥数家，如表 2-4 所示。

表 2-4 被调查场馆的主要经营方式

经营方式	自主经营	承包经营	租赁经营	委托管理	合资合作经营	其他
场馆数	117	7	30	15	4	3
占比	66.5%	4.0%	17.0%	8.5%	2.3%	1.7%

2.1.2 场馆经营权改革的障碍因素分析

对场馆经营权改革的障碍因素调查主要围绕受访者对各调查维度重要性的认可程度，采用的是李克特量表中 5、4、3、2、1 这五等选项，分别代表“非常重要”“重要”“不清楚”“不重要”“一点都不重要”。对于阻碍因素的筛选，课题组选取了人员身份转换、财政拨款、税收政策、薪酬分配、维修改造费用、社会保障衔接、社会服务无法保障、承接主体缺乏和运营人才缺乏，共 9 个因素。

（1）场馆“人员身份转换”被视为最重要的阻碍因素

调查显示，有 109 位场馆负责人认为“人员身份转换”是阻碍场馆两权分离改革因素中非常重要的因素，是诸多阻碍因素中频数最大的；另有 36 位负责人认为是重要阻碍因素。而认为其“不重要”和“一点都不重要”的分别仅有 3 人和 9 人，如表 2-5 所示。

表 2-5 对“人员身份转换”为阻碍因素的认可程度

五等选项	非常重要	重要	不清楚	不重要	一点都不重要
人数	109	36	19	3	9
占比	61.9%	20.5%	10.8%	1.7%	5.1%

（2）对改革后场馆是否享受原有优惠政策的担忧是重要阻碍因素

改革前，事业单位场馆享受的政策包括财政拨款、税收优惠、薪酬分配、维修改造费用和社会保障衔接等。如表 2-6 所示，调查中发现，各场馆负责人对改革后优惠政策是否持续的问题比较关注，认为上述因素是制约场馆经营权改革的重要因素，是能否保障场馆改革顺利过渡的重要问题。如对于维修改造费用的担心，排在 9 个因素中的第二位，仅次于对人员身份转换的担心。

表 2-6 对改革后原有政策是否持续的担心程度

五等选项	非常重要		重要		不清楚		不重要		一点都不重要	
	人数	占比	人数	占比	人数	占比	人数	占比	人数	占比
财政拨款	88	50.0%	41	23.3%	33	18.7%	4	2.3%	10	5.7%
税收优惠	74	42.0%	36	20.5%	37	21.0%	14	8.0%	15	8.5%
薪酬分配	69	39.2%	55	31.3%	26	14.8%	10	5.7%	16	9.0%
维修改造费用	94	53.4%	45	25.6%	19	10.8%	11	6.2%	7	4.0%
社会保障衔接	60	34.0%	35	19.9%	48	27.3%	17	9.7%	16	9.1%

（3）对影响改革后运营能力的因素评价表现出较大分歧

影响改革后场馆运营能力的因素主要有公共体育服务无法保障、承接主体缺乏、运营人才缺乏三个因素。相比于人员身份转换和优惠政策的延续，不同场馆负责人对此三个因素的考虑不尽相同，表现出较大的差异，特别是选择“不清楚”“不重要”选项的人数明显增加，如表 2-7 所示，其中表示对“运营人才缺乏”这一阻碍因素的担心程度“不清楚”的人达到 36 人，超过了认为“重要”的人数，这说明受场馆所在地区经济效益、体育事业发展水平、场馆设备条件、市场主体多样性、运营内容多样性等多种因素的影响，影响场馆改革后运营成效的障碍性因素不尽相同，需要区别对待。

表 2-7 影响改革后场馆运营能力的主要因素

五等选项	非常重要		重要		不清楚		不重要		一点都不重要	
	人数	占比	人数	占比	人数	占比	人数	占比	人数	占比
公共体育服务无法保障	54	30.7%	39	22.2%	38	21.6%	27	15.3%	18	10.2%
承接主体缺乏	41	23.3%	49	27.9%	37	21.0%	25	14.2%	24	13.6%
运营人才缺乏	68	38.6%	33	18.7%	36	20.5%	17	9.7%	22	12.5%

2.1.3 场馆经营权改革的路径分析

（1）委托管理被认为是实现经营权属于公司的最佳方式

场馆两权分离改革的目标是实现“所有权属于国有，经营权属于公司”的分离改革模式，因此关键在于把经营权移交给企业。如表 2-8 所示，在诸多移交方式中，47.7%的被调查者认为委托管理是最可行的方式，其次是认可经营权入股，占比 31.8%。可见委托管理已经被普遍接受。另外，经营权入股这种混合所有制的改革方式也成为一种重要选择。

表 2-8　经营权移交给企业的最佳方式

方式	人数	占比
租赁	26	14.8%
委托管理	84	47.7%
经营权入股	56	31.8%
其他	10	5.7%

(2) 多元化改革将成为改革中的新常态

场馆经营权改革路径选择中，36.4%的场馆负责人认为应当保留事业单位经营权，成立新公司；22.2%的人认为应当委托给各类型企业；17.6%的人认为可成立混合所有制的公司，实现股权多元化；11.9%的人认为事业单位场馆可直接转换成企业，从而完成改革；另外还有10.8%的人认为场馆可转交给国资公司管理，不过这样一来场馆也将脱离体育行政体制，如表 2-9 所示。

由于不同场馆的运营情况各不相同，改革实操者和当事人的利益出发点各不相同，因此或许不存在独一无二的改革模式选择。在国家正在进行改革试点工作的背景下，多元化的路径选择或将成为两权分离改革过程中的新常态。

表 2-9　两权分离改革的路径选择

路径选择	人数	占比
事业转企业	21	11.9%
成立混合所有制公司	31	17.6%
委托企业管理	39	22.2%
保留事业经营权，成立新公司	64	36.4%
交由国资企业管理	19	10.8%
其他	2	1.1%

(3) 事业单位员工企业化管理或将成为人员身份转换的主流选择

人员身份转换问题被场馆负责人看作场馆改革的最大困难，因此大多数场馆负责人选择了较为稳妥的人员改革方式，即 52.3%的人建议“保留事业身份和档案，按照企业聘用管理”。此举的好处是既可以给被改革者创造较为稳定的改革局面，又可以按照多劳多得的原则提高薪酬待遇。另有 26.1%的人建议将原场馆员工“分流到其他单位”，这是一种职能转变的改革方式，也是较为平稳的方式，不足之处在于场馆员工需适应新工作对其工作能力的要求。而“提前退休”“取消身份，签订企业劳动合同”和“一次性买断，自谋职业”这种较为激进的改革方式被大部分受访者所拒绝，如表 2-10 所示。

表 2-10　对事业单位人员身份转换方式的选择

方式选择	人数	占比
分流到其他单位	46	26.1%
提前退休	15	8.5%
保留事业身份和档案，按照企业聘用管理	92	52.3%
取消身份，签订企业劳动合同	14	8.0%
一次性买断，自谋职业	3	1.7%
其他	6	3.4%

(4) 民企运营场馆问题多集中于经营行为上，合同问题尤为尖锐

民营企业的经营年限、经营能力和经营行为存在不确定性，因此当前场馆负责人对场馆引入委托民营企业运营存在诸多担心。如表 2-11 所示，81.8%的人最担心合同不规范带来的问题，成为对民企运营场馆最大的隐忧；69.3%的人担心民营企业运营后场馆公共体育服务无法保障；59.7%的人担心民营企业经营不善，中途退出；58.0%的人担心监管不到位而导致管控失衡；还有人担心民营企业运营后国有资产会流失，民营企业过度经营会过度消耗场馆资产或信息不对称会导致经营风险等问题。民营企业运营尽管可以激发场馆市场化运营的活力，但存在的潜在运营问题需要在改革过程中予以重视。

表 2-11　场馆委托民营企业运营可能存在的问题

可能存在的问题	人数	占比
合同不规范	144	81.8%
公共体育服务无法保障	122	69.3%
中途退出	105	59.7%
监管不到位	102	58.0%
国有资产流失	98	55.7%
过度经营	79	44.9%
信息不对称	40	22.7%
其他	7	4.0%

(5) 国企运营场馆问题多集中于体制机制上，体制束缚是问题焦点

场馆经营权交由国企进行管理，这也是改革的一条路径选择，但国企运营同样会存在一定问题。不同于民营企业运营可能存在的问题，在调查中受访者最担心的问题集中于体制机制上，如表 2-12 所示，67.6%的人认为国企运营无法完全摆脱体制束缚，60.2%的人认为国企运营同样存在运营机制不灵活的问题，另外还有 54.0%的人认为国企运营场馆的专业化程度不高，42.6%的人认为国企对市场回应性不高。

表 2-12　国企运营场馆可能存在的问题

可能存在的问题	人数	占比
无法完全摆脱体制束缚	119	67.6%
运营机制不灵活	106	60.2%
专业化程度不高	81	54.0%
市场回应性不高	75	42.6%
其他	5	2.8%

(6) 培育场馆运营公司的方式将以自办和引入为主

将场馆委托给专业的场馆运营公司，应是实现场馆两权分离、提高场馆运营效益的有效方式之一。根据改革现状和受访者的选择倾向，培育场馆运营公司的方式有以依托大型场馆成立运营公司为主的自办模式

和以引入专业运营公司为主的引入模式两种，如表 2-13 所示。

表 2-13 培育场馆运营公司的主要方式

主要方式	人数	占比
事业转企业	19	10.8%
引入专业运营公司	76	43.2%
依托大型场馆成立运营公司	79	44.9%
其他	2	1.1%

2.1.4 场馆改革后政府的责任分析

(1) 改革过程中需要政府提供多种服务和政策支持

场馆两权分离改革是自上而下的改革，需要政府在过渡期内提供相应的服务和政策支持。根据以往改革经验和现实改革实践，政府需要制定财政、税收、能耗费用等扶持政策，购买公益性的公共体育服务，保持或逐步减少财政补贴，对场馆经营内容提供协调服务，对场馆经营行为进行市场监管，减少政府直接行政干预，对场馆运营商经营内容进行业务指导和管理等。调查结果显示，制定扶持政策、购买公共体育服务和财政补贴是场馆在两权分离改革过程中急需的政府服务和支持内容，如表 2-14 所示。

表 2-14 改革中政府应提供的服务或支持

服务或支持	人数	占比
制定扶持政策	135	76.7%
购买公共体育服务	130	73.9%
财政补贴	144	81.8%
协调服务	88	50.0%
市场监管	74	42.0%
减少行政干预	77	43.8%
业务指导和管理	76	43.2%
其他	1	0.6%

特别需要指出的是，改革后对场馆大型维修经费的来源问题，74.4％的人认为政府作为场馆产权方，仍将继续负担场馆大型维修的开支，仅有21.6％的人认为场馆运营方应当以经营收入承担维修费用，如表2-15所示。

表2-15　改革后场馆大型维修经费来源

维修经费来源	人数	占比
财政或上级补助	131	74.4％
经营收入	38	21.6％
其他	7	4.0％

（2）改革后政府监管主要围绕公共体育服务和国有资产安全

改革后，政府对场馆的管理职能从行政领导转变为行业监管，同时为保持场馆的体育属性，维护国有资产保值增值，政府对场馆的监管应当主要围绕公共体育服务和资产安全，如表2-16所示。

表2-16　场馆两权分离改革中政府监管重点

政府监管重点	人数	占比
公共服务	73	41.5％
资产安全	63	35.8％
经济效益	38	21.6％
其他	2	1.1％

围绕公共体育服务与资产安全，政府应在改革前根据政府和社会群众需求设计具体的监督管理内容和监管体系。监管体系应包括服务价格、服务质量、社会效益、国有资产管理、公共体育服务、职工权益、服务标准、场馆安全等相关指标。调查显示，超过60.0％的人认为，场馆安全、国有资产管理、社会效益和服务质量应作为监管体系中最重要的内容，如表2-17所示。通常条件下，特别是在委托管理中，政府对场馆的监管体系也是场馆绩效考核评价体系，是政府向场馆发放运营管理服务费的重要依据。

表 2-17 政府监管的主要内容

监管的主要内容	人数	占比
服务价格	88	50.0%
服务质量	114	64.8%
社会效益	129	73.3%
国有资产管理	132	75.0%
公共体育服务	126	71.6%
职工权益	90	51.1%
服务标准	77	43.8%
场馆安全	134	76.1%
其他	1	0.6%

(3) 多元化监管方式是场馆经营权改革后监管的必然要求

场馆的监管方式包括合同监管、第三方机构外部监管、场馆理事会内部监管等。调查数据显示，受访者在最有效监管方式的选择上较为平均，如表 2-18 所示，表明政府应当采取多元化监管方式，全方位地对场馆运营行为和效益进行监管和评价，以及时纠正场馆运营偏差，保证场馆正常运营。

表 2-18 场馆经营权改革后最有效的监管方式

监管方式	人数	占比
合同监管	52	29.5%
第三方机构监管	64	36.4%
成立理事会	58	33.0%
其他	2	1.1%

(4) 场馆管理合同指标设计需全面考虑且突出核心指标

场馆经营管理合同是业主方监管场馆运营方经营行为最主要的依据，而合同的运营指标一般包括公共服务指标、经营指标、管理指标、安全指标、经营年限和禁止事项等。调查数据显示，88.1%的人认为公共服务指标是最重要的内容，其次是安全指标（81.8%）、管理指标

(68.8%) 和经营指标 (63.6%)，如表 2-19 所示。这提醒甲、乙双方在场馆经营管理合同设计时需通盘考虑场馆在未来运营中可能发生的问题，并确立若干核心指标，突出核心内容。

表 2-19　场馆经营管理合同设计需重点关注的问题

重点关注的问题	人数	占比
公共服务指标	155	88.1%
安全指标	144	81.8%
管理指标	121	68.8%
经营指标	112	63.6%
经营年限	88	50%
禁止事项	75	42.6%
其他	6	3.4%

2.2　经营权改革的实践探索

为贯彻落实国务院以及国家体育总局对盘活大型体育场馆资源的要求，加快推进公共体育场馆“所有权属于国有，经营权属于公司”的两权分离改革，国家体育总局将江苏、浙江、重庆三省（市）作为公共体育场馆两权分离改革的试点。

2.2.1　试点工作基本情况与成效

2016 年 6 月，国家体育总局正式在江苏、浙江和重庆三省（市）进行体育场馆经营权改革试点工作。经过与改革试点省的沟通、协调，三个试点省（市）均上报了改革方案，采取多种务实方式探索推进两权分离改革的路径。经过一年多的改革探索，取得了初步的成绩，部分场馆实现了两权分离，场馆运营效能得到了充分提升。如江苏省五台山体育中心、南京奥体中心两个场馆运营权全部划归江苏省体育产业集团，江苏省 13 个地级市中 12 个市成立了体育产业集团（或公司）并负责本级体育场馆的运营，还有一个市的体育会展中心由社会资本运营。此外，江苏省有46.3%的县（市）的场馆通过成立体育产业公司运营或委托专业公司进行管理，基本形成了公司化运营公共体育场馆的格局。镇江体育会展中心实行所有权与经营权分离和轻资产运营，成立镇江体育产业发展有限公司负责运营，采取多种方式与社会资本合作，创新体育服务内容和商业营销模式，取得了良好的运营效果。近三年来，镇江体育产业发展有限公司累计举办各类活动59大项361场次，其中体育类活动306场次，公益类活动109场次，累计参与人次近450万，体育类活动参与人次占比84%；2016年实现营业收入2007万元。苏州市吴江区通过PPP模式改造、提升吴江体育馆，建设笠泽文体广场综合体，将体育场、体育馆、游泳馆、网球中心、训练馆等场馆，分别委托苏州力美康文化体育发展有限公司等具有不同专业能力的公司运营管理，有效提高了运营效能。浙江黄龙体育中心在改革后，运营收入大幅增加，2016年达到1.6亿元，新成立11家子公司从事场馆相关业务，运营能力得到显著提升。重庆奥林匹克（集团）公司依托闲置地块和场馆资源，引入社会资金和公司化运营，实现经营收入稳步增长，2016年突破3000万元。重庆涪陵体育场通过公司化运营改革后，由重庆市涪陵体育产业发展有限公司管理运营，运营收入有较大幅度增长，截至2016年经营收入已近500万元，作为西部欠发达地区一个中小城市的单体体育场，实属不易。

2.2.2 场馆两权分离改革的主要类型

从三个试点省市以及上海、湖北等省市场馆两权分离改革的实践与探索来看，改革的主要类型可以归纳为以下四种：一是资产由国有企业持有，国有公司运营。如南京奥体中心、重庆涪陵体育场、常州奥体中心等，场馆资产由当地国有公司持有，委托国有独资子公司运营。该类型场馆所有权关系较为清晰，改革推进难度较小，但不利于社会力量的介入。二是资产由事业单位持有，自行成立公司运营。如浙江黄龙体育中心、无锡体育中心、上海虹口足球场等，其资产由事业单位持有，自行成立国有公司运营。该类型场馆所有权关系较为清晰，改革推进难度较小，但改革中事业单位职能调整、成立国有公司、事业单位人员身份转换以及事业编制人员在公司工作的薪酬等问题需要地方政府给予专项政策支持。三是资产由事业划转国企，授权或委托国有企业运营。如南京全民健身中心等，该类型实施需要得到地方政府大力支持，调整原有事业单位职能，资产划转至国有企业，授权或委托国有公司运营。四是国有民营。该类型场馆多为新建场馆，资产由国有机构（含事业单位）持有，通过竞标方式委托民营机构运营。如江苏海安体育中心、湖北省武汉市洪山区文体中心等，通过公开招标等方式，实现两权分离。该类型中委托合同、公共服务内容和政府监管以及社会力量的运营团队至关重要，需在委托合同中就场馆公共服务供给内容、服务价格、公益使用、履约保证等进行明确，以确保场馆的公益性。

从上述四种主要类型来看，目前各地场馆两权分离改革探索中，经营权的授予主体多为国有企业，民营企业数量十分有限，场馆经营权市场未能充分放开，民营企业等社会力量难以参与场馆的运营。

2.3 场馆经营权改革的思考与认识

2.3.1 改革势在必行

我国90%左右的场馆由各级政府下属的事业单位运营管理，事业单位的管理体制和运行机制对场馆的运营管理带来诸多体制性和制度性障碍，严重限制了场馆公共服务能力的提升。为破解场馆运营的体制机制障碍，国家决定对行政机关和事业单位运营管理的场馆推进所有权属于国有，经营权属于公司的两权分离改革，完全必要。

2.3.2 改革核心目的是提高场馆公共服务能力

场馆两权分离改革不是为了改革而改革，其核心目的在于破解或消除现行场馆事业单位管理的体制机制障碍，提高场馆运营管理水平，从而提高场馆的公共服务能力，促进公共体育服务的供给。场馆两权分离改革只是手段而非目的。通过实施两权分离改革，改革和创新场馆运营模式，激发场馆运营的效能和活力，使得场馆能够根据市场和公众需求，丰富服务内容，提高服务质量，充分发挥场馆的经济效益和社会效益，大幅提升场馆的公共服务能力，这是场馆两权分离改革的核心目标。

2.3.3　改革应引入市场机制

场馆运营管理的核心任务是提供公共体育服务。在公共体育服务供给市场失灵的情况下，政府介入是必要也是必需的，但政府通过下属事业单位这种方式提供公共体育服务，在目前尚存在公共服务内容单一、效率低下、成本过高等众多问题。政府不能完全替代市场，可行的路径是政府与市场合作，规避政府与市场各自的制度缺陷，引入市场机制，发挥市场在资源配置中的决定性作用和市场机制的制度优势，充分运用现代企业制度，提高场馆的运营能力。市场经济的主体是企业，企业的制度设计最适合市场经济发展的需要。借助企业在场馆运营方面的能力、活力、资源以及资本等方面的专业优势，有助于提升场馆运营管理水平和公共服务能力。场馆两权分离改革应是政府主导下的改革，政府与市场合作，政府明确相应的公益目标和要求，在政府的监管下，通过企业和市场力量来提高场馆的公共体育服务水平和质量。

2.3.4　经营权改革的路径多元，并非只有事转企

目前国内场馆的所有权大部分都属于国有，推进经营权属于公司的改革的路径是多元的，并非部分人理解和担心的只有事业单位转制成为企业这唯一的路。委托经营、事企合作、租赁、ROT 等多种形式都可以实现经营权属于公司的改革。各个场馆应根据自身的实际情况选择适合自身的改革路径。对于大部分事业单位而言，事转企改革的阻力和难度相对较大，可能并非是最好的路径选择。可通过保留事业单位，同时成立运营公司，由事业单位授权运营公司进行运营。部分场馆可以通过 ROT 方式与社会力量合作，引入社会力量对现有场馆进行改造升级，双方共同成立运营公司，授予运营公司一定年限的经营权。从目前江苏、浙江和重庆三省（市）场馆运营管理改革试点的情况来看，采取事转企的改革方式毕竟是少数。

2.3.5 经营权可以是全部，也可以是部分

国家推进场馆经营权属于公司的改革，首先要对经营权有一个全面的理解和认识，场馆的经营权既可以是全部，也可以是部分，场馆经营权授予公司既可以是全部授予，也可以是部分授予。对于部分适合由事业单位运营管理的，如资产的维护、基本公共服务等，可以继续由事业单位运营管理；对于部分难以由事业单位履行的运营管理职能，如大型活动的引进与市场开发、文体活动的策划与执行、无形资产开发等市场化程度比较高的业务可以授予运营公司。

2.3.6 经营权可以授予多个公司

场馆经营权授予公司，不能狭隘地认为只能授予一家公司，实际上经营权可以授予多家公司，引入更多专业机构，鼓励其分工与合作，以促进场馆运营的专业化和运营效能的提高。场馆运营管理是一项专业性非常强、涉及面非常广的业务，依赖一家专业机构难以承担场馆运营的所有业务，需要借助更多的合作伙伴和服务供应商参与提供更多专业的服务来提升场馆的运营管理能力。

2.3.7 政府必须履责

场馆经营权授予公司运营后，不再由政府直属的事业单位运营，但政府的责任并未发生变化。政府不能因为场馆由公司运营，就推卸责任，不再对场馆进行投入。部分地方政府将场馆经营权改革错误理解为甩包袱，推责任，将其承担的公共体育服务供给责任完全推给运营公司，要求企业提供各种公共体育服务，但对企业提供的各种公共服务又没有任何补贴和投入。政府供给公共服务是其在市场经济条件下重要的责任，不能以各种理由转嫁或推卸该责任，该责任必须也只能由政府承担，并采取政府购买公共服务或财政补贴等方式予以支持，以履行政府应尽的责任。

3　剧院与域外场馆运营经验与启示

3.1　剧院委托管理的经验

剧院与场馆均为政府投资建设的公益性服务场所，为群众提供公共文化、体育服务，均为大空间建筑，以举行各种大型活动为主，是实现我国文化、体育事业发展目标的基础性物质条件，同时履行经营和服务双重职能，追求社会与经济的双重效益，在性质和功能上本同末离。当前，较之于文化体制改革，体育体制改革相对滞后，而文化场馆尤其是剧院在供给公共服务方面的实践与经验在某些方面对于场馆经营管理的改革具有一定的借鉴和启示意义。因此，本节拟对剧院的委托管理模式进行剖析，旨在为场馆经营权改革提供参考。

3.1.1　剧院委托管理的基本情况

文化部发布的 2016 年统计报告显示，2016 年中国剧院数增加了 142 个，相比 2015 年增加了 6.6%。观演人次 2016 年为 11.8 亿人次，相比 2015 年的 9.58 亿人次增长了 23.2%，演出场次已经从 2015 年的 210 万场，增加到 230 万场；演出收入从 2015 年的 93.98 亿元增长到 130 亿元，仅一年便增长了 38.3%。《2016 年中国演出市场年度报告》显示，2016 年演出市场总体经济规模 469.22 亿元，相较于 2015 年的经济规模 446.59 亿元，上升 5.07%。

目前国内的剧院主要有以下三种经营管理模式：自主经营、委托管理、合作经营。国内剧院总数超 2 300 家，其中 90%左右是自主经营，即由各级政府下属的事业单位经营管理，近 230 家剧院以委托管理模式经营。目前，国内剧院委托管理较为成功的有 2 家典型公司，分别为北京保利剧院管理有限公司（以下简称保利剧院公司）、深圳聚橙网络技术有限公司（以下简称“聚橙网”）。截至 2018 年 1 月，保利院线涉及全国 18 个省（自治区及直辖市）的 49 座城市，经营管理国内一流剧院 58 家，共上演剧目 36 800 场，接待观众超过 4 000 万人次，2016 年，演出量达到了 6 800 场，接待观众突破 750 万人次，如表 3-1 所示。聚橙网成立于 2007 年，是一家以演出经纪为主营业务，兼顾票务销售、演出制作、剧场经营的全产业链型演出公司和 O2O 电子商务公司。聚橙网旗下聚橙剧院院线（以下简称聚橙院线）自 2014 年成立以来，一直在迅速扩张。2015 年经营 20 家剧院，2016 年 41 家，截至 2017 年 12 月已达到 65 家剧院的规模。聚橙院线发挥其强大的经营能力，深度挖掘小剧院潜力，打造了中国第一个小剧院院线。本节主要从委托管理剧院的合同、公共文化服务、内容生产、专业运营公司、连锁经营、政府支持等方面进行具体分析，以期为场馆经营权改革提供参考意见。

表 3-1　全国九个院线的概况

院线	自治区及直辖市（个）	剧院数（座）	年剧目演出量（场）（2016 年）	接待观众（万人次）
保利院线	46	58	6 800	750
聚橙剧院院线	29	60	4 800	400
丑小鸭演出院线	12	13	2 000	100
开心麻花院线	10	12	2 000	100
金海岸演艺院线	10	29	4 500	370
琴岛演艺大舞台院线	3	3	500	30
中青院线	8	12	2 000	100
刘老根大舞台演出院线	7	9	1 500	80
德云社院线	5	9	1 500	100

3.1.2 剧院委托管理的成功经验

(1) 合同目标明确，合约期限合理

委托管理合同是剧院委托管理存在的基础，明确约定了剧院业主与受托经营者之间的权利和义务，规范了剧院经营的核心条款。剧院对签约期限的认知较为准确，签约时长一般为 5 年，根据约定年限规划经营，引领剧院跨越式提升发展。如常州大剧院分别与保利公司于 2009 年、2014 年签订两轮委托管理合同，均为 5 年；“保利华东剧院”13 城共涉及 18 座大剧院，签约时长也都为 5 年。目前签约时长最长为 10 年，如唐山大剧院，这在某种程度上体现了剧院方对保利剧院公司的认可和信任。

剧院在委托管理合同方面的成功很大程度上归功于合同中委托方高度重视剧院未来的发展规划，在项目建立之初就在使命目标方面与将来的合作者，即经营方达成共识。结合当地实际情况，这些发展目标包括但不局限于以下几个方面：①建设成为标志性、综合性的文化演艺中心。如南京保利大剧院，它不仅成为城市新地标，释放出自身的文化魅力，更成为古城南京别具特色的文化名片。②保证常年演出不断。政府通过购买剧院公共服务等方式配合保证公益性、群众性演出，力争达到全年周周有演出的目标。如保利剧院公司在财政部补贴的支持下，在威海市国际会议中心每年为市民提供高端演出 40 场，确保年平均票价不高于每张 200 元，实现高端演出、平民消费的惠民目标。③节目形式多样，以音乐剧、歌剧、芭蕾舞、交响乐、戏剧、戏曲等为主。约定国内外一流院团的经典剧目演出占比不低于 20%，国内外优秀院团的获奖剧目及原创剧目不低于 30%。如 2016 年唐山大剧院在保利剧院公司的运营下达到了双方约定的“年演出 110 场，其中自营不少于 80 场，国外演出剧目占比 35%，国内演出剧目占比 65%”的目标。④营造剧院高雅的艺术氛围，培育和发掘优秀本地剧目，提升市民的精神文化生活水平。在邯郸，根据合同，合作双方开展以高雅艺术为主的演出，通过引入国内外一流的演出团体，强化邯郸大剧院品牌塑造。⑤通过 ISO9001 国际质量管理体系认证，助力实现剧院自身核心竞争力，提升品牌知名度。保利剧院公司高度重视剧院的标准化管理，聚橙院线优选国内外优秀剧院的经营管理制度，所管理的剧院全部通过 ISO9001 质量管理体系认证。⑥形成与剧院发展相匹配的成熟、先进的票务服务系统。保利剧院公司线上拥有强大、便利的在线票务销售系统，线下于全国遍布 900 多家票务销售代理点。聚橙网率先开发的手机应用和微信公众号的运营，实时呈现国内各大城市最热门的演出资讯与票价信息，购票、互动演出等功能的完善，优化了购票流程，提升了用户观演体验。

（2）优先保障公共文化服务供给

以文化服务、艺术培育为使命，剧院优先确保提供公共文化服务。作为惠民的新载体，剧院传递出一种文化自信与文化自觉，这同时也决定了一座剧院和城市文化的质感和深度。为了突出公益职能，上海保利大剧院坚持奉行公益、惠民原则，自 2015 年以来，剧院通过自主举办免费公益讲座 83 场、每月赠送在校生免费学生票等活动，惠及民众近 2 万人（次）。南京保利大剧院践行“艺术培育＋公益”模式，推出保利艺术大讲堂、高雅艺术进校园和保利志愿服务队三大系列免费艺术普及和公益惠民活动，共举办各类艺术普及公益活动 150 余场，吸引近 51 万人次走进剧场。

聚橙院线在为民众提供优秀剧院文化内容和服务的同时，始终优先践行社会责任。聚橙院线乐于为大众提供福利，连续四年在深圳举办草地音乐节，免费提供古典音乐演出；关注青少年艺术发展，在深圳市慈善会设立青少年艺术发展基金，资助青少年观看剧场文艺演出，普及艺术教育；关爱留守儿童，自成立之初一直坚持给留守儿童周末义务放映电影，推行公益项目。

（3）高度重视内容生产

剧院的核心价值是内容，创作、制作作品，主动策划演出。在吸收本地文化精髓的基础上，开发出剧目的普世价值，几乎是所有成功大剧院的经营之道。精彩纷呈的节目内容和高品质的视听环境，可丰富市民的精神文化生活，提高其艺术欣赏水平。成功的艺术表演作品，不仅为剧院的艺术再生产提供了丰厚的资本和宝贵的经验，更扩大了剧院的社会影响力，打造了剧院的品牌效应，也促进了剧院经济效益的良性增长，是剧院走出中国、走向世界的内生驱动力。

①保利剧院精品内容打造

保利剧院是精品节目的摇篮。不论是对国际经典剧目的引进，抑或是国内名家名作的呈现，经营方都会经过层层筛选、优中择优。观众能欣赏到世界顶尖十大交响乐团的经典曲目，欣赏到在百老汇、伦敦西区剧院大热的戏剧演出，也能欣赏到国内自制、独具本土化意识与现代性追求的话剧、舞蹈等作品，满足观众多元化、个性化消费需求。

保利剧院的原创制作基地处于行业内领先水平，现分别与东莞市、常州市共建中国第一个音乐剧原创基地、儿童剧创作基地，陆续推出原创音乐剧、原创话剧和原创儿童剧，在院线巡演超过 500 场，开启专业化剧院建设的道路。同时，与名家、名团、名剧合作推出的精良作品，市场反馈较好。

保利公司发挥文化优势，强化与海外的合作，先后与英国大使剧院集团、美国布什诺艺术中心、阿姆斯特朗国际音乐艺术公司等海外机构建立了战略合作伙伴关系，与法国、波兰、德国、西班牙等国家的驻华领馆文化处开展了深入的合作。2017 年，保利剧院公司与“一带一路”沿线 12 个国家的艺术团体合作，在保利院线演出 64 个沿线国家艺术项目，共计 417 场。

②聚橙网多元内容生产

聚橙网在内容制作上，投资制作和引进了涵盖戏曲、戏剧、亲子娱乐文化、音乐剧、舞蹈、网络综艺、艺术展览、古典音乐、流行演唱会、旅游演艺等全品类覆盖精品内容，面面俱到，满足不同人群的艺术文化需求。

聚橙网自主打造亲子演出品牌——小橙堡，其内容丰富，涵盖戏剧、音乐、艺术特展、绘本阅读、电视电影等多种表现形式，为亲子制造文化艺术欣赏、交流和互动的机会。截至目前，小橙堡拥有自主版权的演出剧目 26 个，在全国完成巡回演出逾 7 000 场。小橙堡在南山文体中心打造了深圳第一个周末儿童剧场和微剧场，坚持每周末不间断的演出，每月不重复剧目的供给，专注于提供热门的国内外亲子剧目。

为了将更多优秀表演艺术人才及团体引向舞台，呈现多元的艺术表现形式，聚橙网在全国积极探寻 100 位优质艺术家或剧组，发挥各自在戏剧、戏曲、舞蹈、语言、音乐跨界及其他门类的舞台艺术上的优势，平均每位进行 10 场合作演出，预计达到 1 000 场合作演出规模，挖掘平台资源的最大价值，为全球艺术家及艺术院团提供专业孵化平台。

（4）运营主体专业化水平较高

保利剧院公司在全国 62 座城市经营管理国内一流剧院 70 余家，成为国内最大的剧院管理和演出运营集团企业，是世界最大的直营剧院院线。保利剧院公司将客户需求放在首位，稳扎稳打，在国内市场中逐步扩大规模，成为行业标杆。保利剧院公司为开拓国际市场制定了系统的对策，首先将英国、美国等英语系国家剧院作为重点发展目标，打造全球化剧院院线品牌。其次逐步开放加盟剧院的新业务版块，完善相关制度体系。最后通过在保利剧院上演的剧目在社会和文化演出界产生的影响力，成为国际市场展演的首选剧院。

在 2017 年度中央财政文化产业发展专项资金重大项目评选中，聚橙剧院院线凭借其专业化运营优势，突出展现其跨区域演艺连锁院线的可拓展性，成为该项基金扶持的首家、也是唯一一家剧院院线。2017 年聚橙院线已达 65 家规模，成为中国演出行业运营剧院数量排名第一的剧院院线，持续领跑剧院管理行业。聚橙院线全面打通内容采购、巡演运营、剧院平台三大板块，形成通过强大巡演运营能力，快速将全品类内容输送到全国聚橙剧院院线，盘活当地演出市场的生态闭环；同时，建立标准化服务和管理体系，颠覆剧院行业格局，打造可持续发展的“聚橙院线模式”。

根据剧院所在地区社会经济发展情况、地理位置、文化消费者的消费水平以及特别需求群体等指标制定公共服务的供给结构，两大剧院管理公司均在当地注册成立专业经营公司，动态调整服务内容、服务对象。如保利剧院与重庆方面签约，成立重庆保利剧院管理有限公司负责经营管理。深圳保利剧院依托北京保利剧院先进的经营管理理念和成熟的专业化管理模式，成立深圳保利管理大剧院有限公司。东莞保利玉兰大剧院管理有限公司全面负责东莞玉兰大剧院及其附属设施的经营管理。聚橙网亦成立了专业经营公司，对全国各地共 65 所剧院进行整体统筹管理。专业经营公司分布地区如表 3-2 所示。

表 3-2 专业经营公司分布地区

保利公司	地区	直辖市	华东区域	华中区域	华南区域	东北区域	
	数量	13	16	16	6	7	
聚橙网	地区	华南地区	华东地区	华北地区	西南地区	华中地区	西北地区
	数量	31	11	9	6	5	3

(5) 实施连锁运营

①保利剧院连锁运营

保利剧院是国内一流的剧院经营管理行业标杆。公司制定了针对各类演出艺术水准的国内首部《剧院经营管理规范》，与各地方政府联合发布了国内首部《政府补贴行业标准》，这是两部行业内具有领导地位的教科书，它们不仅是所有保利剧院院线成员必须遵守的管理准则和将理论应用于实践的管理工具，也成为业内其他剧院管理者经营剧院的参考的管理准则，为剧院演出行业的规范化管理提供了指导性模式。

统一的管理是保利院线的第一要素。将基层闲置的剧院资源利用起来，是院线作用之一，多家剧院共同分担风险，演出票价也有不同幅度的下降。如张家港文化中心大剧院在保利剧院公司的经营下，超额完成了政府制定的演出场数不低于 50 场、上座率不低于 60%、平均票价不超过 200 元等目标；再如常州大剧院借助保利这一平台，共享国内、国际大量优质演出资源，规范、提升管理和服务标准，使其在发展规划、演出水准、服务质量、经营管理等方面跻身全国一流水平。

保利剧院院线的管理结构：

A. 组织结构：保利剧院院线以演出经营中心、管理中心和财务中心三个核心部门为依托，分别对成员剧院的剧目采购、工程设计、财务收支等方面进行管理。通过标准化、模式化、市场化运营，辐射多方渠道，从北京的保利剧院到上海的东方艺术中心，再到山东营口的鲅鱼圈保利剧院，在不同的区域板块中扩张。

B. 业务结构：保利剧院院线的业务结构主要是通过签约院线，对院线成员实施标准化、模式化的复制管理，通过自上而下的行政式的管理方式，实现剧目的全国巡演，保证各成员剧院的演出质量和演出场次。

C. 结算结构：财务结算在剧院演出中非常重要，企业化的运作和管理使保利剧院院线结算平台资金充足、高效便捷。此外，保利剧院公司的结算平台掌管全国各地方院线员工的工资薪酬、剧院的经营业绩、院团及观众满意度调查以及考核指标等数据，实时监督剧院的经营状况，提升剧院的经营水平。

D. 考核结构：保利剧院院线的考核主要是对各成员剧院的演出任务完成情况、演出票房统计以及剧院自行安排的演出整体情况等环节的质检。地方剧院每年经过两方的考核：一是地方政府的考核。地方政府给予剧院一定的物业补贴和演出补贴，同时对剧院的年均票价、演出场次、演出服务、演出档次、年均上座率等公益性指标进行考核。二是保利剧院管理公司的考核。主要在收入指标、利润指标、服务满意度等方面进行考核。

②聚橙网连锁运营

聚橙网采用连锁运营，获得与演出公司的谈判优势，优先拿到演出剧目，通过专业化、集中化、纯粹化的手段，靠规模优势迅速发展，做大演出主办的体量，然后再慢慢整合到后面的剧院经营、内容制作，从而强化行业先锋的地位。截至 2017 年 12 月，聚橙网经营剧院数量达 65 家，遍布北京、上海、广州、深圳、苏州、重庆、常州等城市以及新加坡等地。扎根各地的分支机构负责项目在当地的宣传、售票和现场执行，并能得到总部全方位的支持。该巡演网络的形成，在地域宽广的中国实现了真正的巡演。如 2016 年 7 月，小橙堡儿童艺术剧团制作的《熊出没之缤纷王座》在上海首演并获得 200 场订单，两个剧组同时巡演，一年内在近 30 个省份巡演。规模化的巡演计划，路线设计更合理，交通运输的成本得到更加有效的控制，每场演出成本降低 20%—30%。聚橙网通过连锁运营整合核心资源，建立起演出项目、演出场馆、消费者之间的紧密联系，实现效益最大化。

（6）政府出台专项政策予以支持

《文化部“十三五”时期文化发展改革规划》中提出促进公共文化

服务项目化管理、市场化运作、社会化参与。哈尔滨市财政局积极支持哈尔滨大剧院采取委托管理模式，通过公开招标择优选取专业管理团队，并根据演出场次等情况，对哈尔滨大剧院给予运营补贴支持。委托运营模式下的剧院在立项审批、投资核准、评比表彰、申请专项资金等方面，与事业单位自主运营的剧院享受同等扶持政策，不再单独设置任何附加条件、标准和程序。洛阳市政府高度重视牡丹剧院项目，各级各部门通力合作，在项目审批、补助资金、品牌建设等方面大力支持专业运营机构，助力剧院打造成为能够提升洛阳品味、带动洛阳发展的标志性建筑。另外，政府通过购买服务、原创剧目补贴、以奖代补等方式，提升剧院专业运营机构服务观众的能力。2011 年上海市委宣传部和上海市文化广播影视管理局为上海市剧院公益性演出设立了总额为 1 000 万元的扶持资金，在鼓励剧院提升市场化运作效能的同时，兼顾剧院公益性，提高剧院的普适价值。常州保利剧院 2014 年、2015 年连续两年都获得了江苏省文化厅提供的“江苏省文化产业引导资金”的支持。剧院生态的发展离不开国家在政策上的保障和支持，积极的发展环境，极大地提升了剧院文化产业的创新活力。

3.2 政府与社会资本合作模式在美国大型体育场馆运营中的应用研究

政府与社会资本合作模式（Public-Private-Partnership 模式，PPP 模式）是公共基础设施建设中的一种项目运作模式。截至 2017 年 5 月 31 日，财政部“全国 PPP 综合信息平台项目库”公布的体育类 PPP 项目（98%为体育场馆项目）数量已达 233 个，较上年同期（2016 年 5 月 31 日）新增 57 个，增速高达 32.4%，PPP 模式已成为我国新建/改建体育场馆的主流模式。但我国当前正处于 PPP 模式应用于大型体育场馆领域的起步阶段，大多数项目仍处于建设之中，场馆运营效果如何尚待观察，其中更存在像鸟巢这样的场馆应用 PPP 项目的失败案例。美国作为世界体育产业发展的探路者以及市场经济最发达的国家之一，早在 20 世纪 70 年代就开始运用 PPP 模式建设、运营大型体育场馆，成果与教训颇多。因此，分析 PPP 模式在美国大型体育场馆运营中的应用实践，为我国成功应用 PPP 模式建设与运营大型体育场馆提供经验借鉴就显得非常必要。

“利益分配”“风险分担”“政府监管”是 PPP 模式的核心环节，因此，本书将以这三个核心环节为切入点，同时以理论为主、案例为辅，对 PPP 模式下美国大型体育场馆的运营实践进行研究。

3.2.1 PPP 模式的内涵与“PPP 模式在大型体育场馆运营中的应用”的相关概念界定

(1) PPP 模式的内涵

美国 PPP 国家委员会对 PPP 的定义是：PPP 是一种公共产品提供方式，利用私人部门进行公共基础设施的设计、投资、建设、运营和维护，并提供相关服务以满足公共需求，这种提供方式结合了外包和私有化两者的特点①。

PPP 模式是建立在公共部门和私人部门之间相互合作和交流的基础之上的“共赢”，虽然参与各方没有达到自身理想的最大利益，但是总收益却是最大的，实现了“帕累托最优”，这一点正契合了公共部门在大型体育场馆建设、运营实践中追求的社会效益与经济效益的双赢目的。

(2)“PPP 模式在大型体育场馆运营中的应用”的相关概念界定

PPP 模式在大型体育场馆运营中的应用强调了三点内容：首先，强调了场馆的属性，即应用 PPP 模式建造或运营的大型体育场馆；其次，强调了场馆“运营”这一过程，即如何利用场馆参与各方的优势资源，盘活场馆，实现“帕累托最优”；最后，强调了 PPP 模式在场馆运营过程中的应用，即根据 PPP 模式操作的核心环节，场馆是如何实现“利益共享”“风险共担”和“政府监管”的最优组合，如图 3-1 所示。

从目前美国体育场馆的经营管理来看，美国体育场馆主要的运营机

① 殷文强. PPP 模式核心要素及操作指南［M］. 北京：经济日报出版社，2016.

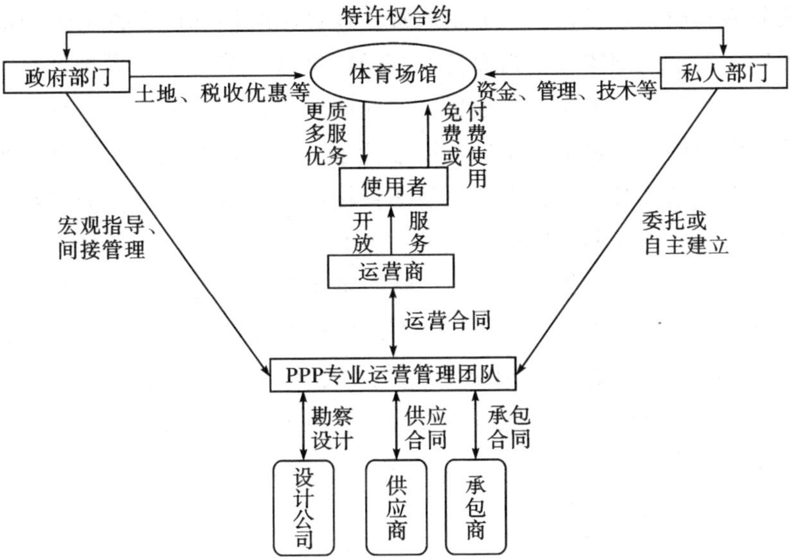

图 3-1　PPP 模式下大型体育场馆运营机制

构大体上可以分为三类：政府机构、职业球队和专业的私人体育场馆经营管理集团。除政府机构外，职业球队和私人体育场馆经营管理集团均属于私人机构。因此，本书研究案例限定为 PPP 模式下职业球队或私人体育场馆经营管理集团运营的美国大型体育场馆。

3.2.2　PPP 模式下美国大型体育场馆运营中的各参与主体的利益诉求及共享方式

（1）政府部门的利益诉求及其共享方式

结合《大联盟体育设施的公私合作》中公共部门参与体育设施发展的研究，可以将政府部门的利益诉求分为：经济效益、城市发展效益和象征性效益诉求①。

①经济效益

美国政府部门在场馆运营过程追求的经济效益一般指场馆运营带来

① LONG J G. Public/Private Partnerships for Major League Sports Facilities [M]. UK：Routledge，2013.

的就业率和税收的增长。就业率通常是通过临时性和固定性的工作岗位来衡量。对于大型体育场馆而言，在场馆运营之前的工作人员数量远远大于后期运营中的工作人员数量，但前期的工作大部分是临时性的，永久的工作岗位往往是由场馆的持续运营来实现的，因此场馆运营才是实现稳定就业的重要环节。美国大型体育场馆在运营中所创造的税收收入由政府征收的直接和间接税收组成，主要包括场馆工作人员缴纳的所得税，以及门票和商品的销售税等。然而场馆在持续运营中产生的收入会带来更多的税收，主要是在随后的商品销售和服务中支付的消费税，这些直接或间接的税收收入构成了“乘数效应”。财产税虽然也是场馆创收策略的一个重要目标，但是一般很少直接征收。相反，通常的目标是利用场馆作为其邻近地区发展的催化剂，吸引新的住宅和商业用地开发，从而产生新的财产税。

②城市发展效益

城市发展效益主要是指通过场馆建设，振兴部分特定的地理区域。在美国许多体育场馆 PPP 项目案例中，政府部门与私人部门合作的目的就是为了振兴特定的地理区域，特别是那些发展不充分的地区。如宾夕法尼亚州尼尔（Neille）岛的俄亥俄河边公园球场，该公园建造在掩埋生活、建筑、工业和化学垃圾处理场上，如今它是一座拥有室内和室外运动设施的多功能的、每天接待数千人的体育休闲中心①。从理论上讲，这种振兴是通过房地产开发项目的形式来实现的。通常，在伴随大型体育设施发展而来的总体规划中，大型体育场馆往往作为重大项目，而围绕场馆周围布局的房地产、娱乐休闲设施等往往也被作为大型项目，这些场馆和新的商业环境能够吸引新企业和新居民，从而创造新的收入来源，同时也给以前未能充分利用的场地带来额外的活力，最终达到振兴特定地区的目的。

③象征性效益

象征性效益主要是指场馆对城市声誉和形象、公民自豪感、社会凝

① 陈元欣. 大型体育场馆投融资实务［M］. 北京：北京体育大学出版社，2012.

聚力的增强。场馆带来的这些象征性效益主要是通过举办大型体育赛事、吸引职业球队入驻等方式来实现的。美国很多新建场馆最初也是为了满足大型赛事的需要，大型赛事的落户实际上是对城市发展的一种认可，加之赛事期间，举办城市在全国乃至全世界的高曝光度，无疑会使城市声誉和形象、公民自豪感、社会凝聚力等显著增强。此外，建设新型场馆也是吸引职业球队入驻的重要条件，职业球队的兴衰成败必定与城市声誉、形象、公民自豪感、社会凝聚力等因素捆绑在一起。如果城市不愿意建造新的场馆，就可能面临主队迁移到其他地区的威胁。例如，1984 年 NFL 小马队（Colts）从巴尔的摩迁往印第安纳波利斯，1995 年 NFL 布朗队（Browns）从克利夫兰迁往巴尔的摩，都是由于后者分别提供了比以前城市能提供的更好的场馆（分别投资 9 500 万美元和 2.29 亿美元建成）①。

美国政府在大型体育场馆建设方面的公用支出资金主要集中在对四大职业联赛的各个职业俱乐部场馆建设的扶持上。从 1980 年到 2001 年，美国在公共支出领域已经投入近 160 亿美元的资金用于扶持 100 多个联赛俱乐部的场馆建设②。具体而言，一般是通过税收减免、低息贷款、职业培训以及建造体育设施的方式来吸引职业体育俱乐部进驻本地区③。

（2）私人部门的利益诉求及其共享方式

①政府部门在场馆运营过程中的优惠政策

大型体育场馆建设、运营是一项投资巨大且复杂的工程，比如在前期的土地获取、基础设施建设等方面需要处理好各方面盘综错杂的关系，单靠社会力量难免会管秃唇焦。而政府部门作为政策的制定者，在协调各部门之间的关系上有着天然的优势，具体体现在税收、基础设施

① 文武. 兴建体育场馆热潮令美国纳税人损失 40 亿美元［EB/OL］.［2017-10-20］. http://finance.sina.com.cn/world/mzjj/20120906/094813062418.shtml?bsh_bid=129026000.

② 史小强. 美国公共体育服务体系研究［D］. 上海：上海体育学院，2014.

③ 王龙飞，王岩，刘运州. 美国体育场（馆）的公共财政支持及其启示［J］. 体育科学，2009，29（10）：24.

建设、土地使用等优惠政策上。美国联邦法律规定，公共机构提供服务的过程中发生的各种支出等均不需要缴纳消费税。以康涅狄格州政府委托美国安舒茨娱乐集团（AEG）运营的 Rentschler 体育场为例，AEG 为运营体育场而发生的各种消费、租赁等支出均不需要缴纳消费税①，间接给场馆带来了较大的利润，而这正是私人部门选择和公共部门合作建设与运营大型体育场馆的原因之一。

②公私合作是对企业自身发展的一种肯定

PPP 模式下的大型体育场馆在运营过程中，从冠名权、广告位招商到寻找承租人、举办赛事等，拥有场馆经营权的私人部门一般不会完全统揽运营中的全部业务，更多的是通过合作的方式将非自身专业的业务转交给更专业的团队，以寻求经济效益的最大化。而私人部门建设、运营的大型体育场馆与公私合作的大型体育场馆相比，在风险规避和信誉等方面有着一定的弱势，因此私人部门希望与政府部门合作，来增加自身与其他团体成功合作的砝码。

③场馆经济效益的最大化

经济效益最大化是私人部门不变的利益诉求。通过对美国纽约州边界运动场（所有权归门罗郡政府，经营权归大罗切斯特室外体育场馆公司）近 4 年运营收入与支出的梳理分析可以看出，边界运动场近 4 年收入占比排前五的分别为：停车费、包厢租赁、冠名权、场馆使用费、广告；边界运动场近 4 年支出排前五的项目为：租金、管理费、体育场馆维护和维修、能源费用、保险。PPP 模式下，政府部门往往会在场地租金、税收、体育场馆维护和维修等方面给予私人部门优惠，并在活动优先举办权等方面予以支持，以此来提高私人部门的经济效益，而这正是私人部门愿意与政府部门开展合作的重要原因。

根据 M. L. Walker《体育设施管理》的研究，在公私合作的体育场馆项目中，一般由政府方面提供项目所需的资金，而委托私企负责相关项目的收益来源（如表 3-9 所示），从而达成政府与民间的融资合作方

① 陈元欣. 国外体育场馆运营案例集锦［M］. 武汉：华中师范大学出版社，2014.

式。私企负责相关项目的收益来源主要有：贵宾席、建筑物资金、赞助商、租约支付、零售/签约者的利益、停车费、商品收益、广告收益、租地收益、冠名权、食品和饮料经营权。

（3）社会大众的利益诉求及其共享方式

美国社会大众对于场馆的利益诉求主要集中在其提供的公共体育服务的质量及场馆运营带来的溢出效应上。

通过梳理部分体育场馆的融资案例发现，社会大众关注的公共体育服务主要集中在体育场馆免费门票、大型体育赛事活动供给等方面，其关注的场馆运营带来的溢出效益主要集中在就业机会与经济收入增加、场馆周边设施的改善等多元内容上。PPP 模式下美国大型体育场馆运营中的社会大众利益分享的诉求主要是在场馆建设之前举行公众听证会，让公众在听证会中充分表达自己的利益诉求。例如，纽约扬基队在建造扬基新体育场的所有 96 个包工合同中，大约有三分之一的建筑份额给了布朗克斯区的建筑公司。政府部门还承诺如果扬基新体育场建成，将在场馆附近建设新的地铁站，以此来解决社会大众在听证会中提出的对场馆建设带来的交通拥堵的担忧。此外，MLB 官员公布的 MLB 俱乐部 2001 年财务信息显示，公民从巨人、奥克兰运动家俱乐部均分的收入高达 2 440 美元①。

3.2.3 PPP 模式下美国大型体育场馆运营中的风险类型及分担方式

根据参与主体和 PPP 项目风险发生的阶段性特点，可以将 PPP 模式下场馆运营中的风险分为：政府部门承担的风险、私人部门承担的风险及政府部门和私人部门共同承担的风险。

（1）政府部门承担的风险类型

①政策变动风险

譬如税收政策变动风险税。税收政策最常见的是美国政府部门通过

① 陈元欣. 大型体育场馆投融资实务［M］. 北京：北京体育大学出版社，2012：39-41.

发行市政债券来筹集建设与维护大型体育场馆所需的资金。市政债券具有的特点之一就是场馆资金来源的 90%必须通过政府部门来担保。正是有了政府的担保，私人部门在与公共部门的合作之中也就没有了资金上的担忧。但是一旦税收政策发生变动，没有了政府部门的担保，市政债券这一杠杆可能就不能发挥出原有的政策推动效应，对于场馆运营中的维护资金筹集来说无疑是一种风险。此外，由于职业球队的入驻是 PPP 模式下大部分美国大型体育场馆能否持续运营的关键，因此球队的出走对 PPP 模式下美国大型体育场馆来说是一个巨大的风险，而这一风险的诱因之一正是其他竞争城市的税收政策优于本市。公共部门作为政策的制定者，比私人部门更擅长控制和应对政策风险，因此这类风险一般由政府部门承担。

②企业道德风险

根据美国部分委托经营合同的约定，由受托人根据委托人的委托，以受托人的名义开展受托场馆的经营与管理活动，由此产生的法律后果将由委托人承担。因此，在美国体育场馆的委托经营中，为了控制企业的道德风险，场馆所有人和受托人之间签订的委托经营合同中一般会明确约定：受托人与第三方之间的合同需要事先征得委托人的同意。美国也有部分政府部门与私人部门就企业道德风险提出购买商业保险，如 AEG 与康涅狄格州政府就签订了一份金额为 25 万美元的忠实保险契约，用以补偿因 AEG 员工的不忠实行为而对业主造成的损失。

（2）私人部门承担的风险类型

由于私人部门承担着 PPP 模式下美国大型体育场馆的经营权，因此，经营中的风险一般主要是由私人部门来承担。

①场馆闲置风险

场馆闲置对经营者来说是极其重要的一种风险，因此在 PPP 模式下美国政府部门在与私人部门签订合约时，非常重视对场馆闲置风险的控制。以康涅狄格州东哈特福德 Rentschler 体育场委托经营为例，双方合同中约定：AEG 作为受托方，需要对业主（康涅狄格州政府）保证在未来 5 年的管理期限内在其管理的体育场内举行 10 场大型赛事，其中至少有 7 场为大型橄榄球赛事。如果未能达到上述要求，则 AEG 需要支付业主违约金 25 000 美元。政府部门通过这种方式将场馆闲置的风险转移到对该类风险控制力更强的私人部门。

②成本超支风险

在美国体育场馆的委托经营过程中，私人部门作为场馆的经营者，享有经费使用的自主权，在预算范围和预算事项内自主、合理使用经费，不受业主的控制。因此，场馆所有者拨付给私人部门的运营资金就在使用上存在成本超支的风险，成本控制就成了合作中政府部门关注的关键风险之一。为了达到成本控制的目的，委托人主要采用以下几种措施：一是成本总量控制；二是通过审批受托人制定的年度预算进行控制；三是通过对大额支出的审批进行控制；四是通过对人员的工资、福利支出等进行约定；五是通过管理费用、激励费用的计算标准来进行约束。

（3）政府部门和私人部门共同承担的风险类型

①决策失误风险

美国政府部门作为场馆建设的发起者，往往在场馆的运营决策中发挥着举足轻重的作用，但 PPP 模式的介入使得场馆的决策变得更加复杂。尽管大部分场馆依然由政府投资建设和拥有，但由于运营环节引入专业场馆运营公司或职业球队，仅由政府部门主导决策可能会对场馆的后续运营产生不利影响，因此，PPP 模式下的美国体育场馆运营决策往往由场馆所有者（一般为政府部门）、运营方、俱乐部来共同确定，这在很大程度上规避了原本由政府部门单一承担决策权带来的风险。

②场馆安全风险

场馆安全风险的规避与控制是 PPP 模式下美国政府部门和私人部门需要处理的关键风险之一。根据美国场馆委托经营实践，场馆的安全风险一般由政府部门和私人部门共同承担。以 Hardball Capital 公司和韦恩堡市的场馆委托协议为例，双方明确约定：当场馆内部举办由市政府组织的大型群众性活动时，由韦恩堡市负责场馆的安全；当场馆内部举办由 Hardball Capital 公司自行组织的赛事活动时，由 Hardball Capital 公司负责场馆的安全。同时双方还约定场馆外部的安全风险全部由韦恩堡市政府负责①。

③不可预见性风险

契约的不完整性和部分灾难事故的无法控制性使得 PPP 模式下美国大型体育场馆合作双方都无法独自承担场馆运营中发生的不可预见性风险，这种风险一般都是由公共部门和私人部门共同来承担。如康涅狄格州政府在与 AEG 的合约中就约定，AEG 需购买一般商业保险，用于承担人身伤害和财产损失风险，保额不低于每次 100 万美元，每年不低于 200 万美元。同时康涅狄格州政府需购买以康涅狄格州政府和场馆运营方 AEG 为被保险人的总额不超过 2 500 万美元的额外保险，用以解决由场馆承担责任的其他事件。

3.2.4 PPP 模式下美国大型体育场馆运营中的政府监管内容及方式

（1）PPP 模式下美国大型体育场馆运营中政府监管内容

①场馆运营的财务监管

财务监管主要包括场馆运营收入、预算与大额支出的监管。根据 PPP 模式下政府委托给受托人的权利与义务分析来看，运营收入所有权、年度预算与大额支出审批权均是委托人的主要权利。美国体育场馆委托经营所产生的全部收入归委托人所有，委托人会设立专门的运营收入账户，受托人收取的运营收入在活动结束后要全部转移到委托人管理的收入账户之中，该账户由委托人管理、使用。根据美国部分场馆委托经营合同的约定，受托人在每一管理年快要结束时需要编制下一年的运营预算，年度预算的审批权由委托人行使。此外，受托人发生的超过一定额度的支出需要经过委托人的事先同意。

②场馆第三方合同监管

PPP 模式下，政府部门在与私人部门签订的协议中一般会就场馆的第三方合同做出明确要求，一般是由政府部门或其指定的第三方专业机

---

① WAYNE F. Stadium. Management Agreement-The Professional Baseball Stadium at Harrison square [Z]. Indiana: Fort Wayne, 2007.

构对场馆的第三方合同进行监管①。以 SMG 和 AEG 两大体育场馆运营集团为例，在 SMG 与路易斯安娜州政府签订的管理合同中，双方同意由一个合同管理者就体育场馆的预算和采购合同进行监管；在 AEG 与康涅狄格州政府签订的合同中双方约定：AEG 与第三方签订的合同并不能减少 AEG 对于该协议所负的责任，任何第三方协议均要服从于该协议，康涅狄格州政府提供给 AEG 一份不具有签订合同资格的机构名单，AEG 不得与此类机构签订合同。

（2）PPP 模式下美国大型体育场馆运营中政府监管方式

①私人部门定期报告制度

根据多数美国体育场馆的委托经营实践，受托人需要定期向委托人汇报受托场馆的运营情况，如向委托人提交月度、季度和年度报告等。根据合同约定，报告内容一般涉及当月、当季和当年的各种收入和支出明细、各种应付款与应收款说明，每月、每季的合同以及年度计划的完成情况，银行账户信息，场馆上座率以及其他需要说明的信息等。如哈里森体育馆的委托合同中韦恩堡市政府与 Hardball Capital 公司约定，受托公司每月向韦恩堡市政府汇报的内容包括：场馆用户摘要及详细的使用活动报告，韦恩堡市或者 Hardball Capital 维护基金的偿付发票，韦恩堡市赛事的收入和支出信息，场馆在赛事活动中的上座率，城市合理要求的其他相关信息等。

②第三方机构独立监管

成立第三方监督机构是 PPP 模式下政府部门对私人部门进行监督的主流方式，其中监管发生的合理支出一般由私人部门承担。如美国门罗郡边界运动场，其场馆的监管者正是由门罗郡政府成立的非营利的公共福利机构——大罗切斯特体育管理局，管理局与场馆运营公司——CROSFC 签订监管协议，该公司需要支付管理局正常的因监管运动场而发生的合理支出。在哈里森棒球场的委托运营协议中合作双方约定，场馆的监管工作主要由政府指定的会计师事务所来承担，该会计师事务所

① Louisiana Legislative Auditor. Performance Audit Report [R]. State of Louisiana: Legislative Audit Advisory Council, 2006: 2-7.

将不定时对公司相关财务记录进行审查，一旦因受托方导致韦恩堡市政府受损超过5%或损失金额超过5 000美元，则会计师事务所的审查费用将由受托方公司承担。

3.2.5 PPP模式在美国大型体育场馆运营中应用的启示

（1）规范化的政策指引与合理的项目机制是PPP模式在大型体育场馆成功应用的必要前提

美国各州在大型体育场馆PPP项目的政策法规制定上有较大的自主权，我国在借鉴美国成功做法的过程中需要推出具有新时代中国特色的制度设计。宏观上来看，当前，我国针对大型体育场馆PPP项目的指引性政策法规相对缺乏，现有的部分关于PPP项目的政策法规也存在一定的问题，特别是对于PPP项目纠纷到底是认定为民事法律关系还是行政法律关系尚存争议。我国现有的PPP项目的政策如《关于推广运用政府和社会资本合作模式有关问题的通知》中，将PPP项目争议认定为民事法律关系，而现行的《中华人民共和国行政诉讼法》则把基础设施特许经营发生的争议认定为行政法律关系，PPP项目的政策与《中华人民共和国行政诉讼法》之间的矛盾阻碍了社会资本参与基础设施PPP项目的积极性。建议政府部门出台针对大型体育场馆PPP项目的指引性政策，明确PPP项目纠纷的法律属性等，进一步激活社会资本参与场馆投资、运营的积极性。微观上，从美国大型体育场馆PPP项目的部分合作协议来看，政府部门与私人部门就项目市场准入与退出、投资回报、风险分担、绩效考核等机制上有着明确的规定，是确保美国大型体育场馆有效运营的必要前提。建议国家体育总局、发改委等部门共同出台专门针对大型体育场馆的PPP项目操作指南、合同范本等，重点做好项目投资回报机制、风险分配机制、监管机制的示范与指导，引领大型体育场馆PPP项目科学发展。

（2）PPP模式下灵活应用税收杠杆可实现减轻政府财政压力与公共财政投入有效回收的双赢

灵活的税收政策是PPP模式下美国政府部门参与大型体育场馆建设与运营的主要方式。1994—2004年美国四大职业体育联盟54座新建与改建体育场馆的总投资为 1 316 亿美元，其中公共财政投入高达 802 亿美元，占总投入的 60.94%①，而政府财政投入大部分资金来源就是税收收入。美国用于建设大型体育场馆的税收政策中最常见的是发行市政债券，美国国内的税法不允许债券所有人从发行市政债券所获利息中盈利，因此政府部门作为举债人，运用这种方法所需偿还的利息较低，不像私人市场发行的债券那样利息较高，给举债人带来的压力较大。此外，美国政府也非常注重运用税收杠杆保障公共财政投入的有效回收。已有学者按照纳税主体的性质将美国用于回收职业体育场馆投资的税收政策进行了分类，具体包括门票收入税、广播电视收入税、体育场馆内广告和经营活动收入税、运动员收入所得税、更衣室收入税等②。这些税收随着场馆的运营而征收，将公共财政投入的回收与场馆的利益相关者互相挂钩，在一定程度上保证了场馆公共财政投入的有效回收。如 BB&T 中心总投资 2.12 亿美元，其中作为政府部门的布罗沃德县投资 1.84 亿美元，主要依靠 1.37 亿美元的免税债券和 4 700 万美元的应税债券来资助，而每年 1 340 万美元的年度偿债主要由 800 万美元的旅游税和 200 万美元的销售税来偿还，其余部分来自场馆的利润和投资收益③。当前我国大型体育场馆的建设和运营主要依靠财政拨款，这种方式远不能满足社会对大型综合性体育场馆的需要。与美国相比，当前我国针对大型体育场馆的税收政策过多地集中于经营领域，建议政府部门出台针对大型体育场馆建设、运营一体化的税收政策体系。

（3）职业体育俱乐部参与大型体育场馆运营是 PPP 模式在场馆中应用的可行路径

职业体育俱乐部（以下简称“俱乐部”）采取 PPP 模式参与场馆的投资、运营是美国私人部门参与大型体育场馆运营的主要模式。以 NFL

---

① RAPPAPORT J, WILKERSON C. What Are the Benefits of Hostinga Major League Sports Franchise [J]. Economic Review, 2001, 86 (1): 57.

② 王龙飞，王朋. 税收政策在美国职业体育场馆建设中的作用及其启示 [J]. 西安体育学院学报，2015，32 (1)：33.

③ BB&T Center [EB/OL]. [2017-10-20]. http://hockey.ballparks.com/NHL/Florida Panthers/new index.htm.

为例，俱乐部已经成为 PPP 模式下投资和运营大型体育场馆中的私人部门的主要力量。在 NFL 的 29 座公立球场中，有 22 家球队采取 PPP 模式参与了俱乐部所使用场馆的投资，大部分场馆的投资主要还是靠地方政府，俱乐部只参与了其中的一小部分投资，场馆建成后球场所有权归政府所有，授予俱乐部一定期限的经营权，22 家被授予经营权的球队的平均使用期限为 28 年①。美国四大职业体育联盟严格控制着球队的供给，各地吸引职业球队入驻的一般做法也是直接建设或与俱乐部合作建设场馆，这些俱乐部在场馆内容生产、培养球迷群体等方面有着先天的优势。虽然当前我国职业体育联赛俱乐部在盈利能力、球迷培养、内容生产等方面与美国还有很大的差距，但是已经有越来越多的俱乐部和政府部门开始意识到俱乐部参与场馆运营对其长远发展的重要性。如 2016 年，广州富力和广州恒大两家俱乐部分别获得越秀山体育场、大学城体育中心体育场副场和天河体育场内场最长达 20 年的承租资格。富力俱乐部承诺在 2018 年前投入约 1.18 亿元人民币用于上述场馆升级改造②。虽然当前我国俱乐部采取 PPP 模式参与场馆投资与运营的实践才刚刚开始，但毫无疑问，从长远来看，这是一条减轻政府财政投入压力、加速公共财政投入的有效回收、提高场馆使用率、提升球迷观赛体验的有效路径，《中国足球总体改革方案》也提出“鼓励俱乐部所在地政府以足球场馆等资源投资入股俱乐部”，这也在一定程度上推动了俱乐部采取 PPP 模式参与场馆的投资与运营。

PPP 模式应用于大型体育场馆对提高大型体育场馆运营管理水平具有重要的意义，但其过程并非一蹴而就，PPP 模式在美国大型体育场馆中的应用经历了漫长的演变过程，是受政治、经济、社会及其自身等多种因素综合作用的结果。PPP 模式在中国大型体育场馆的运营效果如何，需要根据我国的具体国情与大型体育场馆的实际进行不断的探索和

---

① 陈元欣，黄昌瑞，王健. 职业体育俱乐部参与体育场（馆）运营研究［J］. 体育科学，2017，37（8）：12-20.

② 胡雪蓉. 恒大富力租场可达 20 年开启民营企业承租国有体育场地新模式［EB/OL］.［2017-10-20］. http://sports.people.com.cn/n1/2016/0226/c22137-28152467.html.

实践，但PPP模式在美国大型体育场馆运营中的应用实践无疑对当前全面深化改革进程中我国大型体育场馆经营权改革具有重要的启示和借鉴价值。

3.3 美国大型体育场馆的盈利模式及启示

盈利模式是企业获取价值的方式，是由收入、支出、利润等要素构成的价值系统。大型体育场馆（以下简称场馆）盈利模式则是场馆通过合理的盈利模式设计与组合，实现场馆价值获取的系统方法。盈利模式构建是场馆成功运营的重要基石，美国场馆运营历经数十年，运营商已依据场馆及用户特点，构建了符合自身场馆发展的盈利模式，实现了保值与增值的目的。而我国大型体育场馆盈利能力有限，绝大多数场馆以租赁为主业，收入渠道单一，发展定位不明晰，缺乏盈利模式构建。本节旨在分析美国场馆盈利模式构成元素，探索美国不同类型场馆盈利模式构建方式，以期为我国场馆运营拓展收入渠道提供参考，为逐步建立完善的盈利模式提供经验借鉴。

3.4.1 美国大型体育场馆盈利模式的构成要素

场馆盈利模式是实现场馆价值的系统或方法。通过对美国场馆财务分析，发现场馆盈利模式可归纳为收入来源、支出去向两个基本要素，资金在要素之间的动态流动就构成了场馆的盈利。

（1）收入来源

分析美国场馆财务状况发现，美国场馆的收入来源可分为租赁收入、无形资产收入、多元服务收入、大型活动收入等。部分俱乐部参与运营管理的场馆更重视比赛日产生的直接经济效益，利润表中未体现收入来源具体划分，而是以比赛日收入、非比赛日收入及其他收入进行统计，为俱乐部运营提供参考。

①租赁收入

基于场馆租赁的收入来源是指场馆所有者或运营者通过协议、合同等形式租赁场馆的部分或全部空间及设施的使用权，以获得预期收入，租赁具体内容可以是场地、商铺、设备等。美国场馆将租赁业务视为一项基本收入来源，承租人是场馆的直接用户，场馆通过向承租人租赁相关内容，借助承租人的自有流量，嵌入其他消费业务，从而获取更多的收入。在大型活动与商铺等的场地租赁中，美国场馆不单是收取租金，还有参与活动或商铺的门票、收入分成，如圣克拉拉体育场管理局获得李维斯体育场 980 万美元的门票附加费，这是与国内完全不同的，国内绝大多数场馆仅收取场地租金，在大型活动中缺乏话语权，难以获取更高的收入。

②无形资产收入

无形资产开发是场馆的重要收入来源。美国场馆无形资产开发项目种类繁多，包括体育馆冠名权、特许经营权、场馆内外场地广告牌、专有技术、商誉等[①]。美国场馆无形资产市场规模大、效益高，对无形资产盈利的深入实践在很大程度上解决了场馆建设、运营与维修的资金问题，为场馆提供有力的财务支撑。冠名权是场馆的重要盈利点，部分场馆在建设前期已完成冠名商招标，为场馆建设提供资金保障，减轻场馆建设的融资负担。如 NFL 亚特兰大猎鹰队新体育场已于 2015 年获得梅赛德斯·奔驰长达 27 年的冠名赞助。据统计，美国 NBA、NFL 和 MBL 有超过三分之一的场馆拥有冠名权协议，年平均冠名费用超过 500 万美元的球场有 25 个，其中最高的是花旗球场，达 2 100 万美元[②]。场地广告是无形资产中另一重要的创收领域，特别是在比赛转播中，广告牌将带来巨大的创收机会，场地广告不仅包含固定广告牌，美国场馆台阶、座椅、廊道等设施广告随处可见，显现出场馆广告在时间与空间上的完美融合。

③大型活动收入

场馆大型活动隶属于场馆运营内容产业，是场馆多元化经营的具体

① 郭敏刚，王健，陈元欣，等. 大型体育赛事场馆无形资产开发特征、存在问题及对策［J］. 上海体育学院学报，2008（1）：35-38.

② SCHAUL K，BELSON K. Playing the Stadium Name Game［EB/OL］. http://www.nytimes.com.

实践方式。美国场馆运营商早已不满足于租赁等单一收入来源，大型活动便是基于场馆运营商转型发展需求，依托场馆平台，积极开发体育、文化、娱乐等活动内容，实现场馆价值最大化的创收方式。此外，美国场馆通过主办活动摆脱引入活动难题，并形成自有品牌，实现营收的同时，扩大场馆影响力。以美国洛杉矶市斯台普斯中心为例，2013 年斯台普斯中心主办非体育活动 63 场，包括 53 场大型演唱会，收入达到 8 040 万美元，4 支职业俱乐部赛事门票分成收入达到 2.82 亿美元①，仅大型活动收入就远超部分同类场馆的总营业收入，其大型活动制造能力可谓架海擎天。

（4）多元配套服务收入

“用户体验最优化”是国外场馆运营的基本原则，这一原则正渗入国外场馆规划、设计、建设、运营及更新的全生命周期②③。场馆多元配套服务便是从“用户体验最优化”着手，为用户提供多样服务，满足不同观众群体需求，吸引更多用户，从而实现营收。借助体育赛事等大型活动的巨大流量，场馆从停车、餐饮、酒店、购物等服务获取了高额利润。2013 年 MLB 球场仅热狗就售出约 2 042 万个，酒水市场利润更是高达 90%。此外，美国场馆的服务正向个性化与差异化发展，部分场馆还可为观众提供定制服务，以吸引更多的观众消费。部分职业俱乐部场馆已成为俱乐部文化传承与传播平台，俱乐部不仅在场馆内设有俱乐部博物馆，还开发了场馆参观与旅游项目，为球迷带来一场独具俱乐部文化气息的体育赛事之旅，体育旅游亦逐步成为场馆的重要收入来源。表 3-3 对 30 个 NBA 球场的常见场馆服务进行了统计。

---

① 陈元欣，姬庆．大型体育场馆运营内容产业发展现状、问题及对策［J］．首都体育学院学报，2015（6）：483-487.

② STEINBACH P. Stadium Design Evolution from 1977 to 2017［EB/OL］. http://www.athleticbusiness.com/ stadium-arena.

③ LEWIS B. The Management Of An Analysis Of NBA Arena Management Trends［D］. California：California Polytechnic State University，2013.

表 3-3　30 个 NBA 球场常见场馆配套服务

配套服务	数量（个）	占比（%）
比分推送	28	93.33
3D 场馆地图	27	90.00
场馆内酒店	26	86.67
便利设施	25	83.33
舞蹈	24	80.00
餐饮	23	76.67
休息室	22	73.33

⑤连锁经营收入

美国部分场馆运营企业通过委托运营、租赁经营，以及场馆输出管理的方式实现场馆连锁经营。连锁经营模式的核心在于场馆的标准化运营，运用成套的标准化操作指南，实现场馆领域的集团式管理，形成品牌竞争力，增强创收能力。同时，运营商可将一项大型活动引入旗下不同地区的场馆，降低内容制造与合作成本，使运营商与合作伙伴的利益最大化。美国著名场馆连锁经营企业较多，如 AEG、Global Spectrum 等运营商，它们不仅从事场馆运营，还涉足俱乐部、赛事活动及大型文化娱乐活动的运营。这在国内是极为少见的，尤其是跨领域参与文娱活动管理，国内目前还没有成熟的案例。

（2）支出去向

支出去向是成本结构的动态表现形式，美国场馆支出去向可概括为运营支出和非运营支出两个方面。运营支出是场馆运营的基本支出与费用，有员工薪酬、差旅费、折旧费、能源费用等，非运营支出包括贷款利息等财务性支出。

美国场馆支出去向与国内场馆基本一致，但美国场馆通过企业化管理方式，使用多种方法减少费用支出，降低场馆运营成本。成本控制具体表现在人力成本、能源成本、设施维护等方面。在人力成本与能源成本控制方面，美国场馆已发挥至极致。在对美国场馆实地调查中，发现与我国不同的是，美国的职业体育球场在非比赛日几乎空无一人，整个场馆仅有一两名工作人员在监控室内负责场馆的安保，与场馆相关的团队只有在比赛日与大型活动时才会出现①。美国场馆大量使用兼职人员与服务外包，大幅降低了场馆的人力成本，解决了场馆赛时与非赛时的管理矛盾。美国场馆在能源成本控制上也表现出诸多亮点，如迈阿密美航球馆吸引了 100 万美元的企业赞助，用于主场仓库和废弃物管理系统等的绿化改造，改造后能耗费用节省了 160 万多美元②。

3.4.2 美国大型体育场馆盈利模式的实证分析

（1）职业俱乐部场馆

①职业俱乐部场馆盈利模式的构建方式

职业体育俱乐部场馆是职业联赛球队入驻、运营或所有的场馆。职业俱乐部场馆主要收入来源为租赁、无形资产开发、多元化服务、成本控制等的优化组合。该类场馆盈利模式是围绕俱乐部进行构建，美国俱乐部重视球迷及会员群体培育，拥有相当可观的会员数量，尤其是顶级俱乐部，其粉丝遍布全球，庞大的粉丝群体为场馆提供稳定的客流量，从而集聚大量消费者，多元服务的创收能力在俱乐部场馆盈利模式构建中的作用尤为突出。

②职业俱乐部场馆盈利模式的实证分析

李维斯体育场建成于 2014 年，坐落在美国科技中心硅谷，是一座由政府主导，社会力量参与投资的高科技体育场，其中，政府出资 12.2%，私人部门出资 87.8%③，圣克拉拉体育场馆管理局拥有李维斯体育场的所有权及运营权，并负责体育场的维修及改造。旧金山 49 人队与体育场所有者签订了 30 年租用协议，体育场馆管理局将李维斯体育场委托给旧金山 49 人队体育场管理公司运营，实现所有权与运营权

---

① 陈元欣. 国外体育场馆运营案例集锦［M］. 武汉：华中师范大学出版社，2014：7-12.

② HESTER S. Facility Operations：Financial，Venue，and Environmental Sustainability［J］. KAHPERD Journal，2016，53（1）：15-18.

③ BSG. Georgia World Congress Center Authority：Selected Case Studies Preliminary Draft-Subject to Revision［R］. 2010.

分离，旧金山 49 人队在场馆使用过程中有相当程度的自主性与优先权。

表 3-4　2016 财年李维斯体育场收入表

运营收入	收入（百万美元）	占比
多元配套服务收入	101.00	68.11%
租赁收入	41.30	27.85%
NFL 赛事活动	32.80	22.12%
租金	24.50	16.52%
门票附加费	8.30	5.60%
非 NFL 赛事活动	8.50	5.73%
租金	6.00	4.05%
门票附加费	2.50	1.69%
无形资产收入	6.00	4.05%
运营收入合计	148.30	100.00%

注：数据整理自圣克拉拉体育场馆管理局。

李维斯体育场 2016 财年利润表显示，体育场实现税前运营盈利 2 219 万美元，运营收入较上一财年增长 4 182 万美元，其营业收入增长点集中在非 NFL 赛事收入、门票附加费及 SBL（场馆建筑商许可）摊销等。体育场运营收入中主要包含租赁收入、多元服务收入及无形资产收入等，如表 3-4 所示。租赁收入由 NFL 赛事与非 NFL 赛事两个活动板块组成，NFL 赛事活动收入为旧金山 49 人队每年 2 450 万美元的租金，体育场非 NFL 赛事活动租赁创造 600 万美元收入。除租金外，体育场管理局还参与了门票分成，此部分收益在利润表中以门票附加费的形式呈现，提取 NFL 赛事活动门票收入的 10%，NFL 赛事活动门票分成为 830 万美元，非 NFL 赛事活动每张门票提取 4 美元附加费，分成为 250 万美元。多元配套服务方面，利润表中未进行各类服务收入细分，但李维斯体育场为用户提供停车、餐饮、酒水等多种配套服务，此部分收入高达 1.01 亿美元，比租赁收入高出近 2.5 倍。无形资产收入主要来自体育场冠名，李维斯与体育场馆管理局签署了长达 20 年的冠名协议，每年支付 600 万美元冠名费用。2016 财年体育场各项费用支出均可见表 3-5，其中，服务购买费用主要用于支付被委托运营商的运营费用。

表 3-5 2016 财年李维斯体育场费用支出表

费用项目	费用（百万美元）	占比
租借费用	4.14	3.42%
材料及服务购买费用	99.61	82.33%
销售及广告费用	0.70	0.58%
折旧费	16.55	13.68%
运营费用支出合计	120.99	100%

注：数据整理自圣克拉拉体育场馆管理局。

（2）体育服务综合体

①体育服务综合体盈利模式的构建方式

体育服务综合体是未来体育场馆发展的重要趋势之一，它将体育元素融入人们的生活，改变单一业态发展方式，与其他业态融合发展，形成共生机制，共享红利。美国体育服务综合体越来越多，部分新场馆在建设前就考虑实施体育服务综合体方案，甚至规划整个场馆座位下空间作为商业体开发。美国体育综合体建设的立足点可以归结于自有产品或驻场俱乐部能够产生强大吸引力，带入大量消费者，促使运营商新建或改造现有场馆，以获取更多收入。因此，美国体育服务综合体的盈利模式是以自有产品为基础，延伸至多元服务收入、无形资产收入等。

②体育服务综合体盈利模式的实证分析

斯台普斯中心是美国体育服务综合体较成熟的案例，斯台普斯中心利用整体开发优势，将中心打造成了享有国际盛名的体育与娱乐综合体，AEG 集团拥有斯台普斯中心的所有权及运营权。

根据表 3-6，2013 年斯台普斯中心运营总收入达到 3.533 亿美元，四支球队表现出强大的营收能力，门票收入占全年收入的 79.71%，自有产品销售等多元配套服务在综合体内的收入占比仅次于门票收入。斯台普斯中心正是利用四支驻场球队的巨大吸引力，构建了以门票收入为核心的盈利模式。此外，微软剧院、斯台普斯中心、活力城共同组成了 L. A. Live 体育娱乐区，活力城的消费者正是由微软剧院和斯台普斯中心导入，消费者可以在此享受一站式服务。

表 3-6　2013 年斯台普斯中心运营收入

运营收入	收入（百万美元）	占比
门票收入	281.6	79.71%
洛杉矶湖人队	78.9	22.33%
洛杉矶快船队	60.4	17.10%
洛杉矶火花队	2.8	0.79%
洛杉矶国王队	59.1	16.73%
冠名权收入	7.4	2.09%
其他活动收入	7.6	2.15%
多元配套服务收入	56.7	16.05%
自有产品销售	24.1	6.82%
热狗	1.3	0.37%
软饮	2.3	0.65%
啤酒	10.6	3.00%
停车费	18.4	5.21%
运营总收入	353.3	100.00%

注：数据整理自斯台普斯中心官网（www. staplescenter. com）。

（3）场馆大型活动

①场馆大型活动盈利模式的构建方式

引入或举办大型活动是场馆实现盈利的必然途径，优质的大型活动可以帮助场馆积聚人气，带动场馆区域内的消费。特别是未能吸引职业俱乐部入驻的场馆，大型活动收入是其主要的收入来源。可见，场馆大型活动的盈利模式的构建是以大型活动收入分成为基础，多元配套服务及无形资产服务等为辅助。

②场馆大型活动盈利模式的实证分析

麦迪逊广场花园是世界上最著名的球馆之一，NBA 纽约尼克斯、NHL 纽约游骑兵和 WNBA 自由女神的主场均在麦迪逊广场花园。麦迪逊广场花园被职业球员和球迷奉为篮球的圣地，同时，也是演艺明星最喜爱的演艺舞台。麦迪逊广场花园不仅是竞技舞台，更是表演舞台，每年都有数百场各种性质的大型演出活动轮番登场。麦迪逊广场花园的运营公司目前为纳斯达克上市企业，公司由麦迪逊广场花园体育和麦迪逊广场花园娱乐两个事业部构成，分别负责大型体育和娱乐活动的管理、策划与运营工作。

麦迪逊广场花园公司负责花园的运营，收入主要为活动运营所得。麦迪逊广场花园公司 2016 年年报显示，2015/16 财年花园活动运营收入超百万美元，较上一周期增长 17.3%。娱乐活动收入增长 37.6%，收入达到近 41.42 万美元，如表 3-7 所示，花园承办了音乐会、家庭表演、艺术表演和特殊活动等大型演艺活动，麦迪逊广场花园公司举办的“圣诞晚会”在 2015 年售出了 100 万张门票。麦迪逊广场花园还与其他地区场馆开展深入合作，将部分娱乐活动推向多个合作场馆。体育活动方面，除三支职业球队的常规比赛外，麦迪逊广场花园还举办了一系列体育赛事活动，包括职业拳击、大学篮球、职业马术、网球和大学摔跤等赛事活动，2015/16 财年体育活动收入 65.66 万多美元，增长 7.3%。不难看出，麦迪逊广场花园公司正是通过举办、承办和管理体育与娱乐活动，创造场馆价值，并成功登陆资本市场。

表 3-7 麦迪逊广场花园公司活动运营收入

	2014 年	2015 年	增长率
娱乐活动收入（美元）	300 998	414 161	37.6%
体育活动收入（美元）	612 071	656 683	7.3%
活动运营总收入（美元）	913 615	1 071 551	17.3%

注：数据整理自麦迪逊广场花园公司 2016 年年报（截至 2016 年 6 月 30 日）

3.4.3 美国大型体育场馆盈利模式的启示

（1）鼓励俱乐部参与管理，双方协同发展

美国职业俱乐部为场馆提供稳定的收入。而当前我国国内场馆与俱乐部租赁合约时间较短，俱乐部运营参与率较低，且国内专业球场较少。现行事业单位进行场馆改造难度较大，资金筹措困难，职业俱乐部可通过 ROT 等模式对场馆进行提档升级，参与场馆运营管理①。国内已有职业俱乐部明确表达参与场馆运营的愿望，俱乐部的融入可为场馆拓宽盈利渠道，改变原有简单的对大型活动提供租赁盈利模式，可深入实践无形资产、多元服务等盈利模式，场馆亦能为俱乐部提供俱乐部文化积淀的稳定平台，营造球迷氛围，符合“努力打造百年俱乐部”的期许②。

（2）重视无形资产开发，实现互利共赢

场馆无形资产开发不仅是场馆重要的收入来源，更是场馆融资的重要途径。在冠名方面，美国对于场馆冠名权持开放态度，公立场馆冠名案例也较多。国内场馆冠名多为企业化运作场馆，普及程度不高，对总冠名权有严格限定。公共场馆大多不以营利为目的，尤其是公益一类与公益二类场馆，推行冠名权较为困难，但可成立独立维修基金，将冠名费用注入基金，减少政府对公共场馆维修与改造的财政投入。部分租赁经营或委托运营场馆无形资产开发状况不佳，产权所有者通过合同限制运营商进行无形资产开发，以至于运营商无法进行冠名赞助与广告开发。国内场馆需重视无形资产在营收中的积极作用，为企业宣传提供优质平台，实现利益双方的共赢。

（3）建立合作伙伴关系，引入多元大型活动

美国场馆极其重视合作伙伴关系，从普通供应商到内容合作伙伴，都建立了良好的合作体系，在成本、赞助、盈利等多方面获得利益。国内场馆亟待树立内容产业思想，加强合作伙伴关系，引入更多大型活动，并确立场馆市场主体地位，尽可能参与门票与产品销售分成，改变单一租赁盈利模式，增加配套服务、无形资产等业务的收入。国内场馆可与专业演艺公司、广告公司、体育文化中介公司合作，或直接成立相

---

① 陈元欣，黄昌瑞，王健. 职业体育俱乐部参与体育场（馆）运营研究 [J]. 体育科学，2017，37（8）：12-20.

② 国务院办公厅. 中国足球改革发展总体方案 [Z]. 北京：国务院办公厅，2015.

关市场主体，结合所在地区的文化特性，独立创办赛事和文体活动，开展区域性的如趣味运动会、体育嘉年华、民间业余联赛等运营内容①。

(4) 丰富场馆服务内容，加强战略合作

相较美国场馆，国内场馆服务内容单一，场馆运营者未形成服务供应商的意识理念，部分重要的可盈利服务项目选择外包给第三方，在服务提供过程中仅扮演出租人的角色，收取微薄的租金。场馆服务具有一定垄断性，国内场馆可探索在赛事等大型活动期间开发场馆内的餐饮、饮料、停车及其他定制服务，提升消费体验感，引导用户消费。此外，国内场馆需根据自身发展定位及用户消费需求，加强战略合作，以委托运营的方式引入一批优质的服务供应商，力求提高服务质量，满足用户个性化与差异化需求。

(5) 提升专业化运营水平，延伸场馆产业链

美国场馆致力于提升自身运营水平，为拓展场馆价值，成立了若干事业部，实现不同业务群的专业化与精细化管理。AEG 等专业场馆运营机构已实现跨国连锁，对外输出专业管理，借助旗下体育、娱乐事业部，与大量场馆建立合作关系，帮助场馆引入大型活动。国内已有小部分场馆运营机构实现连锁经营，但仍需提升专业化运营水平，推动场馆服务标准建设，逐步形成体育场馆的行业标准。为延伸场馆产业链，国内场馆可通过成立事业部、组建体育场馆联盟、加强国际交流合作等方式，进行品牌输出与推广，推动行业共同发展。

3.4 全球著名场馆运营商——AEG 运营经验与启示

在全球体育场馆运营领域，AEG 应是最成功的专业运营商，在 POLYSTAR 每年发布的全球门票收入排名前 100 位的场馆中，由 AEG 运营的场馆稳定在 27 座左右，其中，近年来排名第一的伦敦 O2 体育场馆一直是由 AEG 运营。因此，系统分析 AEG 的运营经验，对于国内场

① 陈元欣，姬庆. 大型体育场馆运营内容产业发展现状、问题及对策 [J]. 首都体育学院学报，2015，27 (6)：483-487.

馆经营权的改革具有重要的启示和借鉴价值。

3.5.1 AEG 集团发展现状

自 20 世纪 70 年代开始，国外开始探索体育场馆的委托运营，成立了许多体育场馆专业运营公司，在全世界范围内接受业主的委托运营体育场馆。AEG 作为目前世界上最大的娱乐集团，其旗下的场地管理子公司 AEG Facilities 更是全球领先的体育娱乐集成推广商，为世界诸多著名的场馆提供服务，其中包括斯台普斯中心（洛杉矶，加利福尼亚州）、甲骨文竞技场（奥克兰，加利福尼亚州）、梅赛德斯—奔驰竞技场（上海，中国）、O2 体育馆（伦敦，英国）、巴克莱卡竞技场（汉堡，德国）等。2019 年 2 月，AEG Facilities 与 SMG 公司合并并创立一个新的独立全球设施管理公司 ASM Global。新公司的成立将进行 AEG 和 SMG 的业务整合与互补，让人才和资源深度交流与发展，为全球客户提供更为优质的服务①。

AEG 有分管不同职能的子公司，为 AEG 的发展奠定坚实的基础。AEG Commodity marketing 能为商品销售提供一整套的方案及服务；AEG Global Partnerships 负责寻找全球范围内场馆的冠名商和赞助商，以及其他的战略专业分工与合作；AEG Sports 拥有或管理着 14 支职业球队；AEG Live 的业务覆盖现代音乐演出的各个方面，包括艺人巡演、音乐节、现场直播及其他文娱项目。

根据全球权威业内媒体 pollstar 杂志最新发布的全球演出票房销售统计排名，AEG 场馆运营旗下的全球场馆中有 4 家位列全球排名前 10 位，其中全球排名第一的场馆再次由 AEG 场馆运营旗下的英国伦敦 O2 体育馆摘得，上海梅赛德斯—奔驰文化中心（Mercrdes—Benz Arena）位列 11 位，跻身亚洲排名第 1 位。AEG 场馆运营中所拥有、管理和提供咨询服务的有 27 家场馆位列全球前 100 位。此外，AEG 场馆运营

① WIRE B. AEG Facilities and SMG Announce Merger [EB/OL]. https://www.businesswire.com/news/home/20190207005571/en/AEG-Facilities-SMG-Announce-Merger，2019-2-7.

2018 年度共销售演出门票超过 1 200 万张，就全球排名前 20 位场馆的演出门票销售排名而言，AEG 场馆运营旗下各场馆占总票房的 47%①。

3.5.2 AEG 的运营模式

AEG 成功运营全球诸多国际化标准的多功能场馆，其成熟的运营模式主要体现在以下几方面。

（1）运营策略

①四大类资产的综合开发与运营，促进多元业态发展

四大类资产包括娱乐主题商业街区、酒店、室内室外场馆、俱乐部及剧场。AEG 开发的活力洛城（L. A. Live）将城市公共设施与综合体完美结合，是针对其周边大型文娱资源量身定制的城市综合体。其建设总成本约 25 亿美元，总面积约为 52 万平方米，2007 年首期开放体育与娱乐商业街区，每年访客超过 2 000 万人次。AEG 运营管理的微软剧院和斯台普斯中心每年举办超过 500 场的体育赛事、演唱会、节庆活动、电影首映典礼、颁奖晚会等活动，为 L. A. Live 引入消费者，刺激商业街区消费。据研究表明，斯台普斯中心举办大型文体活动时，周边酒店的房价和入住率都会有一定幅度的提升。

（2）开展各领域专业分工与合作，增强伙伴关系

AEG 非常重视合作伙伴的作用，合作伙伴是其业务拓展的基础，且其合作模式多种多样，并在各个领域进行积极尝试。AEG 与各领域的专业运营商开展细致的专业分工与合作，积极进行服务外包，降低运营的总体成本，获取更优质的多元配套服务，提升用户的参与体验。AEG Global Partnerships 负责寻找全球范围内的冠名商和赞助商以及其他的战略合作，专注于将企业客户通过大型体育赛事、现场音乐活动的全球网络进行营销推广。AEG Global Partnerships 每年承办活动超过 10 000 项，与 1 000 多个品牌合作伙伴合作，每年创造 5.5 亿美元以上的收益。其战略合作伙伴遍布全球各个领域，如电信运营商 O2、麦当

① POLLSTAR. Global box office sales statistics [EB/OL]. https://www.pollstar.com/quaterly-world-wide,2018-12-6.

劳、Marriott 等。

AXS 是美国购买体育和娱乐活动门票的顶级票务和数字媒体平台，也是 AEG 官方移动票务和转售合作伙伴，利用其专利移动 ID 技术和 FanSight 服务于整个活动周期的所有阶段，能为 AEG 的用户提供最安全、最便捷的购买方式，实现用户体验最优化。

③经营各类职业体育球队，组织商业品牌赛事

AEG 在全球拥有和负责经营诸多职业球队，其中包括洛杉矶国王队（NHL）、雷丁皇家队（ECHL）、洛杉矶冲浪者队（MLL）、曼彻斯特君主队（AHL）、洛杉矶银河队（L. A. Galaxy）等。AEG 凭借其拥有职业球队的所有权与经营权组织各种商业赛事，策划各类大型活动，将球队的所有比赛及商业活动均安排在自己运营管理的场馆举行，能为场馆带来丰富的大型活动资源①。如世界著名的体育场馆斯台普斯中心是洛杉矶湖人队（L. A. Lakers）、洛杉矶快船队（L. A. Clippers）、洛杉矶火花队（WNBA）以及洛杉矶国王队（L. A. Kings）的主场，这四支职业球队每年为斯台普斯中心带来门票收入约占全年运营收入的 79.71%。AEG 组织各大领域商业品牌赛事，获取主要由媒体版权收入、商业赞助、门票、特许经营商品销售等构成的运营收入。由 AEG 组织的 Amgen Tour of California 赛事，自 2006 年创立以来，已成为加州最大的体育赛事和北美最大的自行车赛事，每年吸引观众超过 200 万人。

④积极获取大型娱乐活动资源，强化资源整合能力

优质的大型活动可以帮助场馆积聚人气，带动场馆区域内的消费。为了吸引更多的大型活动在 AEG 所运营场馆里举办，提高场馆资源利用率，增加大型活动收入，AEG 充分利用自身资源，获取大型活动资源，确保所运营的场馆每年举办上百场各种娱乐演出活动。AEG 是全球唯一一家将娱乐演出资源与场馆资源实现完美结合的公司，主要得益于 AEG 现场娱乐公司。这是全球领先的娱乐公司之一，拥有十分丰富

① 陈元欣. 国外体育场馆运营案例集锦［M］. 武汉：华中师范大学出版社，2014：97.

的娱乐和演出资源，每年组织策划数万场大型活动，参与人次超过 1 亿。AEG 在娱乐演出行业拥有完整的产业链，通过 AEG-TV、AEG-Person 以及 AEG-Studio 等分支，形成了在娱乐演出业强大的影响力和控制力，为其运营管理的场馆提供充足的大型活动资源。如中国上海梅赛德斯—奔驰中心每年除了承接 NBA 赛事等各种体育赛事外，还承接大量明星演唱会、音乐会等娱乐活动，主场馆每年承接活动超过 100 场，多功能场馆承接活动超过 130 场，举办的娱乐文化活动占全年所有活动的 80%。

⑤全面开发场馆无形资产资源，提高场馆运营收入

无形资产开发包括豪华包厢使用权、永久性座席使用权、场馆冠名权、特许经营权、商业赞助开发权等内容。无形资产开发是场馆的重要收入来源。豪华包厢是 AEG 所运营大型体育场馆的重要无形资产开发项目。体育场馆包厢是部分发达国家体育场馆的核心收入来源之一，它既能满足高端客户差异化、个性化服务需求，同时也能为场馆带来长期高额和稳定的收益。根据最新的统计数据，无论是 NBA、NHL 还是美国职业棒球大联盟（Major League Baseball），豪华包厢都占据了球队总收入的 5%至 20%。上海梅赛德斯—奔驰文化中心商业赞助与豪华包厢的收入占全年运营总收入的 80%。

体育场馆冠名权能实现多方共赢，为场馆运营融资同时也能提升冠名企业的品牌形象和知名度。冠名是 AEG 的特色，2018 年 SBJ 公布的顶级冠名权交易榜单显示，巴克莱银行以 2 亿美元的价格获得 AEG 公司运营的纽约巴克莱中心 2007 年至 2032 年的冠名权，美国银行以 1.4 亿美元的价格获得 AEG 运营的纽约美国银行体育馆 2004 年至 2023 年的冠名权①。许多场馆都有相当数量的赞助商，如 NBA 火箭队的主场丰田体育中心，除了被丰田公司冠名赞助外，还拥有多达 72 个赞助商。

---

① POPP N, DESCHRIVER T, MCEVOY C, et al. Diehl. A valuation analysis of corporate naming rights for collegiate sport venue [J]. Sport Marketing Quarterly, 2016 (1): 7-20.

⑥ 打造智慧化场馆，提升用户综合体验

智慧场馆可以为运营者提供包括优化财务成本、降低管理能源消耗、提升运营和维护效率、创造社会经济效益等多方面的益处，是未来大型场馆建设、改造的大趋势。AEG 积极推进所运营的场馆进行智慧化建设、改造。如数字化电子屏显示、Wi-Fi 场馆全覆盖、数据实时更新、场馆互联网化、建筑外墙的材料智能化、游泳池水质水温自动控制系统等。AEG 为其所运营的全球场馆引入先进场馆硬件设施，增强场馆适用性与功能多样化，创新软件服务，提升场馆使用效率、观众现场观赏体验、赛事竞技质量和赞助权益价值。2018 年，AEG 和 L. A. Kings 与 BluEco 技术集团合作，为 AEG 公司所运营的全球场馆提供革命性的水和冰开发技术，最大限度地提高能源利用率，改善场内小气候，并节约成本。通过场馆的智慧化改造，可以从多方位全面提升用户体验，如在线购票选座、场馆各功能区无线定位以方便寻找座位，未到场的观众通过 VR 技术体验身临其境的感受等。

⑦创新商业发展模式，完善场馆盈利模型

美国著名的管理学大师彼得德鲁克说："当今企业的竞争不是产品之间的竞争，而是商业模式之间的竞争。"商业模式的创新在现代社会发挥着至关重要的作用，是公司的核心竞争力之一。AEG 可移植、可借鉴的商业模式为其全球化的发展奠定了坚实的基础。AEG 的商业模式包括冠名、包厢、餐饮、衍生品和综合开发五个方面，以满足客户、艺人、粉丝、赞助商和主办方的需求。其商业模式主要围绕大型活动进行构建，以活动收入分成为基础，多元配套服务及无形资产服务等为辅助。AEG 通过其强大的资源获取能力为其所运营管理的场馆带来丰富的文体活动，聚集人气并吸引流量，再进行休闲娱乐、餐饮等多业态商业综合开发，完善周边配套设备设施，增强区域消费能力，形成共生机制，促进冠名权、豪华包厢以及商业赞助等收益的全面提升，形成一体化的完整的产业链条。

(2) 竞争优势

①完整的体育生态链

在 AEG 集团旗下有一系列的子公司，各自负责相关业务的推广工作，共同推进 AEG 在全球业务的发展。AEG Facilities 是 AEG 集团下独立的部门分支，在全球范围内拥有和享有经营权的场馆超过 150 家。AEG 现拥有完整的体育生态链，运营包括场馆与设施、现场娱乐、AEG 销售、Bounce AEG、数字媒体、AXS 票务以及 AEG 全球合作伙伴七个部分，将场馆运营业务与其他业务进行整个连通，打造多维度的产业链，如图 3-2 所示。场馆运营部可以从 AEG 旗下的其他部门，如 AEG Live、AEG Global Partnerships 和 AEG Digital Media，获得丰富的合作资源及服务，为全球服务的室内场馆、室外运动场、会议中心等提供开工前及开业前规划、商家及赞助商选择、财务预算、运营管理、风险管理、采购、安全评估等全套服务。

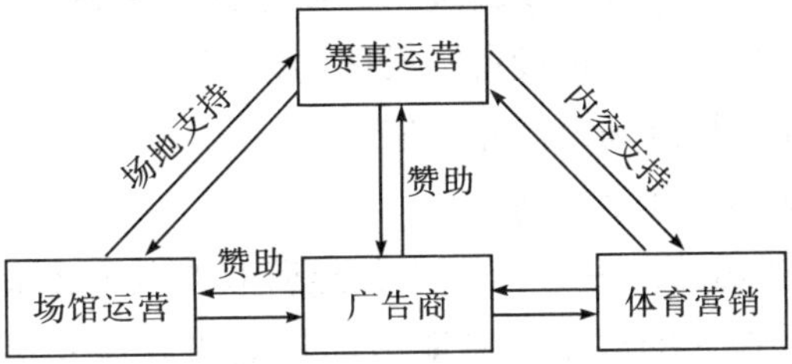

图 3-2 体育场馆在体育产业链中的地位

②文体商融合发展

体育场馆盈利的关键是提升场馆利用率，充分挖掘场馆资源价值。美国作为体育赛事举办众多的国家，仅仅依靠承办各类体育赛事依旧难以让体育场馆得以充分的利用。AEG 所运营的体育场馆不仅仅提供观看各种类型的体育比赛、运动锻炼、体育培训，也承办各类商业会议会展和娱乐演出活动，还提供餐饮、美容、康体、休闲娱乐等服务，使得文体商融合发展，最大程度地利用场馆资源，提升场馆利用率。如斯台普斯中心活动多样，包括 NBA、WNBA、NHL、拳王争霸、格莱美、演唱会等，每年举办活动约 240 场，场馆转换效率惊人，一天可举行 2 场甚至多场活动，且 2 小时即可完成转场。美国大型体育场馆一年能承办超过 300 场的活动，利用率在 60%以上，甚至达到 80%，其中约一半的活动为体育赛事，另一半为音乐会、演唱会、展销会、发布会等①。

① 赵一洋，周雨阳. 互联网体育海外镜鉴 [J]. 互联网经济，2018，8 (8)：1-5.

通过多元化市场开发，AEG 让场馆摆脱单一的租金模式，其收入来源除了组织体育比赛和其他娱乐活动的场租和门票分成外，还有广告赞助、餐饮等服务业收入，其中餐饮收入占 30%左右。

③连锁化经营，标准化服务

AEG 通过委托经营、租赁经营以及场馆输出管理的方式实现了场馆的连锁化经营，并通过成套的标准化操作指南，实现场馆领域的集团式管理，形成品牌竞争力，增强创收能力①。标准化的核心定位是实现成本节约、提高客户满意度和市场竞争力，达到效益最大化。AEG 参与所运营场馆的场馆设计、设施维护、商务开发等各个环节，通过专业化、标准化的管理延长场馆设备、设施的使用年限，再通过人才、管理和资本输出，充分挖掘场馆商业价值。

④运营成本的合理化控制

AEG 的成功运营，一方面在于其运营收入的不断提高，另一方面更为重要的是其强大的成本控制能力和较低的运营成本支出。AEG 的运营成本控制主要体现在能源资源、人力资源和营销成本这三方面。AEG 1EARTH 项目启动后，AEG 不断为其所运营的场馆进行设备的升级，通过可持续化发展，减少对环境的影响，保证能源资源的节约，提升公司的业务价值。如柏林梅赛德斯—奔驰竞技场与其能源供应商 Gasag 合作，安装了高科技天然气系统装置，以减少温室气体排放，场馆的能量负荷减少 40%，提高了场馆能源利用效率②。

AEG 大量进行服务外包和使用兼职人员，压缩人力成本，解决赛事活动日与非赛事活动日矛盾。在非活动日，整个场馆仅有一两名工作人员进行场馆监控，大大地节约了人力资源成本。AEG 的营销主要借助公司的子公司进行赛事、娱乐活动等的宣传，极大地降低了营销成本。

① 黄昌瑞，陈元欣，何凤仙，等. 美国大型体育场馆的盈利模式及启示 [J]. 体育文化导刊，2017，12 (12)：1-5.

② HESTER S. Facility Operations：Financial，Venue，and Environmental Sustainability [J]. KAHPERD Journal，2016，53 (1)：15-18.

⑤常态化公益性活动

AEG公司除了注重经济效益的增长，还充分兼顾社会责任方面的内容。在过去的十年，AEG公司一直注重对公益活动的扶持，其附属的基金会已为慈善、社区和公民项目提供超过1.2亿美元的直接财务和实物支持，这些项目专注于儿童和青少年的教育、艺术、健康和保健领域。如斯台普斯中心和L. A. Live每年在假期中举办员工志愿服务活动，为周边的社区免费提供场地与服务，满足社区居民的体育活动需求，同时为场馆带来一定潜在的经济效益。AEG 1COMMONITY项目的开展对塑造AEG承担社会责任的企业形象而言，无疑是有利的。

3.5.3 AEG运营下的伦敦O2场馆案例分析

AEG成功运营的伦敦O2体育馆是世界文体场馆中的传奇，它被称为“世界上最受欢迎的场馆”。其场馆多项运营指标，连续多年雄踞全球第一，是顶级演唱会与体育赛事爱好者的圣地。通过对其运营管理进行详细分析，可以为国内体育场馆行业提供借鉴。

（1）财务分析

自2002年AEG接管O2体育馆投入运营后，运营总体状况较好，年运营收入不断提高。自2008年开始，O2体育馆每年完税之后仍有盈余。2017年盈余最多，利润上涨13.3%，达到4 670万美元。开馆以来，O2体育馆的总利润达到2.037亿美元。

表3-8 O2体育馆近年来收入一览表（单位：美元）

	2006年	2007年	2008年	2009年	2010年	2011年
收入	0	34 429 824	68 238 027	77 566 203	70 954 884	77 162 085
净利润	−1 653 795	−12 483 90	20 060 469	15 388 659	1 456 884	14 786 343
红利	0	0	0	0	0	0
	2012年	2013年	2014年	2015年	2016年	2017年
收入	80 904 434	85 785 952	88 182 920	103 690 440	107 647 176	124 565 056
净利润	19 985 896	17 348 072	25 796 064	14 658 728	38 033 352	43 083 600
红利	0	0	220 892 000	47 514 742	81 621 848	30 268 000

注：数据来源于O2体育馆官网。

①运营收入来源

O2 体育馆的运营收入来源包括冠名权、包厢租赁、大型活动收入、租赁收入、特许经营、赞助收入及停车费等。过去 10 年，O2 体育馆接待的观众人数超过 6 000 万，卖出了近 2 000 万张门票。因此，O2 体育馆的主要营收与到场观众数量密切相关。

根据表 3-8，2017 年 O2 体育馆运营总收入为 1.245 亿美元。从运营收入来源来看，其主要的收入来源于场地出租、门票销售提成、冠名权以及多元配套服务收入，在运营总收入中占较大的比例。其中，由于 O2 体育馆活动丰富，场馆闲置时间少，场地出租和门票销售提成是 O2 体育馆最主要的两项收入来源，两项合计占 2017 年总收入的 70%。冠名权和广告收入在运营总收入中的占比为 15.52%，如表 3-9 所示。2017 年英国最大的移动运营商与 AEG 公司达成价值约 1.74 亿美元协议，每年向 AEG 公司支付约 1 932 万美元，以获得其 2017 年至 2027 年的冠名权。O2 作为大型体育服务综合体，周边配套商业娱乐物业完善且丰富，因此销售收入在运营总收入中也占据一定的比例。

表 3-9　2017 年伦敦 O2 体育馆运营收入（单位：美元）

	收入（百万美元）	占比
场地出租	57.54	46.22%
门票提成	29.61	23.78%
冠名权和广告收入	19.32	15.52%
多元配套服务收入	13.33	10.71%
其他活动收入	4.58	3.68%
运营总收入	124.5	100%

注：数据来源于 O2 体育馆 2017 年度报告。

②运营支出去向

O2 体育馆的运营支出包括大型活动运营支出、建设维护费、服务购买以及能源消耗费等。从 O2 体育馆各项运营支出比例来看，如表 3-10 所示，活动运营支出是体育馆最主要的运营支出，占总运营支出的 55.40%。O2 体育馆每年通过大型文体活动获得较多的运营收入，活动收入支出与总运营收支比例相对比较吻合。建设维护费是 O2 体育馆重要运营支出之一，占总运营支出的 21.88%。AEG 公司注重场馆的多功能使用，每年均投入一笔费用用于场馆的改造与维护，使用户现场体验达到最优化。场馆服务购买是 O2 体育馆第三重要支出，占运营总支出的 15.14%。O2 体育馆保洁、保卫等服务全部采用服务外包的形式，使用大量临时或兼职人员，大大降低非活动日场馆运营成本。场馆的其他运营支出如能源消耗费、人员成本、审计费、运营租赁、营销成本等所占比例相对较低。

表 3-10　2017 年伦敦 O2 体育馆运营支出（单位：美元）

	收入（百万美元）	占比
活动运营支出	29.53	55.40%
建设维护支出	11.66	21.88%
服务购买支出	8.07	15.14%
其他活动支出	4.04	7.58%
运营总支出	53.30	100%

注：数据来源于 O2 体育馆 2017 年度报告。

（2）盈利渠道

O2 体育馆盈利渠道丰富，主要来源于以下几个方面。

①场馆多功能使用，时间、空间高效利用

2018 年 O2 体育馆全年举办大型活动接近 300 场，其门票销售突破 200 万张，到馆人数超过 280 万人次，推动营收总额达到 1.47 亿美元。其主要得力于场馆的多功能和时间、空间的高效利用。O2 体育馆除了各种赛事以外，还能举办大型演唱会、商业会议会展以及其他各类不同性质的活动。O2 体育馆为了能够举办多样化、高要求的赛事与活动，赛场地板和看台的设计采用永久性冰面底层结构。同时，结合可拆洗、可伸缩的座位系统，可在一夜之间转换场内活动模式，从演唱会场地立即转换为一个顶级的体育场仅需 1 小时。机械装置的维护车间占地 9 290 平方米，能够同时容纳 9 辆带挂卡车直接进入赛场或通过卸车台卸货，再加上通往馆内另端舞台的附加通道，使得 O2 体育馆可以灵活举办多样活动并快速转换场地模式。另外，其合理的看台设计与贴心的服务均能为观众带来完美的参与体验。

②运营体育服务综合体，供给优质多元配套服务

O2 体育馆是个一站式娱乐中心，内部包括 Bubble 展览空间、Indigo 小舞台、Vue 电影院、夜总会、餐厅酒吧街、咖啡屋、商店等配套设施以及屋面步道桥体验，中央场地可灵活转换为溜冰场、篮球场、展厅、会议场地、私人场地和音乐会场地等，拥有优质的多元配套服务，是全球最具活力的演艺平台之一，连续 10 年被 Pollstar 杂志评为国际年度竞技场。AEG 公司拥有 O2 体育馆及其周边休闲空间的长期租约，通过商贸、餐饮、休闲娱乐及酒店物业的开展，进一步完善 O2 体育馆周边基础设施，使其成为人气聚集地，同时也为周边商业、物业带来旺盛的人气和需求，带动销售价值的提升。

③承办大量优质大型文体活动，努力提升场馆坪效

大型文体活动是 O2 体育馆经营的最主要的内容，也是其最主要的收入来源，且其他的经营内容在很大程度上依附于体育馆举行的大型文体活动。O2 体育馆的营收主要来自场地出租和门票销售的提成。AEG 公司利用其强大的大型活动资源获取能力为 O2 体育馆带来全球顶级娱乐演出和体育赛事活动。O2 体育馆被誉为全球最繁忙的场馆，除了承办 ATP 年终总决赛、NBA 常规赛及其他知名体育赛事，还有众多国际知名巨星在此举办演唱会等娱乐活动。

④重视无形资产运营，提高场馆溢出价值

O2 体育馆十分重视无形资产的全面开发，无形资产开发是其重要收入来源之一。O2 体育馆所开发的无形资产包括冠名权、各种分级排他性广告、公司包厢、私人专属包厢、优选座席、个人专属座席等。O2 体育馆冠名期限相对较长，收益较高且十分稳定。其商业赞助伙伴众多，其中包括可口可乐、达美航空、DHL、巴克莱银行以及美国运通等。

3.5.4 对国内体育场馆专业运营公司的启示

（1）积极推进场馆功能改造，提高场馆利用效率

与国外体育场馆运营业相比，我国体育场馆运营业处于整体亏损状

态。尽管我国体育场馆行业产值和增加值增长迅猛，但我国大部分大型体育场馆普遍存在运营机制陈旧、盈利模式单一等问题，导致大型体育场馆资源无法得到充分利用，闲置率高。2016 年国家体育总局发布的《体育发展“十三五”规划》提出要探索大型体育场馆所有权与经营权分离，为体育场馆的创新运营提供了政策支持。PPP 模式是目前大型体育场馆建设中最受欢迎、重要的模式，体育场馆专业运营公司在其中发挥着重要作用。华熙国际投资集团在 2008 年北京奥运会后斥资数亿元，按照全球最高水平演唱会场馆标准对北京五棵松体育馆进行改造，使其成为既适合举办各类大型体育赛事，又适合承办演唱会的综合性场馆。通过场馆技术创新，五棵松体育馆从篮球场变为冰球场仅需 8 小时。因此，我国体育场馆专业运营公司应努力推进场馆功能改造，引进先进技术，实现短时间内多种体育赛事的场地转换，提高场馆利用率。在参与场馆的投资建设中，应充分考虑赛后规划发展问题，积极引进高端场馆建设技术，依照消费总体趋势和消费结构类型的变化对场馆进行合理布局和环境改造，开展各类经营性活动等，提升场馆的使用价值。

（2）促进多业态经营，打造体育服务综合体

国务院发布的 46 号文件中明确支持各类新型体育空间发展，鼓励拉长体育产业服务链，将场馆设施打造成为以体育为主题，功能丰富、配套齐全、经营性强的服务实体。目前，我国体育场馆内场地利用率相对较低，衍生服务项目少且单一，不利于场馆业的整体发展。我国体育场馆专业运营公司应加强体育场馆与旅游、商业娱乐等业态融合，积极与政府部门协商合作以获取场馆周边资源，完善周边商业配套服务设施，打造体育服务综合体。在体育赛事运营的基础上，挖掘场馆看台下、首层外围等空间进行场地出租，引入休闲娱乐、餐饮、购物消费等多种业态，推动体育场馆多元化商业经营，以多种业态对人流形成复合吸引力，提高大型体育场馆经营综合能力，拓宽服务领域，延伸配套服务，提升全区消费能力以实现最佳运营效应①。

---

① 陈元欣，刘倩．我国大型体育场馆运营管理现状与发展研究［J］．体育成人教育学刊，2015，31（6）：23-31，2.

（3）建立标准化经营模式，实现集团化连锁运营

从全球场馆运营的发展趋势来看，场馆运营是由政府直接管理，过渡到独立市场化管理，再过渡到专业的独立托管，最终实现集团化规模化管理。AEG 的国际经验表明，场馆运营模式发展到成熟阶段，采用集团化托管模式更加有利于场馆的可持续发展。我国体育场馆专业运营公司应逐步推进集团化管理，借鉴国外 AEG 等知名场馆运营公司标准化、专业化的企业管理体制，运营高效且用户体验最优化的运营模式，形成自身可移植、可复制的体育场馆经营模式，低成本地实现模式推广。在提高场馆专业化经营水平的同时，通过内部干部、人事、激励与约束等制度建设，强化公司内部管理，使公司运营管理的专业化水平不断提高。

（4）提供多元服务业态，实现全产业链发展

我国场馆业市场化起步相对较晚，国内体育场馆专业运营公司与 AEG 等大型公司相比，体育产业链发展不够完整，导致其资源整合、获取能力难以达到最优化。我国大型体育场馆专业运营公司应深化体育场馆全产业链运营商的战略定位，积极参与体育场馆 PPP 项目，继续扩大运营规模，复制运营模式。充分利用智能化手段，以互联网为平台，为公共服务提供便利，提高场馆运营效率。体育场馆专业运营公司的体育场馆经营和管理业务应为客户提供围绕体育场馆的全链条服务，其中应包括从体育场馆定位咨询、设计、施工建设、设备设施提供到建成后一系列后续运营咨询与管理服务。通过对体育场馆建设的咨询、设计、代工代建等收取费用，再通过场地出租、承接各类大型文体活动以及开发无形资产等收入盈利。

（5）提升获取大型活动资源的能力，拓宽盈利渠道

AEG 凭借其强大的资源整合与获取能力为旗下运营的体育场馆带来丰富的体育赛事、演出活动，使得场馆利用率高，人流量大，带动场馆周边区域内消费升级。我国体育场馆大多因赛而建，且由政府发挥主导作用，制约了场馆的市场化发展，大型活动资源匮乏，收入来源单一，对租金具有强烈的依赖性，盈利渠道有待开拓。因此，我国

体育场馆专业运营公司应积极与大麦、AXS等票务预定公司合作，高度重视大型活动的预定工作且与大型活动组织机构保持密切联系，争取各级各类赛事资源，自主策划组织大型活动。还应以大型活动为载体，积极寻求多元化的收入构成；重视场馆冠名权、商业赞助、豪华包厢及优选座席等无形资产的开发，摆脱单一收入来源的禁锢，拓宽盈利渠道。

4 场馆企业化改革研究

近年来，随着各地场馆建设步伐的加快，场馆的运营管理问题日益凸显，引起了社会各界的高度关注。2014 年国务院印发的《关于加快发展体育产业促进体育消费的若干意见》（以下简称《产业意见》）中，提出要积极推进场馆管理体制改革和运营机制创新，引入和运用现代企业制度，激发场馆活力。2015 年 5 月，国务院办公厅转发的《关于做好政府向社会力量购买公共文化服务工作的意见》中，明确将公共文化体育设施的运营和管理作为政府购公共文化服务的重要内容。2016 年国家发改委等 24 部委联合发布的《关于促进消费带动转型升级的行动方案》中提出：行政机关和事业单位所属的体育场馆，通过引入社会资本和现代公司化运营机制等，推广“所有权属于国有，经营权属于公司”的分离改革模式。从国家政策的导向和场馆运营管理的现实来看，引入和运用现代企业制度，实施企业化改革，将场馆经营权授予企业是解决场馆运营难题的重要路径和未来发展方向。

4.1 场馆运营管理企业化改革的本质

所谓企业化改革，是指非企业单位引入和运用现代企业制度，改革管理体制与运行机制，按照企业模式组织与运作，遵循企业发展规律，优化资源配套，实施自主经营、独立核算所进行的一系列改革与创新的总称。场馆运营管理企业化改革的范围相对较广，从转制改企到事业单位内部企业化管理等多种形式。企业化改革形式虽然多样，但其本质是引入市场机制，提高场馆公共服务能力。

4.1.1 企业化改革核心是提高场馆公共服务能力

场馆运营管理实施企业化改革不是为了改革而改革，其核心目标在于破解或消除现行场馆事业单位管理的体制机制障碍，提高场馆运营管理水平，从而提高场馆的公共服务能力，促进公共体育服务的供给。场馆运营管理实施企业化改革只是手段而非目的。通过实施企业化改革，改革和创新场馆运营模式，激发场馆运营的效能和活力，使得场馆能够根据市场和公众需求，丰富服务内容，提高服务质量，充分提高场馆的经济效益和社会效益，大幅提升场馆的公共服务能力，这是场馆运营管理实施企业化改革的核心目标。

4.1.2 政府与市场合作，引入市场机制

场馆运营管理的核心任务是提供公共服务，在公共服务供给市场失灵的情况下，政府介入是必要也是必需的。但政府通过下属事业单位这种方式提供公共服务，在目前尚存在公共服务内容单一、效率低下、成本过高等众多问题，导致政府管理失灵。政府不能完全替代市场，可行的路径是政府与市场合作，规避政府与市场各自的制度缺陷，引入市场机制，发挥市场在资源配置中的决定性作用和市场机制的制度优势，充分运用现代企业制度，提高场馆的运营能力。市场经济的主体是企业，企业的制度设计最适合市场经济发展的需要。借助企业在场馆运营方面的能力、活力、资源以及资本等方面的优势，有助于提升场馆运营管理水平和公共服务能力。场馆运营管理改革虽然是企业化改革，但应是政府主导下的企业化改革，政府与市场合作，政府明确相应的公益目标和要求，在政府的监管下，通过企业和市场力量来提高场馆的公共服务水平和质量，而非私有化改革脱离政府的监管。

4.2 场馆运营管理实施企业化改革的必要性

4.2.1 国家政策的鼓励与支持

党的十八大以来，中央和国家出台了一系列政策，积极鼓励事业单位改革，这为场馆的企业化改革提供了重要的政策支持。党的十八届三中全会通过的《中共中央关于全面深化改革若干重大问题的决定》提出

加快事业单位分类改革，推进有条件的事业单位转为企业或社会组织。2014 年，国务院下发的《关于创新重点领域投融资机制鼓励社会投资的指导意见》中，再次提出加快社会事业公立机构分类改革，积极推进养老、文化、旅游、体育等领域符合条件的事业单位转企改制，鼓励社会资本参与公立机构改革。为贯彻中央鼓励社会投资的意见，财政部和发改委出台了政府和社会资本合作运营基础设施和提供公共服务的具体政策、措施和实施办法等规范性文件，发改委还将体育场馆作为鼓励社会力量投资的重要项目予以推介，提出行政机关和事业单位所属的体育场馆经营权应授予公司。从上述国家的政策来看，场馆经营权应授予公司，支持具备条件的事业类型的场馆管理机构改制为企业，不具备条件的事业单位也应引入和运用现代企业制度，提高运营管理水平。

4.2.2 政府职能转变的迫切需要

《产业意见》的出台要求进一步转变政府职能，深化体育体制改革，推进政事、政企分开，管办分离。场馆管理机构作为各级体育行政部门直属事业单位，人、财、物等各方面受体育行政部门的管理，在运营过程中缺乏自主性。场馆运营管理企业化改革是推进政府职能转变的重要方式，也是政府体育职能转变的重要内容，政府尤其是体育行政部门对于场馆的管理应从直接的业务管理转向行业监管，从财政拨款逐步转向政府购买公共服务，场馆与政府体育行政部门的行政依附和隶属关系也应逐步转变为契约关系和行业监管关系，政府体育行政部门应摆脱对于场馆的微观事务管理。场馆的企业化改革有助于政府职能的转变，也是政府体育职能转变的迫切需要。

4.2.3 场馆运营效能不高，公共服务供给能力有限，其管理迫切需要改革

场馆是目前体育领域固定资产数额最多的国有资产。国家投资建设场馆的主要目的是提供公共服务。但从目前的情况来看，场馆的公共服务职能发挥得并不理想，运营效能不高，公共服务供给能力有限。场馆作为大空间建筑，其功能定位不同于一般的中小型场馆，应以举办各种

大型文体活动为主，最大限度地满足群众的服务需求，完善城市服务功能。根据笔者的调查，2009 年，仅有 8.3%的场馆举办的大型活动在 40 次以上，绝大多数场馆（66.7%）举办的大型活动在 20 次以下。2014 年，场馆举办大型活动次数有所上升，但仍不理想，21.2%的场馆年举办大型活动在 40 次以上，48.5%的场馆年举办大型活动次数在 20 次以下。根据国家体育总局的调查，2013 年全国体育场馆（含体育场、体育馆、游泳馆和跳水馆）约 1.4 万个，年度总收入约为 119.12 亿元，平均单个场馆收入仅为 85 万元。根据国家体育总局 2011 年的调查，2010 年全国 242 家大中型体育中心当年的运营收入为 9.1 亿元，运营支出为 11.9 亿元，平均每个体育中心的收入约为 376 万元，支出约为 491.7 万元，入不敷出，运营效能较低。在场馆服务内容上，目前基本以场地服务为主，仅停留在对外开放阶段，打开场馆大门对社会开放，服务内容相对单一，未能根据市场和群众的需求提供多元化的服务，服务能力相对有限。对于人们迫切需求的健身指导、体质监测等服务内容，大部分场馆并未能免费提供，且 42.2%的被调查场馆不能根据消费者的需求提供个性化服务。被调查场馆中 35.6%的场馆的主要收入来源为场地出租，有 28.9%的被调查场馆的最主要收入来源为房屋出租，高达 88.9%的被调查场馆在文艺演出、展览等大型活动中仅仅扮演场地出租者角色。这说明房屋、场地租赁收入仍然是我国场馆的主要收入来源，场馆的公共服务能力亟待提高。

4.2.4 事业单位自身的弊端迫切需要通过企业化改革予以解决

目前，场馆运营管理机构为事业单位的管理体制和运营机制使其在市场经济条件下，愈发难以适应形势发展的需要，各种体制机制障碍束缚了其发展。根据湖北省体育局 2012 年的调查，在制约场馆运营的各项体制性障碍中，预算管理制度约束排名第一，如表 4-1 所示，成为制约场馆运营的最主要体制性障碍。其次是经营自主权受限和人事制度约束。事业单位的管理体制使得场馆运营机构难以成为真正的市场主体，缺乏充分的经营自主权，不利于市场机制的引入和作用的发挥。场馆管理机构作为事业单位相对封闭，对社会力量开放不够，难以与其他市场主体开展相应的合作。事业类型运营机构在拓展经营范围方面也受到一定的限制，在遇到合适的发展机会时，受体制约束，难以举债发展。事业单位的财务制度决定了单位只能收支平衡，收支结余也只能结转下一年度，冲减下一年度预算拨款，使得运营机构缺乏对于盈余的支配权，严重抑制了运营机构提高运营收入的积极性。

表 4-1　本研究被调查场馆运营的主要体制性障碍一览表

主要体制性障碍	得分	排名
预算管理制度约束	3.32	1
经营自主权受限	3.00	2
人事制度约束	2.97	3
税收政策不合理	2.94	4
能源政策不合理	2.92	5
薪酬制度约束	2.89	6

4.3　企业化改革的可行性

场馆运营管理推行企业化改革尤其是转企改制，虽然还存在一些政策和制度衔接上的问题，但目前场馆运营管理推行企业化改革已完全具备条件，而且，国内已有部分场馆实施了企业化管理，并取得了较好的运营效果，为更多场馆运营管理实施企业化改革积累了经验。

4.3.1　场馆企业化改革运营的成功典范

目前，国内部分运营比较成功的场馆中相当一部分是由企业运营的，而且取得了良好的经济效益和社会效益，如南京奥林匹克体育中心、武汉体育中心、北京五棵松体育馆、南通体育会展中心、佛山岭南明珠体育馆等。这些运营比较成功的场馆在成立之初均由企业运营，经过多年的运营，证明企业运营场馆是可行的。其中，部分体育场馆如南京奥林匹克体育中心、武汉体育中心、无锡体育中心等的运营非常成功，被评为中国优秀体育场馆，其运营模式受到国务院和国家体育总局领导的高度肯定。

4.3.2　事业单位已部分实行企业化管理

目前，相当一部分事业类型的场馆运营管理机构为弱化和规避事业单位管理体制对其运营的不利影响，在运营管理上探索企业化管理与改革的路径，从最初的内部实施企业化管理，到今天的成立企业运营机构，一套人马，两块牌子，以企业方式进行运营，但仍保留事业单位的身份，以享受事业单位的各项政策。如江苏省内的大部分地（市）体育中心均成立了企业性质的运营机构，武汉洪山体育中心、长沙贺龙体育中心、杭州黄龙体育中心等在保留事业单位的同时，均成立了若干个企业性质的场馆运营公司，拓展场馆运营的业务，在较大程度上提升了场馆的运营水平。

4.3.3　部分场馆管理机构事业转企业的成功经验

目前，国内已有多个事业类型的大型体育场馆运营管理机构根据地方政府的要求，进行了事业转企业的改革，由过去的事业单位转制成为企业，并经过多年的探索和运营，取得了良好的业绩。深圳市体育中心、上海八万人体育场和无锡体育中心等场馆较早进行了转企改制，经过多年运营，极大地提升了场馆的运营水平和能力，这些场馆业已成为国内场馆运营的标杆。2015 年 4 月底，江苏五台山体育中心正式转企，进入江苏省体育产业集团。五台山体育中心曾作为国内事业类型运营最为成功的场馆之一，是国家体育总局多次体育场馆管理改革现场会推荐的成功典范，一直在进行企业化改革的探索，在保留事业单位的同时，成立了多家运营公司拓展经营范围，做大增量服务。根据笔者长期对五台山体育中心负责人和部分中层干部的访谈，改制之前，他们一直有转企的愿望，但囿于政策的限制，一直未能如愿。江苏省体育产业集团的筹备，为五台山体育中心改制提供了难得的机遇，借势顺利改为企业，破解了一直限制该中心发展的体制机制障碍。

4.3.4 社会统一养老保险制度的建立为改革扫除了障碍

过去，由于事业类型的场馆运营管理机构执行机关事业单位养老保障制度，由单位负责，并未建立社会统筹的养老保险制度，与社会保障制度未能接轨，这为事业单位实施企业化改革，尤其是转企改制造成了较大的阻碍。2015 年初，国务院印发《关于机关事业单位工作人员养老保险制度改革的决定》，正式启动机关事业单位养老保障制度改革，原有的机关事业单位保险制度与社会保障制度并轨，建立统一的社会统筹的养老保障制度体系，并明确了机关事业单位人员与企业之间流动的衔接办法，扫清了事业单位人员往企业流动的养老保险制度障碍。这为事业类型的场馆管理机构实施企业化改革，尤其是转企改制扫清了障碍。

4.4 企业运营场馆的比较优势

场馆企业运营机构较之于事业运营机构不仅在制度设计方面具有比较优势，在运营效率等方面亦具有经济比较优势。

4.4.1 企业运营的制度设计优势

企业运营管理场馆按照企业的运行机制进行，执行企业的各项制度设计。较之于事业机构各项运行机制和制度设计，企业运营场馆具有事业运营机构所无法比拟的优势，尤其是在财务制度、用人制度、薪酬制度和经营决策权等方面享有充分的自主权。企业运营机构能够充分根据市场和消费者的需要及时调整经营策略，对市场回应性较强，运行机制较为灵活；而事业单位则受制于预算管理、人员公开招考、绩效工资等诸多制度约束，运营相对受限，对市场回应性较差。

（1）财务管理相对自主，举债不受限

企业类型的场馆管理机构执行企业会计制度，不同于事业类型的运营机构执行行政事业会计制度。前者基本上无须编制预算，在资金的使用上也相对比较灵活，企业负责人即可调配资金的使用；但事业单位一般必须按照预算来使用资金，额度较大的资金还需要上级主管部门批准，所有资金均需要提前向财政申请额度才能使用，且程序比较复杂。企业机构的所有资金在公司账户上由企业依法自由支配，但事业机构的所有收入要实行收支两条线。事业机构收入的资金，其自身并不能直接使用，需要上缴财政专户。而且，企业机构在自有资金不足时，还可以通过举债等方式筹集发展或运行资金。

（2）用人机制灵活，自主权较大

企业机构在用人方面享受充分的自主权，用人机制也相对灵活、自主，可随时招聘，按照《中华人民共和国劳动法》与员工签订劳动合同即可；对于难以适应场馆发展需要的员工，也可以按照法律规定程序予以解聘。事业机构在用人方面，尤其是人员招聘方面一般要进行公开招聘，时间要持续半年到一年，而且事业机构在人员招聘方面的话语权相对较小。加之事业机构的员工退出渠道不畅通，对部分难以适应场馆发展需求的员工也难以辞退。在人员的使用方面，企业更多考虑的是业绩，根据业绩的好坏来决定员工的上与下，而事业机构除了业绩之外，其他非业绩因素对员工的上与下也有一定影响。

（3）薪酬分配相对自由，不受绩效工资总额和比例限制

企业机构在薪酬分配方面享受较为充分的自主权，可根据员工对企业的贡献以及企业的经营状况，灵活制订薪酬分配方案，不受事业机构的绩效工资总额和比例的限制。企业机构可以对部分为企业做出突出贡献的员工进行重奖，但事业机构一般难以做到。因此，企业机构在薪酬分配制度方面的自主权，使其能够充分利用薪酬制度的激励机制，调动员工的工作积极性。目前，国内众多事业类型的场馆管理机构因受绩效工资制度的影响，薪酬分配重新回归平均主义、大锅饭，严重挫伤了员工工作的积极性。

（4）经营决策权充分、自主

企业管理机构一般无上级主管部门，享有较为充分的经营自主权，自主经营，自负盈亏，法无禁止即可为，对市场回应的速度较快。企业决策效率较高，能够及时根据市场需求做出有利于场馆的决策，在激烈的市场竞争中能够获得先机，成功概率较大。事业单位存在冗长的决策

程序和过多的行政干预。《事业单位国有资产管理暂行办法》规定，事业单位利用国有资产对外投资、出租、出借和担保等应当进行必要的可行性论证，并提出申请，经主管部门审核同意后，报同级财政部门审批。场馆国有资产的出租或出借是非常普通的经营行为，但事业管理机构受到诸多的限制，对其占有、使用的国有资产的出租、出借不享有决策权。企业机构对于场馆增设的服务项目和业务等享有充分的决策权，无需上报请示上级主管部门。企业运营机构享有充分的经营决策权也有助于提高其运营效率，提高场馆的运营管理水平。

4.4.2 企业运营的经济比较优势

场馆进行企业化改革非常重要的原因就是企业运营机构的运营效率和经济效益等均优于事业运营机构。根据笔者 2011 年的研究，事业运营机构的经费自给率要远低于企业运营机构，事业运营机构的平均运营收入亦低于企业运营机构，但前者的平均运营支出又高于企业运营机构，企业运营机构的经营效率约是事业运营机构的 2 倍左右。从就业人员数量来看，事业运营机构平均单座场馆就业人数比企业运营机构高 51.6%。在人员薪酬支出方面，事业运营机构人员薪酬支出和福利支出远高于企业运营机构人员薪酬支出。事业运营机构较高的人员薪酬支出和较多的就业人数导致其在人员薪酬方面的支出远远高于企业运营机构，造成事业运营机构运行成本过高，企业运营机构在运营成本控制方面具有较大优势。在经济效益方面，事业运营机构的盈余小于企业运营机构，在事业运营机构含有财政拨款和上级补助的情况下，企业运营机构的利润率仍是事业运营机构盈余率的 2 倍左右。根据国家体育总局的调查，2013 年，湖北、福建、江西三省场馆中，企业运营场馆的收入、利润和经营效率均高于事业运营的场馆。武汉体育中心（一场两馆）作为企业运营的场馆，地处武汉经济技术开发区，远离城市中心区域，但其 2013 年的运营收入仍达到 6 200 多万元，平均单座场馆收入约为 2 070 万元，与其规模相似但由事业单位运营的武汉洪山体育中心、福建奥林匹克体育中心、江西省体育馆（这三座场馆运营机构均是这三个省运营收入最高的事业运营机构）虽位于城市中心地带，但平均单座场馆的收入约为 1 224 万元，前者是后者的 1.7 倍左右。这充分说明企业运营机构的经济效益优于事业运营机构。

4.5 企业化改革的主要路径

场馆运营管理实施企业化改革，针对场馆的具体情况可以分为两种类型：一是现有场馆，二是新建场馆。这两种情况下大型体育场馆运营管理实施企业化改革的主要路径有一定差异。

4.5.1 现有场馆运营管理实施企业化改革的主要路径

（1）事业转企业

国内东部部分地区体育市场发展相对比较成熟，场馆运营管理水平较高，发展条件较好的场馆管理机构应积极按照国家政策的要求，进行转企改制，改革成为企业运营管理机构，建立现代企业制度，由政府财政部门或国资部门授权改制后的企业继续运营管理场馆。同时，积极支持社会资本参与场馆管理机构的转企改制，以支持体育场馆管理机构做大做强，拓展业务范围，输出管理，实施规模化、连锁化运营，使之发展成为以体育场馆服务业为核心业务的体育服务综合运营商。事业转企业改革路径实施过程中，最困难的是人员身份的转换问题，尤其是部分年龄较大的工作人员对转企改制较为抵触，需要妥善解决。事业转企业从企业化改革程度上而言是最彻底的，但风险也最大，需要稳妥推进，尤其是在当前配套政策不到位的情况下，更应慎重、稳妥推进，在具备条件的地区先行试点的基础上再逐步推进。而且，事业转企业主要适合于建成时间比较短、硬件条件比较好、运营负担相对较轻的经济发达地区的场馆，不太适合于经济相对欠发达的中、西部地区的老旧场馆。

（2）委托管理

委托管理是场馆运营管理实施企业化改革中，将经营权授予企业比较彻底的路径与方式，通过委托管理引入较为专业的场馆运营机构，能够在短期内显著提升场馆的运营管理水平。但在实施委托管理过程中亦需要注意以下几个方面的问题：一是专业场馆运营商的遴选。如果能够遴选到有丰富经验的专业场馆运营商，则能够确保改革的成功，达到事半功倍的效果。二是委托合同的设计。完善的合同能够明确场馆业主和运营管理机构之间的责、权、利关系，规范各自的行为，确保委托管理的有序进行。三是原有事业单位人员的安置。场馆运营商进场以后，原事业单位人员重新安置还是继续受聘于新的场馆运营机构，在改革之前需明确并妥善处理。四是充分监管。日常应有专门的机构或第三方对场馆的受托管理方进行监管，以确保场馆委托管理依约进行，保护业主方和公共的利益。

（3）事业、企业双轨运行

对于部分事业转企业条件尚不具备或难以彻底转企改制的场馆运营管理机构，实施企业化改革的主要路径可以是事业、企业双轨运行。其具体改革路径是继续保留事业单位，同时成立企业性质的场馆运营公司，借助企业制度设计和企业运行机制的优势，消除事业单位财务预算管理和人员编制管理等体制机制对场馆市场化运营的不利影响，引入场馆亟须的市场开发专业人才，提高场馆的市场运营能力，通过场馆的市场化运营反哺公共体育服务。事业、企业双轨运行的最大优势是能够融合事业运行机制与企业运行机制的各自优势，实现优势互补。该路径不仅能够继续利用事业单位的身份享受各项政策，同时又能够利用企业制度设计的优势，消除事业单位管理体制的各项束缚，提高运营机构的运行效率。目前，事业、企业双轨运行是国内许多地方的场馆运营管理机构实施企业化改革的主要路径，各地的差异只是程度不同。事业、企业双轨运行对场馆运营机构要求相对较高，要求场馆自身的运营管理水平相对较高，并具有一批熟悉市场运作的专业人员，能够胜任企业运营和管理的需要。

（4）事业、企业合作运行

部分场馆运营管理机构运营管理能力有限，运营水平不高，又缺乏相应的经营开发人才，难以实施转企改革。此类场馆在当前形势下依靠自身条件和能力，即使勉强进行转企改制或自身成立运营公司也难以适应激烈竞争的市场。针对此类场馆实施企业化改革的可行路径是事业、企业合作运行，由现有的事业单位与较为专业的场馆运营公司合作，引入专业运营公司来盘活和做大场馆的增量业务以及现有场馆运营机构做不好的业务，双方共享收益。事业单位不仅可以借助专业运营公司的资源与市场开发优势，提高场馆运营管理水平，还可以从中学习专业运营公司在市场开发和场馆运营方面的成功经验，逐步提高自身的运营管理水平和能力。北京工人体育中心、浙江黄龙体育中心等场馆与北京体育之窗公司的合作，以及部分专业赛事公司和演艺公司与部分城市体育场馆的合作，都是比较成功的案例。事业、企业合作运营的形式有多种，既可以是针对一次赛事或活动的商业开发，也可以是针对场馆承接的所有赛事活动的商业开发等进行合作。事业、企业合作应是当前场馆管理机构实施企业化改革的主要路径之一，其具体合作形式可以多种多样，ROT、部分委托经营、特许经营、租赁经营等形式均为事业、企业合作的具体形式。事业、企业合作的业务既可以是非常小的某一项具体活动，亦可以是场馆的经营权部分委托等，合作的业务范围可大可小，场馆管理机构可根据自身的情况与企业机构灵活确定。

（5）事业单位内部企业化管理

事业单位内部企业化管理是场馆运营管理机构实施企业化改革的最为保守的路径。该路径曾在 20 世纪 80 年代作为事业单位改革的主要路径之一，为事业单位的改革发挥了积极的作用。部分场馆运营管理机构在内部虽然也实施了企业化管理，但不彻底，在关键的人事制度、薪酬制度、绩效考核等方面未能真正实施企业化管理，使得场馆内部企业化管理流于形式。目前，随着事业单位的全员聘用制、岗位管理、绩效工资制度等一系列改革政策和制度的推行，对事业单位内部企业化管理也产生了一系列的影响。当前，场馆管理机构内部实施企业化管理，就是要在场馆管理机构内部的人事管理、岗位设置与聘任、薪酬制度、绩效工资等方面全面引入和借鉴现代企业制度设计的优势，摒弃传统事业单位管理的各项制度惯性，尽快形成能者上、庸者下，分配与绩效挂钩，薪酬向一线经营部门倾斜等有利于调动员工工作积极性的制度设计。事业单位内部企业化管理关键在于场馆运营管理机构内部运行机制的创新，能够充分按照现代企业制度设计的理念来创新内部运行机制，尤其是要重视激励机制的建设，以充分调动员工的积极性，提高场馆运营效率。

4.5.2 新建场馆实施企业化改革的主要路径

新建场馆较之于现有场馆没有人员负担，运营管理从零开始。根据国家目前的政策，对于新设事业单位控制较为严格。因此，对于新建场馆可行的路径是由企业运营。新建场馆根据实际情况可以分为两类：一类是政府或政府投融资平台公司投资建设的场馆，此类场馆亦强制实施委托运营，放开体育场馆运营权，引入事前竞争机制，由多家体育场馆运营机构参与对场馆运营权的公开竞标，最终只有一家机构获得特许经营权。通过缔约前的充分竞争有助于遴选优秀的体育场馆运营机构负责场馆的运营。借助竞争机制遴选优秀的体育场馆运营团队，以确保实现场馆的公司化和专业化运营，提高场馆运营管理水平。此类新建场馆如果难以实现公开招标，则可以由政府发起设立国有企业，委托其负责新建场馆的运营管理工作。另一类是政府和社会力量采取 PPP 模式合作建设的场馆，根据合作双方的协议来确定体育场馆运营机构。如果投资方不熟悉场馆运营业务，亦可通过委托运营或合作运营等方式引入专业体育场馆运营机构，实现场馆的企业化运营。

4.6 企业化改革应注意的问题

场馆运营管理实施企业化改革过程中，场馆将逐步与体育行政部门脱钩，由企业运营管理，但场馆的性质、功能定位以及服务对象等并未发生变化。场馆运营管理在实施企业化改革过程中应注意以下几个方面的问题。

4.6.1 坚持公益性

目前，场馆基本上是由政府或政府投融资平台公司投资建设的社会事业项目，即使部分由社会力量投资建设的场馆，政府也在用地等方面给予了大力的支持。因此，绝大多数场馆均为公共体育设施，政府投资（或推动）建设场馆的目的也是提供公共体育服务，满足群众的体育锻炼需求。场馆的公共事业属性决定了场馆必须要坚持公益性，以提供公共体育服务为首要任务。场馆不论是由事业单位运营还是由企业运营，其性质和功能定位都未发生变化，只是运营管理主体发生了变化，企业也可以而且应该提供公共体育服务。因此，场馆运营管理企业化改革不论怎么改，都必须坚持公益性，这也是场馆运营管理改革的底线。

4.6.2 政府必须履责

场馆运营管理实施企业化改革后，虽然场馆逐步由企业运营，不再由政府直属的事业单位运营，但政府的职责并未发生变化，政府不能因为场馆由企业运营就推卸责任，不再对场馆进行投入。部分地方政府将场馆企业化改革错误理解为甩包袱，将其承担的公共体育服务供给责任完全推给企业运营机构，要求企业提供各种公共体育服务，但对企业提供的各种公共服务又没有任何补贴和投入。政府供给公共服务是其在市场经济条件下重要的职责和职能，必须也只能由政府承担，不能以各种理由转嫁或推卸。因此，政府对于企业运营机构提供的公共体育服务必须予以认可，并采取政府购买公共服务或财政补贴等方式予以支持，履行政府应尽的责任，以保障场馆运营管理企业化改革的顺利进行。政府对于采取事业、企业双轨运行，事业、企业合作运行和事业单位内部企业化管理改革的场馆承担的公共服务职能也应予以认可，通过购买公共服务、财政补贴或上级补助等多种方式予以支持，以履行政府提供公共体育服务的职责。

4.6.3 正确认识企业盈利问题

企业是以追求利润最大化为目标的，场馆由企业运营后，其逐利性与场馆的公益性不可避免要产生冲突，这就需要调和企业逐利性与场馆公益性之间的矛盾。政府和群众要正确认识企业的盈利问题，政府要合理调控企业运营机构的利润空间，明确设定企业的最高利润率，通过选择合适的定价机制，激励企业运营机构在保证服务质量的前提下不断降低运营成本，帮助其获取正常的利益。

4.6.4 场馆运营人才培养问题

场馆运营管理实施企业化改革在政策上已不存在障碍，但在实施过程中面临的最为突出的问题是专业人才缺乏，场馆运营管理企业化改革后仍需要专业人才来运营，没有专业人才的支持与参与，再好的制度设计也是一纸空文。而且，随着当前体育产业的快速发展和体育场馆运营手段的不断创新，产业融合步伐加快，尤其是“互联网+”时代的到来和科技手段的不断创新，场馆的运营模式和营销手段等产生了重要变革，这对场馆经营管理人才提出了新的、更高的要求。因此，场馆运营管理实施企业化改革对专业人才提出了迫切的需求。场馆运营人才的培养问题虽看似应由场馆自身解决，但实际上该问题仍是政府的职责所在。为行业的发展提供充足的人才支持，这是政府应尽的责任。国务院印发的《产业意见》中明确指出，要重视体育产业人才培养问题，采取多种渠道培养复合型体育产业人才，并完善对于体育产业经营管理人才的奖励和资助体系。因此，政府部门尤其是体育行政部门应切实履行职责，高度重视场馆运营人才的培养问题，在专业人才引进、现有员工培训与继续教育等方面予以支持，通过举办公益培训、组织学习、考察交流等多种方式，为场馆员工提供学习机会，促进专业人才的培养。

4.6.5 政策衔接问题

场馆在由事业单位运营时，享受一定的财政拨款。根据房产税和城镇土地使用税的规定，场馆自用的房产和土地可以免交房产税和城镇土地使用税，从政府获得的财政拨款和上级补助收入也免缴增值税。但场馆实施企业化改革后，如果由企业运营，根据现行的政策，政府采取购买公共服务的方式予以支持，企业从政府获得的提供公共服务的收入应缴纳增值税及其附加，在盈利的情况下还要缴纳所得税。同时，部分企业运营机构已不能享受当前房产税和城镇土地使用税的免税政策，需要支付巨额的房产税和城镇土地使用税。前后的政策衔接问题，尤其是税收政策的衔接问题在很大程度上制约了场馆运营机构的企业化改革。根据笔者的调研，江苏省多数地（市）体育中心运营机构实质上已由企业运营，但为了继续享受现有的财政拨款和免税政策，继续保留事业单位的空壳，不敢轻易转企。

4.7 促进场馆运营管理企业化改革的对策

4.7.1 积极转变观念，努力推进企业化改革

虽然国家政策鼓励场馆运营管理机构引入和运用现代企业制度和转企改制，但相当一部分场馆运营管理机构自身、体育行政主管部门以及员工等在观念上仍难以接受转企改制，只有部分沿海地区运营状况比较好的场馆管理机构愿意转企改制。观念上的障碍是制约场馆实施企业化改革的重要因素。因此，场馆运营管理实施企业化改革，首先要转变观念。建议体育行政主管部门和场馆管理者积极进行宣传动员，选择场馆作为改革试点，树立改革典型，推广改革成效与成功经验，以凸显企业化运营的优势与制度设计的先进性，为推进企业化改革营造良好的舆论和环境氛围。对于部分难以转企改制的可以先从事业、企业合作或事企双轨运行做起，让员工亲身体会到企业运营带来的效益的提升和自身利益的改善，从而转变观念，积极支持转企改制。

4.7.2 出台扶持政策，延续现有政策

场馆运营管理实施企业化改革存在的主要困难是相应的政策衔接和配套支持不到位、不明确，在很大程度上制约了场馆运营管理机构企业化改革尤其是转企改制的实施。例如，场馆管理机构转企改制后，原有的房产税、土地使用税等优惠政策以及政府财政拨款和维修基金等政策能否继续享受，政策上尚不明确。英、美、日等国体育场馆在委托民营企业运营后，原有的政府拨款仍继续拨付。国内文化体制改革中，文化事业单位在转企后原有的各种拨款在改革后也继续拨付。场馆运营管理机构实施企业化改革后，部分场馆运营机构虽然运营主体发生了变更，但场馆的属性和功能定位以及承担的职能等并未发生变化。因此，建议政府出台相应政策，明确政府保持场馆原有运营政策不变。企业运营管

理机构在参与体育场馆企业化改革与运营后，政府原有对场馆的各种财政拨款、补助以及由政府负担的场馆的大、中修缮费用以及较大的改造支出等仍由政府负担，原有各项支持政策继续延续，以减轻企业运营管理机构的压力和风险。同时，企业运营后仍按照体育场馆原有的各种税费政策执行，如需缴纳的各税种与税率以及执行的水、电、气、热等能源价格仍按照原来的政策执行，确保不因经营主体的变更而加重企业运营机构的税费等负担，以促进场馆运营管理的企业化改革。

4.7.3 政府应加强监管，确保场馆公益性

场馆运营管理实施企业化改革后，场馆逐步由企业运营，政府对其进行监管是必要也是必需的，以确保场馆的公益性和社会效益的发挥，为群众提供充足的公共体育服务。政府对企业运营机构的监管应有合理的限度和范围，不能干预企业运营机构正常的经营和自主经营权的行使。在监管方式上，政府应改变过去以行政干预为主的方式，而应以法律、财务审查、运营报告等间接监管方式为主，尽量避免各种直接的行政干预，以保护企业运营机构对于场馆的经营自主权。在监管内容上，以公益性监管为主，实施契约监管，将企业运营机构需要履行的各项公共服务职能以及标准和要求等通过合约方式予以明确。通过监管方式与手段的变革，在加强政府监管的同时，充分赋予企业运营机构经营自主权，以调动企业运营机构运营的积极性。

4.7.4 尽快放开场馆经营权市场，鼓励社会力量参与场馆企业化改革

目前，各级政府对于场馆的经营权尚未放开，场馆还是由各地体育行政部门直属事业单位分散运营，形成事实上的垄断，场馆的经营权尚未进入市场，竞争和淘汰机制难以有效发挥作用，运营比较成功的机构难以做大，运营不成功的机构也无法被市场淘汰，市场配置资源的决定性作用难以发挥。因此，建议尽快放开场馆经营权，对场馆的经营权进行公开招标，为场馆运营管理实施企业化改革奠定制度基础，为企业运营管理场馆提供现实路径与平等参与机会，加速场馆运营管理企业化改

革的进程。现有场馆管理机构转企改制或是事业、企业双轨运行，仍是依靠自身力量渐进式发展壮大，没有社会力量尤其是社会资本的介入，不仅难以做大做强，且难以摆脱国有企业自身的弊病。因此，场馆管理机构在企业化改革过程中应积极鼓励社会力量参与，借助社会力量的资本优势与专业优势等，实施混合所有制，发挥国有企业与民营企业各自的优势，加快企业运营机构的发展，提升场馆运营管理水平。

4.7.5 打造场馆专业运营商，培养专业运营团队

场馆运营管理实施企业化改革并非其根本目的，企业化改革仅仅是过程和手段，其核心目的是要借助现代企业制度设计的优势，提高场馆的运营管理水平，因此，场馆管理机构实施企业化改革后，应尽快建立现代企业制度，建立健全公司法人治理结构，盘活场馆现有存量资源，积极拓展新兴服务领域，丰富服务内容，提高服务质量，全面提升场馆运营效能和运营效率，将自身打造成为场馆专业运营商，提升自身的运营管理能力。企业运营机构将自身打造成为场馆专业运营商，必须要有一支高素质的专业运营团队，因此，企业运营机构对于场馆运营管理人才的引进与培养应高度重视。在引进专业人才的同时，应加大对现有员工的培训和继续教育，提升现有员工的市场开发能力，挖掘存量人力资源价值，为员工的个人发展提供成长空间。同时，企业运营机构应充分发挥其对周边地区场馆的辐射带动作用，积极向外输出管理和服务，承接其他场馆的运营管理，推进其他场馆的企业化管理与改革，在做大做强自身的同时，提升所在区域场馆整体的运营管理水平。

5　民营企业参与场馆运营研究

2018 年全国两会政府工作报告指出，要深入推进体育改革，充分释放社会领域巨大发展潜力。场馆作为竞技体育、群众体育与体育产业发展的重要载体，其功能改造与机制改革工作倍受社会各界关注，吸引民营企业参与已成为体育场馆改革的重要路径。相较于政治关联度高的国有企业，民营企业参与场馆运营会遭遇行业进入壁垒。本研究拟从新制度经济学视角出发，分析民营企业参与场馆运营所面临的制度性与非制度性壁垒。

国内外学者对民营企业进入公共产品及准公共产品供给领域面临的壁垒及垄断做了诸多探讨。萨瓦斯（1987）指出，公共服务的民营化是通过民间机构来减少民众公共产品需求的政府依赖①。陈小安（2006）认为，我国准公共产品供给垄断主要源自决策环节的政府完全垄断及生产环节政府绝对垄断②。姜政扬等（2011）认为，对公用事业民营化中可能产生的垄断问题有赖于在反垄断法律制度、建立专门的管制委员会及对公用事业进行有效的价格监管等方面加强规制③。综上所述，已有一些研究关注民营企业进入公共产品及准公共产品的壁垒，但我国经济学家极少关注体育产业，没有将体育场馆作为准公共供给产品深入分析民营企业参与体育场馆运营的壁垒。目前，国务院、国家体育总局及其他部委发文虽明确支持民营企业、民间资本参与体育场馆建设、运营，

---

① SAVAS E S. Privatization：The Key to Better Government [M]. Chatham，NJ：Chatham House Publishers，1987.

② 陈小安. 我国准公共产品垄断与竞争性供给改革 [J]. 经济体制改革，2006（5）：20-24.

③ 姜政扬，王秋雯. 对以民营化方式消除公用事业垄断问题之反思 [J]. 河北法学，2011，29（9）：90-95.

但经过大量实地调研发现，民营企业参与体育场馆运营的壁垒是真实存在的。因此，本研究有针对性地提出民营企业参与体育场馆运营的创新建议，以探索民营企业进入壁垒的消解路径，降低交易成本，提升民营企业参与体育场馆运营的积极性。

5.1 新制度经济学中的制度结构

制度是一个社会的游戏规则，更规范地说，是为决定人们的相互关系而人为设定的一些约束①。新制度经济学的制度构成要素包括正式制约与非正式制约，即正式制度与非正式制度。正式制度是指在现实生活中人们有意识地通过正式文书的形式确立，并由相应的权力部门执行及惩罚违约行为的规则，具有外在的、法制的、强制性的约束。常见的正式制度包括政治制度、产权制度、司法制度、经济制度等。非正式制度是指人们在社会发展中无意识形成的、没有特定的权威部门执行和惩罚违约的行为规则，常见的非正式制度包括意识形态、道德和伦理、潜规则、社会风范、楷模以及习惯等②。

5.2 民营企业参与体育场馆运营的基本情况

5.2.1 民营企业参与体育场馆运营的产业政策

产业政策是政府进行经济调控的重要宏观手段，对产业发展具有重要的导向性作用，能够引导资金和人才向某一特定产业流动。已有研究表明，我国产业政策对资源配置产生了积极影响，受到产业支持的民营企业其投资水平得到提升③。我国政府部门已对民营企业参与体育场馆

---

① DOUGLASS C. North. Institutions，Institutional Change and Economic Performance [M]. Cambridge：Cambridge University Press，1990.

② 刘凤芹. 新制度经济学 [M]. 北京：中国人民大学出版社，2015.

③ 唐建新，罗文涛. 产业政策、政治关联与民营企业投资 [J]. 商业研究，2016 (11)：33-40.

运营制定了明确的产业支持政策。国家体育总局等 8 部委于 2013 年印发的《关于加强大型体育场馆运营管理改革创新提高公共服务水平的意见》及国务院于 2014 年印发的《产业意见》均明确鼓励民间资本、社会力量参与大型体育场馆建设和运营管理。国家体育总局于 2013 年印发的《体育场馆运营管理办法》及国家发改委等 24 部委于 2016 年联合发布的《关于促进消费带动转型升级的行动方案》提出推广“所有权属于国有，经营权属于公司”的分离改革模式，该政策被视为体育场馆企业化运营的重要指导意见。民间资本和民营企业对以上产业政策做出了积极回应，场馆运营企业显著增多，实力雄厚的企业更是设立了体育场馆发展基金，如佳兆业文体科技集团与凯兴资本共同设立了 100 亿元级的体育场馆基金。

5.2.2 民营企业参与体育场馆运营的现状

在体育场馆运营领域，部分民营企业入局较早，进行了诸多探索，成绩斐然。目前，民营企业参与体育场馆运营主要呈现出以下几个特点：

①主营体育场馆的民营企业数量增多

2014 年国务院印发《产业意见》后，体育产业各细分领域的企业如潮涌般成立，其中不乏全民健身场馆和大型体育场馆运营企业。

②上市企业战略布局，推动行业快速发展

部分从事地产、建筑及其他行业的上市企业加快了对体育产业、体育场馆的战略布局，佳兆业文体集团、智美体育集团等已涉足体育场馆运营，并成功运营多个体育场馆，莱茵达等地产集团转身体育场馆及体育地产，收获多个地区的体育用地。

③运营能力较强，树立行业标杆

以华熙国际为代表的体育场馆运营企业在场地运营领域深耕多年，利用其强有力的资源整合能力实现了我国体育场馆运营的国际化发展，并将体育场馆改造为体育服务综合体，现已成为城市文化、体育与娱乐的新名片。

④连锁效应逐步显现

凭借资本和人才优势，华熙国际、佳兆业文体集团、体育之窗文化股份有限公司等企业实现了体育场馆连锁运营，当前连锁效应所带来的红利逐步显现。通过场馆连锁运营也使企业实现了产品输出，降低了产品制作成本，提升了产品的盈利能力。

在取得诸多成就的同时，民营企业运营体育场馆也面临着以下问题：

①轻资产与重资产路径选择困境

体育场馆具有体量大、能耗高等特点，当前新一轮体育场馆建设与改造热潮已然掀起，PPP 模式受到大力追捧，但对于体量较小的体育场馆运营企业而言，通过重资产模式获取运营权相当困难，路径选择成为一大难题。

②社会效益与经济效益难以平衡

民营企业参与体育场馆运营，一方面要保证企业盈利，避免出现亏损与坏账，部分企业还背负对赌协议，需要将经济利益最大化；另一方面又受到政府部门社会效益指标的要求，要为群众提供免费或低收费的公共体育服务，使社会效益与经济效益难以协调。

5.3 民营企业参与体育场馆运营的正式制度壁垒

5.3.1 现行政策偏向于体育系统和国有企业

为促进体育产业发展，提升体育场馆综合服务能力，中央政府相关部门出台多项支持政策，但这些政策在制定与实施过程中更偏向于体育系统内部或国有企业运营的体育场馆，民营企业往往享受不到政策红利，背负更高额的经营成本，进而影响民营企业投资决策。现行政策中主要有以下三种政策表现出偏向性：

①土地政策

《中华人民共和国体育法》和《公共文化体育设施条例》就公共体育场馆的用地政策进行了明确的规定，建设公共体育设施使用国有土地的，经依法批准可以以划拨方式取得土地使用权，但该项政策仅局限于政府投资建设的公益性场馆，民营企业投资建设的公共体育场馆虽然理论上可以享受该项政策优惠，但现实中未能执行①。如江苏中南集团投资建设的南通体育会展中心，缴纳了 11 亿元的土地出让金；浙江莱茵达体育发展有限公司参与的丽水市体育中心游泳网球馆、体育生活馆 PPP 项目，通过挂牌出让方式获取了用地，缴纳了 6 510 万元的土地出让金。

②税收政策

依据财政部和国家税务总局印发的《关于体育场馆房产税和城镇土地使用税政策的通知》，事业单位和部分符合条件的社会组织拥有和管理的体育场馆可免征房产税和城镇土地使用税，企业拥有和管理的大型体育场馆则可减半征收房产税和城镇土地使用税。相较于事业单位和部分社会组织，民营企业运营的大型体育场馆每年将多缴纳数百万元的税费，而未到达文件规定规模（以座位数为参照）的民营体育场馆将无法减免税费。

③补助政策

国家体育总局、财政部《关于推进大型体育场馆免费低收费开放的通知》将大型体育场馆免费、低收费补助范围限定于体育部门所属大型体育场馆，民营企业运营场馆虽达到补助标准也无法享受该专项资金补助，如北京五棵松体育馆等民营体育场馆均不可申请该补助。此外，针对体育场馆的财政补贴由体育系统负责传达工作，申报文件仅在体育部门内部传递，民营企业申报此类补贴存在信息获取障碍，无法第一时间收悉申报办法和指南。

5.3.2 体育场馆产权制度阻碍民营企业参与运营

产权理论是新制度经济学的核心理论。产权主要包括所有权、使用权、收益权和转让权四部分，相较于所有权更为广泛、更具经济学意义。科斯定理表明，无论财产的所有权属于谁，资源最终都会流向善用人。目前，我国体育场馆产权制度不完善，以致产权交易与流动受阻，民营企业作为体育场馆的善用人之一，无法获得使用权、收益权等产权。体育场馆产权制度的以下两项待完善之处对民营企业参与体育场馆

① 陈元欣，王健. 大型体育场（馆）运营管理企业化改革研究［J］. 体育科学，2015，35（10）：17-24.

运营造成影响：

①体育场馆产权制度不明晰，经营权交易市场尚未放开

经营权或使用权是体育场馆产权的重要组成，经营权又与收益权、转让权的组合相关，不同的组合形成若干组合权利束。出于事业体制变化、所有权人利益等诸多因素考虑，地方政府不愿放开体育场馆经营权交易市场。但是，产权制度不完善是体育场馆交易市场未能放开更为重要的原因，部分地方政府未能对体育场馆各项产权建立明晰界限，直接影响了体育场馆运营权的交易。如武汉某全民健身中心所有权归属土地使用权所属部门，使用权归属体育部门，转让权的归属则没有明确规定，需地方政府协调开展体育场馆经营权交易。

②体育场馆产权交易过程中缺乏专业指导

产权交易可通过一些机构和组织进行，即产权交易场所，如律师事务所、咨询机构、产权交易所、拍卖所、银行及各种中介机构等，它们会对产权交易进行跟踪服务与指导。目前我国体育场馆产权交易仅通过招投标形式进行，没有聘请专业机构介入指导，政府部门与民营企业对涉及产权的法律条款考虑不足，对日后运营产生负面影响。

5.3.3 运营合同中政府方与运营方权益矛盾冲突较为严重

合同是平等主体的自然人、法人、其他组织之间设立、变更、终止民事权利义务关系的协议。体育场馆运营合同是保障利益各方合法权益的首要途径，应该对政府方与运营方的权利与义务作出明确界定。而部分运营合同中，政府方与运营方的权益出现不对等情况，尤其是需要平衡社会效益与经济效益时，双方权益冲突成为核心矛盾。此类矛盾出现越多，对民营企业投资造成的影响将会越大。通过查阅大量体育场馆运营合同，发现运营合同中存在以下对民营企业权益造成损害的三个主要问题：

①政府方对部分事宜具有一票否决权

部分运营合同中写明政府方或政府方代表对某些事项或全部事项具有一票否决权。在特定情况下，政府方出于公共利益需要，享有一票否决权是必要的。但是，某些运营合同针对运营与商业运作设立了政府方的一票否决权，对场馆的可持续性发展可能造成不利影响。如山东某奥

体中心 PPP 项目在招标条款中便规定政府代表方出资 35%，对项目实施过程中的重大事宜具有一票否决权；北京某体育场运营合同规定，运营商具有场馆冠名权，但政府方可对冠名活动进行审核与否决。执行中政府方就曾以影响地区形象为由否决了运营商的冠名活动，造成运营商的重大经济损失。

②政府方活动处于优先等级

商业活动是场馆运营方的重要获利途径，亦是民营企业参与体育场馆运营的重要动机之一。引入商业活动程序异常烦琐，需耗费大量前期成本，如取消既定的商业活动，民营企业势必损失巨大。但部分运营合同将政府方活动列为优先等级，其他商业活动应让步于政府方活动。如吉林省某体育馆运营合同中明确规定“在市文广新局、学校部门租用体育馆体育设施时，项目公司原则上应该给予配合，不得以其他商业活动为由进行推诿”。

③运营合同的部分条款不完善

虽然政府合同需要通过法制部门审核，但法制部门并没有实际运营经验，仅从法律、法理角度提供意见。某些体育场馆运营合同中存在不完善之处，甚至与实际运营相悖。

5.4 民营企业参与体育场馆运营的非正式制度壁垒

5.4.1 地方政府对民营企业存在观念上的偏见

地方政府对民营企业的业务能力及公共服务供给能力不信任，是其参与场馆运营的非正式壁垒之一。民营企业的营利属性是地方政府产生偏见的重要原因，地方政府对民营企业表现以下三点观念上的偏见：

①地方政府对民营企业提供的公共服务质量存疑

地方政府为特定大型赛事活动而兴建体育场馆，公共体育服务供给是赛后场馆的首要任务。在调研过程中发现，长期以来，多数体育部门主管领导对政府或国有企业供给的公共服务认可度较高，而对民营企业提供的公共服务存有疑虑与担忧。

②地方政府对民营企业的资金补助设立严苛标准

政府部门对财政补助项目审核一向严格，在调研过程中发现，地方政府在这方面给民营企业设定了过于严苛的标准，如对区县级体育场馆设定引入国家级大型赛事活动的绩效指标。

③出于廉政和信访压力不愿与民营企业合作

民营企业以营利为目的，地方政府通常会顾虑民营企业营利性质引起群众不满，进而带来信访和审计压力。体育场馆是准公共供给产品，国内外学者研究均表明，群众会基于纳税人视角，质疑政府使用税收修建体育场馆委托给民营企业运营的行为。

5.4.2 项目实施过程中地方政府对民营企业存在歧视

民营企业参与体育场馆运营的“玻璃门”现象是存在的，地方政府对民营企业的歧视是其中一种。出于对民营企业的歧视心理，地方政府通常会设立显性或隐性条件限制民营企业进入，一般集中于以下两个方面：

①项目招标设置较高门槛

地方政府在选取合作伙伴时会倾向于有合作关系的民营企业或国有企业，在项目招标时设置较高的准入门槛或依据意向单位自身条件设置招标要求。如山东省某体育中心 PPP 项目在招标时，要求投标人满足“企业注册资金不低于人民币 10 亿元”“2015 年度企业总资产不低于人民币 50 亿元、净资产不低于人民币 14 亿元”“2011 年以来投资或建设或运营过至少一个合同额不小于人民币 10 亿元的基础设施项目”“不接受联合体投标”等要求，这些准入要求对一般民营企业而言难以达标，从而失去了竞标机会。

②地方政府倾向本土企业

地方政府有意识地保护本土企业，采取倾向性政策是常见的行为，主要体现在招标、财政补贴等环节。有研究表明，有政治联系的企业比无政治联系的企业获得更多的财政补贴；在制度环境较差的地区，有政治联系的企业获得这种财政补贴更容易①。通过财政部 PPP 项目库发

---

① 余明桂，回雅甫，潘红波．政治联系、寻租与地方政府财政补贴有效性[J]．经济研究，2010，45（3）：65-77．

现，民营企业参与的 16 个体育场馆设施类 PPP 项目中，有 11 家企业为本土企业，仅有 5 家是非本土民营企业。

5.4.3 国有企业对民营企业形成“挤出效应”

我国现有的 1 093 座大型体育场馆中，由社会投资的大型体育场馆 46 座，除去国有企业和地方平台公司投建的场馆外，仅有 9 座由社会力量参与投建①。可见，国有企业对民营企业形成了较为严重的“挤出效应”。国有企业主要通过以下三个方面对民营企业造成影响：

①国有企业与政府部门的政治关联

国有企业与政府部门存在政治关联是不可否认的，国有企业的行政级别越高，其与政府部门的政治关联性可能越大，且政治关联可以改善地方国有企业的业绩②。国有企业与政府部门的政治关联性可以帮助其以更低的交易成本甚至零交易成本获取场馆所有权或运营权，而民营企业则需支付更高的前期成本。如湖北省某市政府将原属于体育部门的体育场馆的全部产权，以零交易成本方式转移至地方政府平台公司名下；深圳市以零成本将体育场馆产权转至国资委旗下企业。

②地方政府优先选择国有企业

国有企业肩负社会责任，长期受政府委托提供公共服务产品，且地方政府信任国有企业的公共服务产品质量。因此，地方政府会优先选取国有企业承担体育场馆运营项目，如安徽省某市将 20 余个社区体育场馆委托给某国有企业，该企业在一定意义上形成了区域垄断，民营企业涉足此地区的社区体育场馆项目较为困难。

③国有企业掌握项目信息，可提前介入项目

地方政府在确定启动相关项目后，会向有实力的国有企业介绍项目情况，并提供项目信息，邀请国有企业参与项目。相较于民营企业，国

① 国家体育总局. 第 6 次全国体育场地普查数据库［EB /OL］. ［2016-01-24］. http://www.sport.gov.cn.

② 邓伟，刘健. 国有企业的行政级别、政治关联与经营业绩［J］. 经济经纬，2014，31（1）：107-111.

有企业提前获取了项目信息，能够更充分地准备招标事宜。体育场馆项目亦存在此类现象，如山东某体育中心在 PPP 项目立项前便与某大型国有企业达成战略合作协议，并举行了奠基仪式。

5.5 民营企业参与体育场馆运营壁垒的消解路径探索

针对民营企业参与体育场馆运营的正式制度与非正式制度壁垒，结合新制度经济学的制度变迁理论，为降低民营企业参与体育场馆运营的交易成本，提出如下消解路径。

5.5.1 正式制度壁垒的消解路径

（1）把握民营企业制度需求，完善现有产业支持政策

完善的政策制度、法律环境、产权保护制度等将激发民营企业参与体育场馆运营的积极性。民营企业参与体育场馆运营所能够获得的支持政策有限，特别是在土地、税收和补助政策方面。部分政策的贯彻落实与现行法律相矛盾，制度环境相对良好的地区采取灵活制度，而其他地区的政策执行力度欠佳。政府部门需了解民营企业的制度需求，疏通政策诉求通道。针对民营企业投建、运营体育场馆，建议政府部门出台专门办法，明确用地、税收、补助、能源等政策，激发社会力量投资热情。此外，相关部委应对部分不完善的政策条款进行及时修订，如税收政策中将座位数作为大型体育场馆参考依据，使部分民营企业无法享受税收减免政策，因此受到体育系统内人士及专家诟病；大型体育场馆免费、低收费开放可扩宽补助范围，延伸至民营企业运营的体育场馆，通过“以奖代补”的方式予以适当补助。

（2）明确体育场馆产权制度，尽快放开经营权交易市场

部分场馆产权制度不明晰影响了经营权的流转。结合当前体育场馆功能改造与体制改革工作，场馆经营权交易市场放开势在必行。体育场馆应厘清各项产权关系，建立明确的产权制度及经营权交易制度，为经营权交易保驾护航。在体育场馆交易过程中，政府方与运营方应加强与产权交易场所合作，获取经营权交易的全程指导，保障交易过程清晰、

透明，避免因缺乏专业产权知识而导致的产权交易不畅。

（3）编制运营合同示范文本，充分保护各方权益

运营管理合同是保护产权所有方与运营方的重要法律性文件，是保护各方权益的重要依据。现行体育场馆运营管理合同多是政府在完成招标后根据双方基本需求制定的，拟订过程中仅考虑到权利与法律问题，缺乏可参考的示范性文本，对未来运营过程中的问题考虑较少。目前，湖北省体育局为规范、指导全省场馆的委托运营，出台了《场馆运营管理合同示范文本》供各地场馆在签署合同时参考，对运营管理合同的制定起到了十分重要的参考作用。规范性的体育场馆运营合同示范文本具有广泛试用意义，省市级体育主管部门可邀请体育场馆运营、管理专家和法律专家，结合本地情况，拟订符合体育场馆运营实际的合同示范文本，对地区场馆运营合同签订进行指导，避免发生运营管理合同与实际运营相矛盾的情况。此外，示范性合同在充分保障公共体育服务的前提下，应重点关注民营企业运营过程中所要完成的经济效益目标，以平衡社会效益与经济效益，从而保护各方权益。

5.5.2 非正式制度壁垒的消解路径

（1）正视民营企业运营体育场馆的能力

民营经济已是国家经济发展的重要支柱，实力不容小觑。华熙国际、佳兆业文体科技集团等民营企业均在体育场馆领域有卓越表现，盘活了大量国有资产。政府相关单位长期作为公共服务供给的单一来源，是其对民营企业供给的公共体育产品存在顾虑及不信任的主要原因，由此对民营企业产生观念上的偏见。转变观念、制度化约束等方式是消除偏见的主要方式。一方面，地方政府应当加强对民营企业的调研，积极了解民营企业运营体育场馆的成就，学习民营企业的先进理念，转变对民营企业的态度。另一方面，政府部门应当利用科学化的绩效评估手段，对民营企业所运营的体育场馆设置合理的社会效益与经济效益指标，以制度化方式评价民营企业运营成绩，进而提升公共体育服务质量，降低投诉率，促进民营企业的可持续发展。

（2）营造公平竞争环境，设计合理竞标制度

2016年，国务院印发的《关于在市场体系建设中建立公平竞争审查制度的意见》明确指出，规范政府有关行为，防止出台排除、限制竞争的政策措施，逐步清理废除妨碍全国统一市场和公平竞争的规定和做法。在当前严格的招标制度与审查制度下，设计合理的体育场馆运营竞标制度是改善竞争环境的切实可行途径之一。合理的竞标制度与竞标条款可以使更多的民营企业参与到体育场馆竞标活动中，为民营企业获取体育场馆运营权提供进入条件与机会。此外，各地应加大竞标宣传，加强与各类体育场馆、场地协会合作，协助发布竞标公告，为民营企业信息获取提供多元渠道，也为招标单位提供更多优质的备选运营商。

（3）促进国有企业与民营企业合作

国有企业因其与政府部门的政治关联等因素对民营企业形成一定的“挤出效应”。民营企业与国有企业合作，借助国有企业与政府部门的政治关联性，是其消解壁垒的路径之一。各地政府为完成体育场馆经营权改革及事业单位改革任务，以成立国有独资公司或委托地方融资平台运营体育场馆，实现了体育场馆的企业化运作。但部分地方国有企业运营能力欠佳，体育场馆市场化运营程度较低，社会效益与经济效益均受到制约。地方国有企业与民营企业合作是提升体育场馆运营能力的重要路径。如南京体育产业集团与微赛体育联姻，共同运营南京青奥体育公园，引入大量赛事与文化活动，以先进的运营理念盘活了青奥体育公园。南京体育产业集团与微赛体育所创立的模式对当前体育场馆运营权改革具有重要参考意义，未来将成为民营企业参与体育场馆运营的可行方式之一。

民营企业参与体育场馆运营对拉动社会力量投资体育产业具有现实意义，但民营企业参与体育场馆运营壁垒的消解不是一蹴而就的，正式制度与非正式制度路径的结合将更有助于壁垒的消解。在改善民营企业参与体育场馆运营的制度环境的同时，民营企业提升自身运营能力亦是消除政府与群众顾虑的重要路向。如何更好地吸引民营企业参与场馆运营，发挥民营企业的优势，还需结合现实情况进行探索与总结，不断提升其运营能力，为群众提供优质公共体育服务，服务于体育深化改革。

6 职业体育俱乐部参与场馆运营研究

职业体育俱乐部（以下简称俱乐部）是体育场馆的重要使用者，部分场馆是地方政府根据俱乐部的需要专为其建设的。国外有相当一部分场馆由俱乐部运营管理，部分俱乐部甚至参与场馆的投资，小部分场馆则完全由俱乐部投资运营。国外知名俱乐部参与场馆投资、运营的趋势愈发明显。俱乐部运营场馆是国外场馆运营的一种重要模式和成功经验。国内亦有部分俱乐部开始介入场馆运营，国家鼓励地方政府以场馆入股俱乐部，促进职业体育健康发展。国外俱乐部参与场馆运营的模式与经验，对国内俱乐部参与场馆运营具有重要的启示和借鉴价值。本章拟就国内外俱乐部参与场馆运营问题进行深入研究，以期为国内俱乐部参与场馆运营，促进职业体育发展，盘活场馆存量资源提供参考。

6.1 俱乐部参与场馆运营的重要意义

俱乐部的发展离不开场馆的支持，场馆在俱乐部的发展中发挥着重要作用，是俱乐部收入的重要渠道。俱乐部参与场馆运营是俱乐部自身发展的现实需要与客观规律。欧美部分俱乐部为了获得更大的发展和更高的商业收益，自行投资场馆，这充分说明场馆在俱乐部发展中发挥着举足轻重的作用。

6.1.1 俱乐部参与场馆运营是政府支持俱乐部发展的重要举措

俱乐部发展到一定阶段，需要从场馆等方面加大对俱乐部发展的支持力度，拓展和提升俱乐部的商业收入渠道。国外部分地方政府为留住俱乐部或吸引俱乐部落户，为俱乐部建设专用球场，交由俱乐部运营管理。为支持职业足球俱乐部的发展，《中国足球改革发展总体方案》也提出鼓励俱乐部所在地政府以足球场馆等资源投资入股，建立俱乐部与场馆之间的产权关系，从而降低俱乐部的交易成本，使俱乐部与场馆建立近似于血缘纽带的“圈内关系”。场馆资源是俱乐部发展中非常重要的资源，多为地方政府控制，俱乐部参与场馆运营，可使俱乐部与场馆资源所有方通过关系产权建立一种长期稳定的关系，即通过产权部分出让、融合产权等途径，将场馆关键资源纳入俱乐部自己的“圈内归属”，从而为俱乐部获得稳定场馆资源提供渠道①。因此，俱乐部参与场馆运营是支持俱乐部发展的重要举措。

6.1.2　俱乐部参与场馆运营是提升场馆使用率的重要路径

俱乐部是场馆的主要使用者。俱乐部参与场馆运营可以充分发挥俱乐部在内容生产方面的积极作用，为场馆带来大量赛事活动，提升场馆的使用率和上座率。在全国现有的 1 093 个大型场馆中，2013 年举行全国及以上赛事活动在 10 场及以上的仅有 50 个场馆，这 50 个场馆中，45 个场馆接待过俱乐部，绝大多数为俱乐部的主场。举办全国及以上赛事活动在 20 场及以上的仅有 11 个场馆，全部为俱乐部的主场馆②。俱乐部主场馆举行大型赛事活动频率要普遍高于其他场馆。俱乐部如果能够参与场馆的运营，则可以借助俱乐部的赛事活动资源，举行更多的大型活动，有效提升场馆使用率，在一定程度上缓解和解决当前我国场馆使用能效较低的现实问题。

6.1.3　俱乐部参与场馆运营是俱乐部自身发展的现实需要

俱乐部在发展初期对参与场馆运营的愿望并不迫切，对球迷观赛体验关注也不够，但随着俱乐部的发展和部分新建专业球场的投入使用，现代化球场在俱乐部发展中发挥的作用愈发重要，成为提升俱乐部商业

---

① 周雪光. “关系产权”：产权制度的一个社会学解释 [J]. 社会学研究，2005，20（2）：1-32.

② 国家体育总局. 第六次全国体育场地普查数据分析报告 [R]. 2015.

开发收入的重要载体，越来越多的俱乐部开始重视场馆在自身发展中的重要作用。部分俱乐部不满足于使用现有陈旧的公立球场，希望政府新建专业球场或自行投资建设现代化、多功能球场，以改善和提升自身的财务状况。欧洲五大顶级足球联赛中收入前 10 位的俱乐部全部使用自有场馆①。因此，随着俱乐部自身发展的需要，俱乐部对参与场馆运营的愿望愈发迫切，要求提高俱乐部在场馆运营中的话语权和决策权，为此，部分俱乐部不满足于参与场馆的运营，而是开始投资建设自有场馆，这也是俱乐部发展的现实需要与客观规律。

6.2 国内俱乐部参与场馆运营存在的主要问题

从国内俱乐部参与场馆运营的实践来看，俱乐部虽有一定程度的参与，但总体情况不太理想，主要问题表现在以下几个方面。

6.2.1 俱乐部参与不足

从国内中超、中甲足球俱乐部和 CBA 篮球俱乐部来看，仅有河南建业、广州恒大、广州富力、北京首钢、广东宏远足球俱乐部在一定程度上参与了场馆的运营，参与所在主场运营的俱乐部不足 10%，其余俱乐部均未参与场馆的运营，而是以短期场租形式使用公立场馆作为俱乐部的主场。河南建业集团 2009 年以 1.18 亿元人民币拍卖价格收购郑州航海体育场，成为目前国内唯一一个使用自有球场作为主场的俱乐部②。历史上，天津泰达、天津松江、北京首钢和南京南钢足球俱乐部也曾拥有自有的专业场馆作为主场，但后来因各种原因，不再使用其自有的场馆作为俱乐部主场。WCBA 篮球俱乐部中北京首钢女篮仍使用自有场馆——北京首钢体育中心作为主场。2016 年，为支持职业足球俱乐部的发展，广州市政府将天河体育中心内场、越秀山体育场和广州大学城体育场副场及其配套设施分别租赁给恒大淘宝足球俱乐部和广州富力足球

① KPMG International. European Stadium Insight [R]. 2011.

② 河南建业足球俱乐部 [EB/OL]. http://baike.baidu.com/.

俱乐部，租约每期 5 年，租赁期限最长为 20 年，广州恒大足球俱乐部和广州富力足球俱乐部在体育场承租范围内享有独立使用权、管理权①。

6.2.2 合约期限较短

前期对国内部分俱乐部的调研表明，我国现有俱乐部多数租用各地政府所有的公立场馆作为主场参加联赛，俱乐部与各地场馆的租赁协议基本上是一年一签，租期非常短，在租赁合同上也存在着很大的不确定性。场馆管理机构不愿意为满足职业联赛的需要增加相应的投入，俱乐部与场馆之间仅为联赛期间的场地租赁使用关系，并非俱乐部管理或专用的场馆。俱乐部对场馆使用缺乏控制权，使得俱乐部也不愿意对场馆进行投资改造。双方均不对场馆进行相应的投入和改造，使得现有的场馆只能基本满足联赛的需要，各方面条件较差，尤其是草坪、地板、座椅等设施较差，球迷衍生服务严重不足，造成球迷观赛体验较差。

6.2.3 事后参与

由于我国职业体育起步较晚，其市场不够成熟，俱乐部使用的场馆绝大多数是各地公共场馆，这些场馆多是为举行大型综合体育赛事而建，几乎没有考虑俱乐部使用的需求，俱乐部也是在场馆建成后通过租赁方式使用现有场馆作为主场，没有机会和途径事前参与场馆的规划设计，只能是被动地事后参与或租赁现有场馆作为主场，不利于俱乐部的使用和商业开发。

6.2.4 俱乐部对于场馆运营缺乏话语权

由于国内绝大多数俱乐部未参与场馆的运营，场馆虽作为俱乐部的主场，但仍由原场馆管理机构运营管理，俱乐部对于场馆的运营缺乏话语权和决策权。场馆运营管理机构不仅将场馆租赁给俱乐部使用，同时，也在俱乐部使用的空闲档期租赁给其他机构使用，以提高场馆的使用率，获得更多的经济效益。由于俱乐部在场馆的运营上缺乏话语权，

---

① 张喆. 恒大富力租场 20 年 [N]. 广州日报，2016-02-25.

因此在场馆的多功能使用上未能充分考虑俱乐部的利益，甚至对俱乐部的利益造成不利影响。如体育场内商业演出的频繁举行对内场草坪造成严重不利影响，严重影响足球俱乐部的训练和正式比赛。调研中，个别俱乐部反映其投入百余万元对场地草坪进行了更换，但不到一个月，草坪就被场地内举行的商业演出损坏，无法正常使用。部分体育馆在CBA赛季内举行商业演出，临时搭建的舞台对比赛安全造成严重影响，致使赛事被迫改期。由于俱乐部对于场馆运营缺乏话语权，因此俱乐部在运作过程中处处受制于场馆管理机构。广州市政府将天河体育场内场长期租赁给广州恒大足球俱乐部，并明确提出体育场内场将不再举行各类商业活动，以减少对广州恒大足球俱乐部使用的影响，此举正是为了解决这一问题。

6.3 欧美俱乐部参与场馆运营的基本情况

俱乐部参与场馆运营在职业体育发达的欧美国家较为普遍。下面以欧洲职业足球和美国四大联盟为例，就俱乐部参与场馆运营的情况进行分析。

6.3.1 欧洲职业足球俱乐部参与场馆运营的基本情况

(1) 欧洲职业足球俱乐部参与球场运营的主要模式

欧洲职业足球俱乐部所使用的球场的运营模式主要取决于球场的所有权结构。球场的所有权人一般为三种类型：足球俱乐部、公共机构、其他第三方机构，球场所有权结构的不同决定了球场的运营模式的不同。根据毕马威的分析，欧洲球场的管理模式受球场所有权结构的影响，主要有三种模式：租赁、委托管理、内部自主管理。租赁一般是场馆所有者将场馆设施租赁给承租人，由承租人管理，业主方收取固定租金，而将场馆设施的运营责任移交给承租人，承租人通常多为足球俱乐部。一般情况下，球场运营的好坏对租金没有影响。在这种模式下，场馆所有者将场馆运营的商业风险完全转嫁给承租人。委托管理通常是场馆所有人雇请一个有丰富场馆运营管理经验的专业场馆管理者来管理。

虽然每个合同的结构均不一样，但通常情况下都会有一个基础的管理费用或最低收益保证。内部自主管理，场馆所有者需要建立一支较为专业的管理团队，通常有一个较为专业的场馆经理负责场馆的运营。多数职业球队所有的场馆均采取内部自主管理模式进行运营，球队通常聘请专业的球场经理负责球场的运营管理①。

（2）欧洲职业足球俱乐部投资场馆情况

根据毕马威对欧洲职业足球俱乐部场馆发展情况的分析，近年来，欧洲职业足球俱乐部逐步意识到场馆作为俱乐部创收资产的重要作用，受低利率贷款和俱乐部财务状况的改善的影响，越来越多的俱乐部选择新建场馆或对现有场馆进行重建②。2014—2017 年欧洲共有 58 个俱乐部对运动场进行了新建或重建，而在 2010—2013 年仅有 23 个俱乐部有此计划③。新建的球场充分考虑了俱乐部的商业开发需要，豪华包厢、俱乐部座位、餐厅、会议室、商品专卖店、宾馆、娱乐设施等成为许多俱乐部球场的标配，并因此极大地提升俱乐部的收入。

根据德勤发布的 2016 年度足球俱乐部财报，专业足球场也成为越来越多足球俱乐部重点开发的商业项目。以意甲尤文图斯俱乐部为例，该俱乐部 2003 年出资 2 500 万欧元获得了都灵市阿尔卑球场 99 年的使用权，于 2009 年投资 1.1 亿欧元将球场打造成为集商业、文化、体育于一体的城市综合体，球场东部设为商业区，全年开放，出售与尤文图斯俱乐部有关的各类商品。旁边是博物馆，重现尤文图斯俱乐部的历史。同时，为尤文图斯俱乐部设立了球队专区，内设饭店、酒吧、健身房等基础设施。这些商业区域占地约 1.2 万平方米，除了比赛日的门票、餐饮收入外，依靠这些商业设施，尤文图斯俱乐部在非比赛日也能获得稳定的收入。相比以往，其球场收入提高了近 3 倍。目前，尤文图斯俱乐部还计划在阿尔卑球场后打造一个大型商业社区，进一步拓宽俱

① Horrow Sports Ventures. Representative NFL Stadium Public Private Partnerships [Z]. 2010.

② KPMG International. European Stadium Insight [R]. 2011.

③ UEFA. The European Club Football Landscape [R]. 2015.

乐部的收入来源。英超阿森纳俱乐部在酋长球场建成投入使用后，比赛日收入从海布里球场时的 3 740 万英镑增长到 9 000 万英镑，而这还未包括其他商业收入，新球场的投入使用使得俱乐部的收入翻倍①。

2014—2015 赛季，英超足球联赛的资本支出之和首次实现单赛季超 3 亿英镑。英超俱乐部累计资本支出达到 2.28 亿英镑，主要是曼城、托特纳姆热刺、利物浦和切尔西等球队大幅支出用于球场建设。鉴于英超联赛 2015—2016 赛季获得创纪录的盈利和其高达 96%的上座率，欧足联认为英超俱乐部今后会持续增加在球场建设上的投资②。

（3）欧洲职业足球俱乐部场馆所有权情况

欧洲职业足球俱乐部中大部分是租用政府所有的公立球场，仅有部分顶级足球俱乐部拥有自己的球场。根据欧足联的统计，有 18%的欧洲顶级足球俱乐部的场馆资产反映在他们的财务报表上面。拥有场馆所有权的俱乐部主要集中在三个顶级联赛联盟里面，英超 20 支球队中有 17 支球队拥有自己的场馆，苏格兰 12 个俱乐部中有 9 个俱乐部拥有自己的场馆，西班牙 20 个俱乐部中有 14 个拥有自己的场馆。在欧洲五大职业足球联赛中排名前 20 位的顶级职业足球俱乐部中，绝大多数俱乐部拥有自己的球场，仅有极少数的俱乐部使用公立球场，如表 6-1 所示。

表 6-1　欧洲五大职业足球联赛：2009—2010 赛季收入前 20 位俱乐部球场所有权情况

场馆所有者	俱乐部名称
俱乐部所有	巴塞罗那、皇家马德里、曼联、沙克尔 04、阿森纳、汉堡、马德里竞技、利物浦、阿斯顿维拉、托特纳姆热刺、尤文图斯
城市所有	AC 米兰、国际米兰、马赛、斯图加特、曼城、里昂
其他第三方所有	罗马、拜仁慕尼黑、切尔西

注：尤文图斯于 2011 年建成自有场馆。

① DELOITTE. Annual Review of Football Finance 2016 [R]. 2016.

② KPMG International. European Stadium Insight [R]. 2011.

从欧足联的统计来看，欧足联各成员国顶级足球联赛中，使用自有球场占比在30%以上的国家仅有挪威、英国、爱尔兰、瑞士、西班牙五个国家，其他大部分国家的顶级足球联赛俱乐部多使用公立球场①，如表6-2所示。

表6-2 欧洲各国顶级职业足球联赛俱乐部使用自有体育场占比情况表

比例	国家
50%—100%	挪威、英国
30%—49%	爱尔兰、瑞士、西班牙
10%—29%	葡萄牙、荷兰、比利时、丹麦、爱沙尼亚、白俄罗斯、波兰、捷克、斯洛伐克、奥地利、波黑、希腊、保加利亚、格鲁吉亚
10%以下	冰岛、法国、德国、意大利、斯洛文尼亚、克罗地亚、南斯拉夫、阿尔巴尼亚、马其顿、匈牙利、罗马尼亚、摩尔多瓦、乌克兰、立陶宛、拉脱维亚、瑞典、俄罗斯、土耳其

从欧洲联赛2009—2010赛季排名前20位的俱乐部收入及球场所有权来看，其中12个俱乐部拥有自己的私有球场，由俱乐部运营，另外8个俱乐部使用7个公有球场（国际米兰和AC米兰同为梅阿查球场），租赁或委托给俱乐部运营。从图6-1可以看出，欧洲顶级俱乐部中有私有球场的俱乐部平均每场赛事收入要高于使用公有球场的俱乐部。在该赛

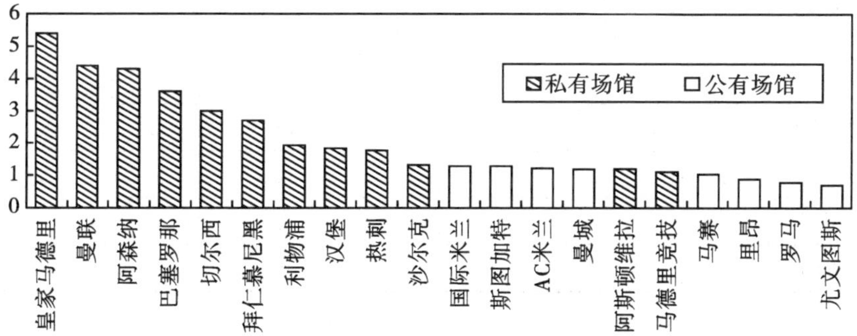

图6-1 2009—2010赛季欧洲顶级俱乐部平均每场赛事收入（百万欧元）

---

① Yankees Ballpark Company. New York City Industrial Development Agency ("NYCIDA") Project Cost/benefit Analysis [Z]. 2006.

季收入排名前 20 位的俱乐部中，拥有私有球场的俱乐部不仅数量更多，如表 6-3 所示，其收入也大大超过使用公有球场的俱乐部。即使收入最少的阿斯顿维拉和马德里竞技两个俱乐部，其收入也几乎与使用公有场馆收入最高的国际米兰、斯图加特、AC 米兰、曼城等俱乐部持平。

造成这种差异的原因，一方面在于上述公有球场设施陈旧、结构与功能单一、创收能力较差，而私有球场大多建于近期，是多功能、复合型场馆，其潜在创收能力较强；更重要的一方面是私有球场运营者对球场享有充分的运营自主权，有利于合理规划、灵活决策，能够根据市场需求提供相关服务，有利于球场的商业化开发。私有场馆除了举办众多的体育赛事及大型活动外，在非赛时还积极开发游览、展会、餐饮等体育赛事以外的服务。如巴塞罗那俱乐部的诺坎普球场，在非比赛日会组织游客参观球场及俱乐部博物馆；在球场内为球迷组织比赛；为球员甚至球迷在球场内举办婚礼等①。许多租用公有球场的俱乐部意识到球场经营权对其创收能力的影响，均积极争取对公有场馆更多的管理权限，以实现其商业目标，尤文图斯俱乐部在 2009 年投巨资对其租用的球场进行了重建，重建后的球场的创收能力为重建前球场创收能力的 3 倍。

表 6-3 欧洲主要国家顶级足球联赛中各俱乐部球场所有权归属情况②

国家或地区	俱乐部	属于政府但可作为俱乐部资产	属于集团、母公司，仍作为俱乐部资产	部分作为俱乐部资产	市或州（邦）政府	其他团体
英格兰	8	1	8		1	2
西班牙	9	5		4	2	
意大利	2			4	10	3
德国	4		3	6	3	2
法国				5	13	2

① 王治君，陈元欣. 欧洲职业足球俱乐部场（馆）建设与运营现状及其发展趋势分析 [J]. 成都体育学院学报，2013，38（12）：28-33.

② Northland AEG LLC，State of Connecticut. Stadium Management Agreement [Z]. 2007.

续表

国家或地区	俱乐部	属于政府但可作为俱乐部资产	属于集团、母公司，仍作为俱乐部资产	部分作为俱乐部资产	市或州（邦）政府	其他团体
波兰	2	1	2	3	1	3
俄罗斯	1				9	6
土耳其		3			15	
乌克兰	2	2			4	4
丹麦	2	5			4	1
荷兰	5	1			4	8
比利时	5			5	6	
苏格兰	9			2	1	
瑞士			1	1	5	3
瑞典	1		3		11	1
奥地利	1			2	7	
克罗地亚			4	2		
挪威	1	3	5	3	4	
希腊				6	10	
匈牙利		1	3	7	1	

6.3.2 美国俱乐部参与场馆运营情况

美国四大职业体育联盟俱乐部使用的场馆主要分为三种类型：第一类是俱乐部所在城市投资兴建，场馆为市政府所有，租赁或授权给俱乐部使用，这种情况在四大职业联盟中较为普遍；第二类是场馆由俱乐部老板与其他投资者共同投资建设，俱乐部仍以租赁或特许形式使用场馆，部分俱乐部根据协议可获得场馆的部分收益；第三类是由俱乐部老板投资建设场馆，由俱乐部直接管理，所获收益归俱乐部所有，地方政府在周边基础设施等方面给予一定的支持。如表 6-4 所示，在美国职业橄榄球大联盟（National Football League，NFL）的 32 支球队使用的场馆中，29 个场馆为政府公立机构所有，仅有 3 个场馆为球队所有，分别为迈阿密海豚队、新英格兰爱国者队和华盛顿红人队。在 NFL 场馆运营方面，29 个公立场馆中，有 10 个场馆由私立机构管理。其中，5 个为 SMG 集团，1 个为 Global Spectrum；另有 6 个场馆由球队管理①。

表 6-4　美国 NFL 场馆运营主体一览表

	所有权属	公立机构管理	私立机构管理		球队管理
			委托	租赁	
公立	29	13	6	4	6
私立	3	0	1	0	2
合计	32	13	7	4	8

NFL 使用的 29 座公立场馆并非全部由政府投资建设，其中，有 22 座采取 PPP 模式建设，俱乐部作为私人资本参与球场建设，由政府给予俱乐部 30 年左右的使用权。在 22 座采取 PPP 模式建设的球场中，绝大多数场馆的建设或改造资金来源于地方政府债券或税收，但俱乐部也承担一部分，其主要来源于俱乐部的日常运营收入和商业开发收入②。

圣克拉拉市体育场管理局作为李维斯体育场的业主方，与旧金山 49 人体育场公司（以下简称 49 人体育场公司）协商，由该公司负责体育场全年的管理。体育场每年在 NFL 的 6 个月赛期是由旧金山 49 人队使用，其他时间可以用于非 NFL 活动。体育场管理合同首期是 25 年，另加 15 年的优先续约权。49 人体育场公司受圣克拉拉市体育场管理局的委托运营管理体育场③。

纽约扬基老球场为纽约市公园与休闲局所有，扬基队与公园签署了 30 年的租约，确保扬基队在赛季可以独家使用球场。根据租约，扬基队每年应支付公园至少 20 万美元，或者收入中的一定比例。纽约扬基新

① Yankees Ballpark Company. New York City Industrial Development Agency (“NYCIDA”) Project Cost/benefit Analysis [Z]. 2006.

② Horrow Sports Ventures. Representative NFL Stadium Public Private Partnerships [Z]. 2010.

③ KPMG. Santa Clara Stadium Authority [R]. 2016.

球场为纽约城市产业发展署所有，租赁给扬基体育场有限公司，首期期限为 43 年，从 2006 年 8 月 22 日开始，扬基体育场公司享有租赁权益，负责球场运营，主要为扬基队服务①。

NBA 洛杉矶湖人队、快船队主场为斯台普斯中心，该中心为 AEG 集团所有，由 AEG 集团下属体育馆管理公司运营，而 AEG 又拥有湖人队 25%的股份，是湖人队的股东之一。NBA76 人队和 NHL 飞人队归美国 Comcast 电信公司老板所有，共用位于费城的瓦乔维亚中心球馆，球馆是由美国 Comcast 电信公司老板私人出资建造，市政府和州政府负责建造配套的基础设施。球馆由 Comcast 旗下的子公司 Global Spectrum 负责运营管理②。美国在一定程度上实现了场馆经营权和俱乐部所有权的统一，部分专业场馆运营机构与俱乐部互相持有股份，这一制度设计在很大程度上保障了美国职业球队主场的稳定，为俱乐部主场的打造和文化的积淀奠定了基础。

6.4 国外俱乐部参与场馆运营的主要模式

根据上文的分析和国外俱乐部参与场馆运营的实践，可以将国外俱乐部参与场馆运营的主要模式概括为以下几种。

6.4.1 公立场馆委托俱乐部管理

美国和欧洲许多俱乐部使用的是公立场馆，部分地方政府为吸引俱乐部留在当地，专门出资为俱乐部建设场馆，场馆建成以后由所有者委托俱乐部负责场馆的运营管理。俱乐部在场馆的管理方面一般采取两种方式：一种是另外成立场馆管理公司，专门负责场馆的管理，如 NFL 旧金山 49 人队专门成立体育场管理公司，受体育场业主方的委托，负责李维斯场馆的管理。另一种是俱乐部内部成立专门的场馆管理机构，

---

① Louisiana Legislative Auditor. Performance Audit [Z]. 2006.

② 王喆，陈元欣. 大型体育场（馆）市场化运营中获取大型活动资源策略分析 [J]. 首都体育学院学报，2013，25 (3)：196-204.

聘请专业场馆管理人负责场馆的管理。

6.4.2　公立场馆长期租赁

公立场馆采取长期租赁方式将球场租赁给俱乐部使用，是国外俱乐部参与场馆运营的一种主要方式。国外俱乐部的租赁期限一般较长，多在 15 年以上，如 NFL 公立场馆的租赁期限通常在 30 年左右，AC 米兰俱乐部与米兰市市政府签署的阿梅查球场租赁协议长达 100 年。俱乐部作为承租人全权负责球场的运营管理，根据租赁协议的约定，部分俱乐部需要交纳一定的租金。

6.4.3　委托第三方专业机构管理

国外部分俱乐部使用的场馆由所有者和俱乐部共同委托第三方专业机构管理或由场馆所有人委托第三方专业机构管理，在管理协议中明确该场馆主要为某俱乐部服务，优先确保俱乐部的使用，由第三方专业机构为职业球队提供专业化场馆管理服务，第三方机构从业主方获得一定的佣金收入。如亚利桑那州格兰戴尔市市政府和 NHL 凤凰城野狼冰球队共同委托第三方场馆管理公司负责该球队主场的管理。AEG 北方公司与哈特福德市市政府签署的场馆管理协议中明确提出，该场馆是康斯威星州州立大学篮球队的主场以及康州州立大学其他赛事的主场，所有者希望管理者能从所有者的角度出发，为康斯威星州州立大学的赛事提供最好的场馆设施服务①。

6.4.4　俱乐部采取 PPP 模式参与场馆投资、运营

地方政府利用公共资金建设俱乐部专用场馆越来越困难，部分地方政府开始采取 PPP 模式，由地方政府与俱乐部共同出资建设俱乐部专用场馆，建成后，场馆所有权归政府所有，授予俱乐部一定期限的经营权。在 NFL29 个公立场馆中，有 22 个球队采取 PPP 模式参与了俱乐部

① Northland AEG LLC，State of Connecticut. Stadium Management Agreement [Z]. 2007.

所使用场馆的投资，投资额度不一，大部分场馆的投资主体仍是政府，俱乐部投资相对较少，如美国巴尔的摩乌鸦队主场馆建设耗资 2.24 亿美元，其中，政府出资 2 亿美元，俱乐部出资 2 400 万美元，授予俱乐部 30 年的使用权①。

6.4.5 俱乐部及其股东投资建设运营场馆

由于公立场馆的功能较为单一，设施较为陈旧，俱乐部使用公立场馆的收入大幅低于使用自有场馆，因此，越来越多的俱乐部及其股东开始投资建设运营场馆，以提升俱乐部的收益，这一趋势在欧洲愈发明显。英超 20 个俱乐部中有 18 个俱乐部使用自有场馆，英超阿森纳俱乐部和意甲尤文图斯俱乐部自建场馆取得的商业上的巨大成功，吸引了越来越多的俱乐部投资自建场馆，以充分挖掘场馆的潜在商业价值。2014—2017 年欧足联共有 58 个俱乐部对场馆进行了新建或重建。在 NFL 和 NBA 中也有部分俱乐部使用自建场馆，如纽约尼克斯队使用的麦迪逊广场花园为球队老板投资建设，授权麦迪逊广场花园管理公司运营，该公司不仅运营管理麦迪逊广场花园，还管理许多其他的剧院、会议场馆等，是美国东部区域较为专业的一家场馆管理公司。

6.5 国外俱乐部参与场馆运营的成功经验

6.5.1 场馆功能设计的复合化

近年来，国外许多为俱乐部建设的专用场馆的功能日益多样，配套服务设施越来越丰富，复合化、多功能成为场馆设计的基本要求，业主愈发重视场馆创收能力的设计与开发，大多数场馆被设计成多功能、复合化场馆，以提升场馆在比赛日和非赛时的收入。多数场馆都设有豪华餐厅、酒吧、会议设施、豪华包厢、酒店、办公设施、住宅、零售等服

① Horrow Sports Ventures. Representative NFL Stadium Public Private Partnerships [Z]. 2010.

务设施。现代场馆除了为观众提供良好的观赏体验外，还提供餐饮、娱乐休闲、购物、会议、办公等多种服务，如表 6-5 所示，使得场馆在非赛时也能够得到充分的利用，为场馆带来可观的额外收入。

表 6-5　欧洲职业足球俱乐部场馆配套服务设施配置情况

场馆规模	全座	餐厅酒吧	会议设施	商务包厢	高端餐饮	货物出口	贵宾席	娱乐休闲	博物馆	停车场	宾馆	包厢	音乐厅	专属层	伸缩顶棚	夜总会	办公室
超大	■	■	■	■	■	■	■	■	■	▲	▲	▲	▲	▲	★	★	★
大型	■	■	■	■	■	■	▲	▲	★	▲	▲	▲	★	★	★	★	★
中型	■	■	■	■	▲	▲	▲	▲	★	★	★	★	★	★	★	★	★

注：■每个现代场馆都拥有　▲许多场馆拥有　★少数场馆拥有

超大型：60 000—80 000 座　大型：40 000—60 000 座　中型：20 000—40 000 座

6.5.2　俱乐部事前参与

俱乐部作为场馆的主要使用者，其需求在场馆的设计中要优先予以考虑。许多专用于职业足球俱乐部的场馆为专业足球场，需要缩短球场与看台间的距离，为观众提供良好的观赛体验。许多地方政府为了留住职业球队，根据俱乐部的需求为其建设专用的场馆，俱乐部广泛参与场馆的设计和建设，并提出具体的设计、使用需求，如豪华包厢、俱乐部座席、餐厅、酒吧以及球队博物馆的设置等，地方政府根据俱乐部的需求建设场馆。俱乐部事前参与场馆的设计、建设，使得场馆的设计更加符合俱乐部运营的需要，从而显著提升俱乐部的创收能力。

6.5.3　合约期限较长

俱乐部使用公立场馆作为主场的情形中，场馆的所有者与俱乐部通过签署租赁协议或委托管理协议的方式，授予俱乐部对于场馆的经营使用权。从协议的期限来看，普遍较长，如 NFL 场馆的租赁期限普遍在 30 年左右，最短的也有 15 年，意大利米兰市市政府与 AC 米兰俱乐部的协议长达 100 年。俱乐部与场馆所有者之间的长期合约，为俱乐部在当地的长远发展与主场氛围、球迷文化的打造奠定了基础。

6.5.4 俱乐部享有场馆管理话语权

由俱乐部投资建设运营的场馆，不论是由俱乐部自行管理还是由与俱乐部有关联的公司管理，俱乐部在场馆的运营管理上均享有充分的话语权和决策权。部分为地方政府所有的公立场馆通过长期协议的方式，授予俱乐部经营管理场馆的权限，俱乐部也享有相对充分的话语权和自主管理权。委托第三方专业机构管理的场馆虽不是由俱乐部直接管理，但在委托管理协议中一般明确，第三方机构要优先满足俱乐部的使用需求，充分保障俱乐部在场馆使用中的优先权。同时，俱乐部能够利用自身在场馆运营中的优先权利，根据球迷的需要创新和丰富服务内容，为球迷提供更多、更好的高品质服务，以吸引更多球迷前来现场观赏比赛。因此，国外俱乐部不论是以何种方式参与场馆的运营管理，在场馆的运营中均享有相对充足的话语权，同时，俱乐部对于场馆的使用具有优先权。

6.5.5 俱乐部稳定的观众流量

国外俱乐部重视球迷及会员群体培育，拥有相当可观的球迷群体，尤其是顶级俱乐部，其球迷遍布全球。俱乐部庞大的球迷群体为场馆提供稳定的客流量，为场馆可持续的创收奠定基石。根据德勤发布的 2016 年度足球俱乐部财报，在 2015—2016 赛季，英超联赛平均每场比赛上座人数为 36 481 人，同比增长 1%，场馆平均上座率保持在 96%左右①。英超联赛 2015—2016 赛季中，曼联队注册会员超过 14.1 万人，29 场主场比赛吸引了超过 210 万观众现场观赏比赛，整个赛季约有 30.6 万人次参观了曼联博物馆②。国外俱乐部通过参与场馆运营，以豪华包厢、俱乐部座席、餐厅、酒吧以及球队博物馆等商业板块为载体，将自身保有的稳定观众流量快速变现，大幅提升场馆运营收入。

---

① DELOITTE. Annual Review of Football Finance 2016 [R]. 2016.

② MORNINGSTAR. Manchester United plc, 20-F [Z]. 2016.

6.6 国内俱乐部参与场馆运营的可行路径

虽然目前参与场馆管理的俱乐部数量十分有限，但俱乐部参与场馆管理是趋势，国家也支持俱乐部参与场馆管理。《中国足球改革发展总体方案》提出鼓励俱乐部所在地政府以足球场馆等资源投资入股，优化俱乐部股权结构。在具体操作过程中，由于各地新建的场馆多为国有资产，投资额较大，动辄几十亿元，如果以场馆的固定资产入股俱乐部，则在俱乐部中所占股份比例会过大，几乎所有俱乐部将成为国有控股的俱乐部，违背了职业体育发展的规律。而且，场馆作为固定资产入股俱乐部后，每年数千万元的固定资产折旧，俱乐部也无法承担，还有沉重的房产税和土地使用税，俱乐部也无力缴纳，因此，从操作层面来看，俱乐部参与场馆运营具体有以下几种可行路径。

6.6.1 场馆经营权作价入股俱乐部

场馆经营权作价入股俱乐部，对场馆的经营权进行资产评估以后，以国有无形资产入股俱乐部，所占股份比例最高不超过 20%，政府国资部门以出资比例对俱乐部承担责任和分享收益。政府继续承担对场馆的大中型维修改造支出等，场馆的日常运营和维护等全部由俱乐部负责。而且，场馆以无形资产入股俱乐部可避免俱乐部利用场馆作为固定资产举债、发行债券等高风险行为，防止国有资产流失。

6.6.2 场馆委托俱乐部管理

由场馆所有权人（一般是当地政府）将场馆委托给俱乐部管理，所有权继续归政府所有，使用、经营权通过委托管理协议交由俱乐部行使。在委托合同中应明确地方政府对于场馆的公益使用，确保场馆在保障职业联赛和训练之外能够为地方政府公益使用，确保场馆的公共服务职能。该路径特别适合于部分新建的场馆，将场馆直接委托给俱乐部管理，可操作性较强。

6.6.3　俱乐部长期租赁场馆

俱乐部长期租赁场馆，由俱乐部与场馆所有方签订租赁合同，最长20年，由俱乐部负责场馆的经营管理，确保场馆主要为俱乐部使用。由于租期时间较长，为营造良好的主场氛围和改善场馆环境，提高球迷观赛体验，俱乐部也需要投入一定的资金对场馆进行改造，但大中型维修改造等经费仍由政府负担。

6.6.4　俱乐部采取 ROT 模式获得场馆经营权

俱乐部采取 ROT 方式参与现有场馆的改造和运营，由俱乐部出资对现有公立场馆进行维修改造，由政府授予俱乐部一定年限的经营权，一般在 20～30 年，俱乐部可将现有场馆作为俱乐部的主场进行打造。该种方式较为适合足球俱乐部，尤其是部分俱乐部可以将现有的老旧体育场改造成为专业足球场，增设部分配套商业服务设施，提高俱乐部的商业开发能力和球迷观赛体验。

6.6.5　成立合资场馆运营公司

目前，国家正在推进公共场馆所有权与经营权分离改革，现有场馆管理机构将逐步进行改革，转企改制，由俱乐部入股，成立场馆运营公司，提高俱乐部在场馆运营中的话语权，共享俱乐部与场馆运营的收益。未来场馆运营公司也可以借助俱乐部股东的赛事资源优势，举办更多赛事活动或商业活动，提高双方收益。场馆运营公司未来还可以向外输出管理，承接其他场馆的管理。如美国的 AEG、Global Spertrum 和麦迪逊广场花园均属此类模式。

6.6.6　支持俱乐部自建场馆

俱乐部及其股东投资自建场馆是目前国外职业体育发展的重要路径之一。国内部分职业足球俱乐部，如广州恒大、天津权健、上海上港和武汉卓尔等足球俱乐部均有自建专业足球场馆的意愿，部分俱乐部已进入实施阶段。俱乐部自建场馆将充分考虑其商业开发和运营的需要，为俱乐部创造更多的商业回报渠道，也有利于俱乐部打造真正属于自己的主场。俱乐部自建场馆虽由俱乐部出资建设，但也需要当地政府在土地和基础设施配套等方面予以支持，这也是国外地方政府支持俱乐部自建场馆的惯例。

在上述六种方式中，不同类型的场馆和俱乐部可能适合的路径也不一样，如足球场或体育场可能适宜于采取经营权入股、委托、ROT 或租赁等方式将场馆经营权交由职业足球俱乐部，俱乐部根据场馆情况，加大对场地的改造投入，丰富服务内容，拓展场馆收入来源。体育馆等更适宜于由俱乐部与现有场馆运营机构成立合资公司共同运营。无论采取何种路径，俱乐部参与场馆运营均可以拓宽俱乐部收入渠道，丰富场馆服务内容，提高俱乐部和场馆在比赛日与非比赛日的收入，有助于加大俱乐部对于场馆的投入，改善球场软硬件条件，提升球迷观赛体验。

6.7 促进国内俱乐部参与场馆运营的建议

鉴于国内俱乐部参与场馆运营不足的现实，根据国内实际，借鉴国外成功经验，提出如下几点促进国内俱乐部参与场馆运营的建议。

6.7.1 积极推进公立场馆两权分离改革，支持俱乐部入股场馆运营公司

目前，国家对行政机关和事业单位管理的体育场馆正在推进“所有权属于国有，经营权属于公司”的分离改革，俱乐部目前使用的场馆绝大多数为事业单位所属的场馆。在推进两权分离改革过程中，现有的事业单位管理的场馆机构部分要转企改制或成立场馆运营公司。在改革过程中，建议支持俱乐部通过资金等方式入股场馆运营公司，使俱乐部成为场馆管理公司的股东，提升俱乐部在场馆运营管理中的话语权和决策权，使俱乐部从过去的租赁者转变为股东，将外在的组织间关系转变为

组织内部的关系，形成利益共同体，密切俱乐部与场馆管理机构之间的关系，整合俱乐部和场馆资源优势，加大对于场馆改造的投入，改善场馆软硬件条件，打造俱乐部主场和球迷之家，改善球迷观赛体验。同时，从国外专业场馆运营公司的发展经验来看，一般都拥有俱乐部等内容资源，因此，俱乐部入股场馆运营公司，有助于增强场馆运营公司在场馆运营内容生产方面的优势与核心竞争力，为提升场馆运营公司的专业能力奠定基础，对于俱乐部和场馆管理公司而言，可谓是双赢。

6.7.2 采取 ROT 或长期租赁形式，授予俱乐部场馆运营管理权

鉴于目前俱乐部与场馆之间租赁期限过短，场馆条件难以达到俱乐部运作要求的现实，建议地方政府采取 ROT 或长期租赁形式，授予俱乐部场馆运营管理权，以支持俱乐部在当地的长期、持续发展。广州市市政府已将天河体育场内场和越秀山体育场租赁给广州恒大淘宝俱乐部和广州富力俱乐部使用，租赁期限最长 20 年，两个俱乐部享有球场的独立管理权和使用权，均已投入巨额资金对场馆设施进行了改造。从国内实践来看，该路径较为现实、可行，国外许多公立场馆也是采取长期租赁方式授予俱乐部长期的运营管理权。因此，在当前国家大力支持足球、篮球等运动项目发展的大背景下，地方政府采取 ROT 或长期租赁方式，由俱乐部对现有场馆进行投资改造，政府授予俱乐部较长期的运营管理权，可妥善改变俱乐部主场不固定、场馆条件较差的窘况，从而提高俱乐部对场馆硬件的投入，拓展俱乐部主场的商业渠道。体育场和专业足球场适宜于由职业足球俱乐部运营，便于职业足球俱乐部加大投入，打造俱乐部永久主场，利用看台下空间等建立俱乐部博物馆和球迷空间，助力俱乐部文化建设。

6.7.3 鼓励地方政府与俱乐部共建场馆，委托俱乐部管理

目前，国内俱乐部使用的场馆多为公共场馆，其功能较为单一，配套服务设施也不完善，如足球俱乐部使用的绝大多数为体育场，观赛体

验较差。随着国家对足球、篮球等项目重视程度的提高，许多地方政府计划建设专业足球场和符合 NBA 条件的多功能体育馆，许多俱乐部也有意向建设专用的足球场或体育馆。为避免场馆的重复建设，鼓励地方政府和俱乐部共建场馆，场馆建成后委托俱乐部管理。如果场馆是以地方政府为主投资、建设，不论俱乐部是否参与投资，均应支持俱乐部事前参与场馆的功能与施工设计，使场馆的设计更加符合俱乐部使用和运营的需求，便于俱乐部的使用和运营。如果是以俱乐部投资建设为主，地方政府应在土地划拨或协议出让、周边基础设施建设和项目奖励等方面予以支持，支持俱乐部自建场馆。

6.7.4 明确俱乐部优先使用权，提高俱乐部在场馆使用中的话语权

目前国内公立场馆资源仍比较稀缺，公立场馆专用于俱乐部尚比较困难，场馆运营除了满足俱乐部的使用需求外，还有其他一系列活动，但对于场馆和所在城市而言，俱乐部是场馆最主要的长期客户。在俱乐部难以参与场馆运营管理的情况下，建议地方政府和场馆管理机构从支持职业体育发展的角度出发，在场馆运营中明确俱乐部的优先使用权，优先保障俱乐部使用需求和使用档期，严格控制赛季内举行的商业演出等非体育活动频次，以充分保障俱乐部在场馆使用中的优先权利，提升俱乐部在场馆使用中的话语权，使得俱乐部在未参与场馆运营的情况下，也能得到所使用场馆管理机构和地方政府的支持，为俱乐部在当地的长远、稳定发展奠定基础。

6.7.5 签订公共服务协议，履行公立场馆公共服务职能

现有公立场馆不论采取何种方式由俱乐部参与运营，首先应明确场馆为公共体育场馆，必须履行公共服务职能。因此，在地方政府或事业单位与俱乐部签署的运营管理协议中应就场馆需履行的公共服务职能、服务内容和服务范围等予以明确，确保场馆在俱乐部使用之余仍能为公众使用，提供各类公共服务。

俱乐部参与场馆运营对于俱乐部发展具有重要价值和意义，但其过程无法一蹴而就，国外俱乐部参与场馆运营也经历了漫长的探索过程，其间，也受政治、社会和自身发展等多方面综合因素的影响。目前国内俱乐部参与场馆运营更多的是自身发展的需要，但参与模式如何选择，参与效果如何，需要根据我国场馆运营的现实与俱乐部发展的实际进行不断的探索和实践，但国外俱乐部参与场馆运营的经验与模式对于国内俱乐部无疑具有重要的启示和借鉴价值。

7 场馆运营企业规模化发展研究

在全面深化改革与经济高质量发展的宏观背景下，场馆功能改造与机制改革的“两改”以及场馆经营权改革稳步进行，改革红利逐步释放，场馆企业化运营已是大势所趋。为满足群众多样化的需求，场馆运营企业从供给侧改革出发，全面施行市场化管理，丰富服务产品，革新经营理念，提升经营能力，获得了良好的社会反响。然而，由于场馆的空间与时间限制，场馆运营企业营收增长受限，高坪效及满负荷运转状态下已遇到发展的瓶颈。为突破场馆发展的天花板，向外快速扩张，场馆运营企业实现规模化发展的宏大理想正在被描绘。

面对场馆发展的良好态势及产业政策的积极引导，众多产业研究机构及证券机构将场馆运营定位为千亿元市场，如中投顾问产业研究中心预测体育场馆市场规模将攀升至 1 440 亿元①。当前，场馆运营企业为从千亿元级市场中分得更大市场份额，将抢占资源变为了规模化发展的应由路径。

目前，场馆运营企业发展出现了较为严重的问题，盲目抢占场馆资源、场馆专业人才稀缺、缺乏标准化运营模板等现存问题，都成了场馆运营企业生存与发展的掣肘。更有企业在经历数年的疯狂扩张后，不但没有获得预期收益，反而将企业送入深渊，如上市企业中体产业变卖上海松江场馆、莱茵体育实际控制人变更等。在新的经济形势和经济周期中，场馆运营企业如何稳步扩张、如何实现规模化发展成为不可回避的问题，模式及路径选择是场馆规模化发展的解决之道。

鉴于上述背景，本章基于场馆运营企业规模化发展现状，结合国内

---

① 中投顾问产业研究中心：2019—2023 年中国体育场馆行业深度调研及投资前景预测报告［R］. 2018.

外实际案例，探索我国场馆运营企业规模化发展的可行模式与路径，以期为我国场馆运营企业规模化发展提供借鉴与参考。

7.1　企业规模化发展的相关概念与理论基础

7.1.1　企业规模的概念

企业规模是指企业在经营发展过程中形成的体量，是对企业生产、经营内容、经营水平等的划型。

7.1.2　对企业规模划定的标准

2018 年，国家统计局印发《统计上大中小微型企业划分办法(2017)》，依据企业经营内容，明确了不同行业的企业规模的划分方法。其适用范围覆盖第一产业、第二产业和第三产业，按照行业类别，设定从业人数、营业收入、总资产等指标或其替代指标，将企业具体划分为大型、中型、小型、微型等类型，并对各行业的企业规模作出界定。体育场馆从性质上属于文化、体育和娱乐业，归为“其他未列明行业”。大型企业标准要求从业人数 300 人及以上，如表 7-1 所示。场馆租赁是企业的重要收入来源，因此可认为场馆运营企业达到大型企业标准应满足从业人数 300 人及以上、资产总额 12 亿元以上的规模标准。

表 7-1　统计上大中小微型企业划分标准

行业名称	指标名称	计量单位	大型	中型	小型	微型
农、林、牧、渔业	营业收入(Y)	万元	Y≥20 000	500≤Y<20 000	50≤Y<500	Y<50
工业 *	从业人员(X)	人	X≥1 000	300≤X<1 000	20≤X<300	X<20
	营业收入(Y)	万元	Y≥40 000	2 000≤Y<40 000	300≤Y<2 000	Y<300
建筑业	营业收入(Y)	万元	Y≥80 000	6 000≤Y<80 000	300≤Y<6 000	Y<300
	资产总额(Z)	万元	Z≥80 000	5 000≤Z<80 000	300≤Z<5 000	Z<300
批发业	从业人员(X)	人	X≥200	20≤X<200	5≤X<20	X<5
	营业收入(Y)	万元	Y≥40 000	5 000≤Y<40 000	1 000≤Y<5 000	Y<1 000

续表

行业名称	指标名称	计量单位	大型	中型	小型	微型
零售业	从业人员(X)	人	X≥300	50≤X<300	10≤X<50	X<10
	营业收入(Y)	万元	Y≥20 000	500≤Y<20 000	100≤Y<500	Y<100
交通运输业 *	从业人员(X)	人	X≥1 000	300≤X<1 000	20≤X<300	X<20
	营业收入(Y)	万元	Y≥30 000	3 000≤Y<30 000	200≤Y<3 000	Y<200
仓储业	从业人员(X)	人	X≥200	100≤X<200	20≤X<100	X<20
	营业收入(Y)	万元	Y≥30 000	1 000≤Y<30 000	100≤Y<1 000	Y<100
邮政业	从业人员(X)	人	X≥1 000	300≤X<1 000	20≤X<300	X<20
	营业收入(Y)	万元	Y≥30 000	2 000≤Y<30 000	100≤Y<2 000	Y<100
住宿业	从业人员(X)	人	X≥300	100≤X<300	10≤X<100	X<10
	营业收入(Y)	万元	Y≥10 000	2 000≤Y<10 000	100≤Y<2 000	Y<100
餐饮业	从业人员(X)	人	X≥300	100≤X<300	10≤X<100	X<10
	营业收入(Y)	万元	Y≥10 000	2 000≤Y<10 000	100≤Y<2 000	Y<100
信息传输业 *	从业人员(X)	人	X≥2 000	100≤X<2 000	10≤X<100	X<10
	营业收入(Y)	万元	Y≥100 000	1 000≤Y<100 000	100≤Y<1 000	Y<100
软件和信息技术服务业	从业人员(X)	人	X≥300	100≤X<300	10≤X<100	X<10
	营业收入(Y)	万元	Y≥10 000	1 000≤Y<10 000	50≤Y<1 000	Y<50
房地产开发经营	营业收入(Y)	万元	Y≥200 000	1 000≤Y<200 000	100≤Y<1 000	Y<100
	资产总额(Z)	万元	Z≥10 000	5 000≤Z<10 000	2 000≤Z<5 000	Z<2 000
物业管理	从业人员(X)	人	X≥1 000	300≤X<1 000	100≤X<300	X<100
	营业收入(Y)	万元	Y≥5 000	1 000≤Y<5 000	500≤Y<1 000	Y<500
租赁和商务服务业	从业人员(X)	人	X≥300	100≤X<300	10≤X<100	X<10
	资产总额(Z)	万元	Z≥120 000	8 000≤Z<120 000	100≤Z<8 000	Z<100
其他未列明行业 *	从业人员(X)	人	X≥300	100≤X<300	10≤X<100	X<10

7.1.3 企业规模化发展

规模化是指事物的规模大小达到了一定的标准。企业的规模化则是企业规模达到一定标准。按照国家统计局的统计方法，企业达到有关标准和规定划分的从业人员、营业收入、资产总额等指标即可认定为相应的企业规模。而企业要实施规模化经营与发展远不止是达到相关指标而已。企业的规模化发展是企业成长过程中的一部分。在实施企业规模化的方式上，Fred R. David（2013）提出了一体化、加强型、多元经营以及防御型战略四种战略。其中，一体化战略对场馆运营企业规模化发展有着重要参考意义。在资源获取层面，Laurence Capronh 和 Will Mitchell（2013）认为企业的成长动力主要有内增、外借和并购等路径。

因此，场馆运营企业实现规模化目标需满足企业规模标准，即从业人员、营业收入、资产总额等指标符合企业规模标准。而场馆运营企业实现规模化的过程是一个系统化、复杂化、渐进化的过程，可以采取不同的规模化发展战略以达到相应企业规模标准。

7.1.4 理论基础

（1）企业成长理论

彭罗斯的企业成长理论是系统性论述企业成长的理论，其观点与新古典经济学相悖，它驳斥了新古典经济学关于企业规模的假设，颠覆了新古典经济均衡论。彭罗斯认为，企业成长的根本原因是企业内部资源利用的失衡，这种失衡是企业成长的驱动力。彭罗斯还特别强调了管理的重要性，认为只有管理的服务供给才能使得企业的资源真正转变成企业成长的资源。对于企业扩张，彭罗斯对扩张方向、无兼并扩张、并购扩张、规模经济与成长经济及多样化经济进行了分析，详细阐明了企业成长的路径。鉴于彭罗斯的企业成长理论的系统性与重要性，本小节将结合该理论对场馆运营企业规模化发展进行分析。

（2）经营多样化理论

经营多样化，即企业多元化发展，是企业通过向新的业务方向拓展，以降低单一业务经营的不确定性风险的经营策略。在对企业成长过程研究的理论中，钱德勒（1962）、格雷纳（1972）、佛莱姆兹（1998）等知名学者都提到了企业在扩张发展中将经历多元化发展的阶段。而彭罗斯的企业成长理论中将多样化经济视为企业的一般策略，并指出多样化的原因来自市场不完善，即市场上同类产品不断增多，导致利润不断下降，企业需要对产品进行不断创新。多元化正是企业突破自身创新不足，并入新的技术与产品的有效策略。彭罗斯认为企业的多样化经济发展是建立在企业原有的专业化领域上的，是在企业原有领域，借助部分自有资源，进行新的领域扩展。而对于有收购经济基础的企业而言，可以通过收购的方式进行多样化发展，最终实现企业的垂直一体化。

（3）规模经济理论

规模经济是经济学的基本原理之一，是指特定时期内，企业产品产量增加，企业生产规模扩大使平均成本降低，从而提升经营利润。亚当·斯密早在《国民财富的性质和原因的研究》（简称《国富论》）中就引出了规模经济的雏形，即劳动分工提升了劳动生产水平，这是规模经济的古典解释。真正意义上的规模经济理论源于美国，其典型代表人物马歇尔、张伯伦等经济学家均发现了工厂生产规模提升背后的本质。当然，盲目扩大企业规模，在边际成本明显高于平均成本后，边际效益逐渐降低，甚至跌为负值，规模不经济的情况便会出现。

规模经济的测算方法有两种：一是计算平均成本数值，二是比较收益增加的倍数与规模增加的倍数。在对场馆运营企业现有数据的测算中发现，场馆运营企业的规模增长以面积或座位数进行测算都无法匹配规模经济的测算方法。并且，在第三产业中，对于规模经济理论的适用性众说纷纭。20 世纪 70 年代，国外学者发现如果采用低成本及规模经济的经营方式，会使企业的服务水平下降，服务产品难以使顾客满意。服务企业与工业企业所面临的需求截然不同，服务企业更注重产品价值和服务质量。因此，在借鉴规模经济理论时，本研究将结合企业成长理论中的管理服务理论，分析场馆运营企业的规模效益。

7.2 我国体育场馆运营企业的类型及发展情况

7.2.1 我国体育场馆运营企业的类型

场馆运营企业类型可依据运营模式、企业性质、企业规模等类型划分，本小节将更多依据不同性质企业展开分析，故以企业性质为场馆运营企业类型的划分依据。场馆运营企业可以分为国有场馆运营企业、民营场馆运营企业和合资场馆运营企业。

（1）国有场馆运营企业

国有场馆运营企业是指由国资独资或控股，参与体育场馆运营的国有企业。2013 年，由社会投资的 46 个大型体育场馆中，有 37 个由国有企业和地方平台公司投建运营，国有企业是场馆运营企业的主流。国有企业依据所归口的国资管理部门行政级别，又可分为央企及地方国企。近年来，央企在体育产业领域持续发力，体育场馆具备地产属性，场馆建设与运营成为央企的不二选择，如华润成功运营深圳湾后夺得了上海、杭州、西安等地场馆 PPP 项目。而地方国企多是因场而生，以地方国资委独资企业或国有企业二级公司形式为主，如武汉体育中心发展有限责任公司、重庆市涪陵体育产业发展有限公司等企业。

（2）民营场馆运营企业

民营场馆运营企业是指由私人投资的场馆运营企业。在体育场馆运营领域，部分民营企业入局较早，进行了诸多探索，成绩斐然。华熙国际、佳兆业文体科技集团、体育之窗文化股份有限公司等企业已实现连锁经营，阿里体育集团、微赛时代体育科技有限公司等企业以“互联网+”方式切入场馆运营，新科技、新技术、新理念层出不穷，民营企业为场馆运营注入了新血液，使场馆行业呈现出欣欣向荣的态势。此外，外资企业也可归属于民营企业范畴，国外场馆运营巨轮已驶入中国场馆运营的星辰大海。AEG 已在我国参与了北京五棵松体育馆、大连大麦体育文化中心、上海梅赛德斯—奔驰演艺中心等多个场馆的运营，对我国场馆运营理念及管理模式更新作出了一定贡献。

（3）合资场馆运营企业

合资场馆运营企业是指国有资本、国有企业与民营企业、民间资本合作的场馆运营企业。当前，部分地区国有企业及政府平台公司出于场馆运营经验有限，体育赛事、演艺资源不足，以及尝试场馆混改模式等多重考虑，积极引入民营企业及民间资本参与场馆运营。此外，中外合资企业也出现了场馆运营行业标杆，如 AEG 与上海东方明珠合资成立运营公司，成功运营了上海梅赛德斯—奔驰文化中心。

7.2.2 我国体育场馆运营企业的发展情况

（1）我国体育场馆运营企业的发展成就

①场馆运营企业数量增多

2014 年，国务院及各部委发布系列政策文件后，体育产业从业机构如雨后春笋般成立，其中不乏全民健身场馆和大型场馆运营企业。近年体育场馆及运营企业数量快速增加，围绕场馆运营的专业咨询企业也应运而生，如万馆体育文化产业有限责任公司、华体创研工程设计咨询有限公司、华智博雅体育发展有限公司等均可为场馆运营企业提供专业的咨询服务。

②上市企业加快场馆布局

面对场馆发展的良好态势及产业政策的积极引导，众多产业研究机构及证券机构将场馆运营定位为千亿元市场。上市企业对产业政策与研究机构释放的利好信息作出了积极回应，部分从事地产、建筑及其他行业的上市企业加快了对体育产业、体育场馆的战略布局，佳兆业文体科技集团、智美体育集团等已涉足体育场馆运营，并成功运营多个体育场馆，莱茵达控股集团等地产集团转型体育场馆及体育地产，收获了多个地区的体育用地。

③场馆运营企业运营能力显著提升

在国民经济稳步攀升，社会发展步入新时代的背景下，人民群众对体育、娱乐的需求日趋旺盛，为此，场馆运营企业着力提升场馆运营能力，提供差异化、个性化产品，以满足群众的不同需求。以华熙集团为代表的场馆运营企业在场馆运营领域深耕多年，利用强有力的资源整合能力实现了我国体育场馆运营的国际化发展，并将体育场馆改造为体育服务综合体，现已成为不少城市文化、体育与娱乐的新名片。

④场馆连锁效应逐步显现

场馆连锁经营是场馆运营企业迅速扩张、快速发展的重要选择。部分企业通过委托运营、租赁经营、自建自营、代建代营以及场馆输出管理的方式实现场馆连锁经营。凭借资本和人才优势，华熙集团、佳兆业文体科技集团、体育之窗文化股份有限公司等企业实现了体育场馆连锁经营，当前连锁效应所带来的红利逐步显现。通过场馆连锁经营也使企业实现了产品输出，降低了产品制作成本，提升了产品的盈利能力。

（2）我国体育场馆运营企业发展中存在的问题

①社会效益与经济效益难以平衡

体育场馆作为准公共供给品，兼具社会效益与经济效益的实现。特别是因区域体育场地不足，政府以免费、低收费形式要求体育场馆对群众提供体育服务。企业化运作的公共场馆的社会效益与经济效益难以平衡，尤其是民营企业参与运营的场馆，一方面要保证企业盈利，避免出现亏损与坏账，部分企业还面临巨大的资金压力，需要将经济利益最大化；另一方面又受到政府部门社会效益指标的约束，要为群众提供免费、低收费的公共体育服务，使社会效益与经济效益难以协调。

②企业资源利用率不足

体育场馆空间是企业的重要资源，而体育场馆空间利用率不足、利用效率不高一直是场馆运营企业运营的瓶颈。利用率不足不单是场馆运营企业运营能力的问题，它涉及所在地区的经济消费能力、文体娱消费市场规模、群众休闲消费理念等诸多因素，不能一概而论。就目前我国文化、体育、娱乐市场来看，仅一线城市形成了成熟的消费市场和稳定的观演客流，其他城市的消费市场动力不足，对体育场馆的运营效益造成一定影响。

体育空间本身是低坪效空间，没有优质的内容产品，自然就难以提升消费力。部分场馆运营企业尝试突破现有规划限制，将体育空间转化为高坪效空间，如引入娱乐、教育、办公、酒店、新零售等业态，进而提升整体营收水平。因现行法规与政策，此类突破仅在少数地区能够实现，多数地区仍然遵循现行政策要求，体育场馆的运营内容仍然只能是体育业态。

③现行政策束缚场馆运营企业发展

受政策法规及土地性质影响，体育场馆的业态受到严苛限制。如湖北省曾依据国务院、国家体育总局印发的体育场馆相关的政策文件，对体育场馆内的非体育业态进行了清退。如严格执行现行政策，多数场馆运营企业将陷入经营被动，单纯以体育租赁收入难以为继，且以消费者需求来看，单一的体育服务早已无法满足消费者多元需求，多业态融合发展是必由之路。

此外，政府部门所要求的对群众免费、低收费开放体育场馆也对体育市场培育产生了一定影响，消费者习惯于免费服务，对体育场馆的运营造成不利影响。且大型体育场馆的功能不应定位于提供全民健身服务，而应定位于充分开发更多大型活动，这也是当前场馆运营企业所面临的难题。同样作为政府投入建设的剧院却没有因"准公共产品"而免费、低收费开放，而是以丰富的文化消费产品形式获取运营收益。

7.3 我国体育场馆运营企业规模化发展的必要性与可行性

7.3.1 我国体育场馆运营企业规模化发展的必要性

（1）企业发展遭遇空间瓶颈

场馆使用受空间与时间双重限制，部分运营效率高、活动频繁的场馆出现供不应求的情况，如凯迪拉克中心（原五棵松体育馆）需至少提前一年确定场馆使用档期，活动遴选优中选优。场地租赁费用及活动票房均采取市场定价，活动次数固定后，场馆运营企业营收增长受到场地空间瓶颈限制。规模化是企业突破空间瓶颈的重要方式，而绝大多数场馆运营企业选择拓展、新建新场馆的模式实施规模化。

（2）场馆改革深入推进的迫切需要

无论是体育场馆的功能改造与机制改革，还是所有权与运营权分离改革，都需要有企业或社团实体承接。目前场馆运营权改革的问题层出不穷，场馆所有人、地方政府都竭尽全力引入优质合作伙伴，但国内现有的优质场馆运营企业较少，能够平衡双方权益的合作伙伴更是少之又少。引导优质的场馆运营企业实施规模化发展是解决政府方缺少优质合作伙伴的方法之一，已成为场馆改革深入推进的迫切需要。

（3）实现产品资源的可持续发展

参照国际经验及场馆发展实际，多元化是场馆运营企业发展的重要方向。国内部分场馆运营企业已经摆脱资源依赖，尝试围绕场馆制造产品，提升场馆的盈利性。但由于产品资源的制作成本相对较高，如国际型赛事、音乐节、体育培训等产品资源，仅在单个场馆内开展，其盈利能力相对有限，倘若场馆运营企业运营多个跨地区场馆，便可实施产品资源输出，提高产品的盈利能力，并以规模化的形式降低产品资源的制作成本。

（4）体育产业发展的现实需求

体育场馆是体育产业发展的重要基石，兼具重资产属性，国有体育产业集团多数以场馆为组建基础。体育产业发展需要上市企业、大型企业作为支撑，场馆运营企业的规模化发展使得其能率先铸就百亿元级体育产业集团。标准化及大规模化的发展正是我国体育产业所需要的，它能够形成规模效益，助力体育产业快速成长。

7.3.2　我国体育场馆运营企业规模化发展的可行性

（1）国家与地方政策的支持与引导

当前国务院及各地方政府均制定了相关指导或实施政策，为场馆运营企业规模化发展指明了发展方向。国家体育总局等八部委于 2013 年 10 月联合印发的《关于加强大型体育场馆运营管理改革创新 提高公共服务水平的意见》及《产业意见》均明确提出，鼓励场馆运营管理实体通过品牌输出、管理输出、资本输出等形式，逐步实现规模化、专业化、社会化运营。国家层面政策直接指明了场馆规模化运营的方式，即品牌输出、管理输出和资本输出等形式，具体的操作方式则需要企业根据实际情况进行探索，因场而异、因企而异，选择最适合场馆及企业的发展方式。

（2）部分场馆运营企业已具备规模化发展实力

国内部分民营企业通过多年探索，运营能力快速提升，深耕场馆运营，形成了一系列运营与管理标准，专业化程度较高。华熙国际、佳兆业文体科技集团等已实现规模化发展，对全国多个场馆输出管理，形成了一定的规模影响力。此外，部分专业化程度较高的场馆运营企业也具备了规模化发展的实力，如武汉体育中心发展有限公司、爱奇体育产业集团等。在诸多的探索与实践中，场馆运营企业已用实际行动证明了其规模化发展的可行性。

（3）国内外场馆运营企业发展的成功经验

国内部分场馆运营企业已实现规模化发展，企业的治理水平在规模化发展中明显提升，所管理的场馆经济效益也随着企业规模化发展而提升。较为知名的场馆运营企业有珠江体育文化发展股份有限公司、黄龙体育中心、佳兆业文体科技集团等，作为龙头企业，它们在经历长时间运营后，积累了大量的资源与人脉，规模化的经济效益正逐步显现。

国外场馆运营企业发展早于我国场馆运营企业，部分国外场馆运营企业已成为跨国企业，如安舒茨娱乐集团管理着全球众多体育与娱乐场馆设施，最为著名的便是 L. A LIVE 体育娱乐综合体。国外场馆运营企业发展的成功经验及规模化发展理念，可为我国场馆运营企业规模化发展提供参考模板，部分国际化的文体集团更是我国场馆运营企业学习的标杆。

7.4 企业成长理论与场馆运营企业规模化发展

7.4.1 场馆运营企业规模化发展的基本情况

（1）场馆运营企业积极探索发展方向

场馆运营企业的发展方向选择是企业开展经营的关键，也是贯穿规模化发展的引线。目前，场馆运营企业正基于自有资源积极探索可发展业务与方向，以充分利用现有资源，提升经营效率。从发展方向来看，目前国内场馆运营企业主要从事场馆租赁服务、活动策划与执行、场馆规划咨询等。有部分企业在积极探索过程中将发展较好的业务进行了分拆，这一举措也为企业的多元化发展打下了坚实基础。

（2）场馆运营企业实施规模化发展战略

企业在发展过程中均会依据其业务与方向制定相应的发展战略，场馆运营企业也是如此。在实施规模化发展的过程中，场馆运营企业的发展战略包含企业管理战略、企业发展战略两大板块。企业管理战略主要由企业业务战略和企业职能战略组成，包括业务组合、业务增长、业务竞争、人力资源、财务管理等系列战略。企业发展战略主要为一体化战略、多样化经营战略、紧缩型战略等。已实施规模化发展的场馆运营企业在前期已进行发展战略思考，如佳兆业文体科技集团、华润文化体育发展有限公司等企业均已实施企业管理战略和企业发展战略。

（3）场馆运营企业规模化发展雏形初现

场馆运营企业在积极探索发展方向与实施规模化发展战略后，已形成了企业规模化的雏形。其组织架构不断完善、企业治理能力增强、营收能力稳步增长、场馆管理面积增加、风险控制与成本控制能力提升均是场馆运营企业规模化发展雏形的具体表现。目前，珠江体育文化发展股份有限公司、华润文化体育发展有限公司、华熙国际等企业已具有企业规模化的雏形。

7.4.2 场馆运营企业规模化发展存在的问题

（1）企业管理能力偏弱

企业规模化发展需要企业治理能力不断提升。当前，国内场馆运营企业现代企业制度尚不完善，在规模扩张过程中，企业管理水平未能随之提高，使得场馆在实际运营中不能保障持续营收，部分场馆仍旧依赖于政府补助。具体而言，少数企业还不具备规模化管理的水平，缺乏集团化、规模化管理的能力，企业治理水平有限，如企业的组织架构不完善、缺乏集团管理人才等。

(2) 场馆运营企业盲目扩张

扩张是场馆运营企业实现规模化的必由之路。自国务院《产业意见》发布以来，场馆所有权与运营权分离改革不断深化，越来越多的场馆选择委托运营、PPP 等模式，以实现场馆的企业化运作，改革给场馆运营企业发展提供了绝佳机会。但正是由于产业政策刺激及场馆的地产属性，部分企业对项目盈利能力预期过于乐观，部分企业甚至在没有管理团队的背景下，盲目涉足场馆运营。此外，盲目扩张还体现在同区域内布局多个项目，形成同区域的企业内部竞争。对场馆运营企业而言，同区域多项目布局并不是最优配置。以湖北某体育场馆运营商为例，该企业获得融资后盲目投资场馆项目，目前其运营的场馆多数荒废，因无法获得新的融资，导致资金短缺，企业停滞不前。

(3) 经营理念落后

虽然近年国内场馆运营企业经营理念有所改变，但与国外场馆运营企业相比还有相当大的差距。特别是部分国有场馆运营企业，仍然没有形成独立经营主体，完全依赖于政府大型场馆运营管理补助，其体制虽然改变，但经营理念、经营思路仍然与事业单位相似。如中部某国有场馆运营企业，虽已发展近 20 年，但仍无法自负盈亏，高度依赖政府补助，缺乏市场化经营理念，管理理念落后。

7.4.3 企业成长理论在场馆运营企业规模化发展中的应用

(1) 场馆运营企业的资源使用

资源基础理论的企业成长理论是一个重要的流派。资源基础理论说明了资源能激发企业成长，也能限制企业成长的速度。同样，彭罗斯的企业成长理论表明，企业利用其拥有的资源所产生的市场需要的产品或服务是企业成长的原动力。彭罗斯还把企业内部的未利用资源作为企业创新能力的重要来源，认为企业内部总是存在着未利用的资源。可见，企业所拥有的资源在企业成长过程中是根本动力。场馆运营企业的规模化发展也是如此，场馆运营企业成长需要充分利用现有资源，并在现有资源基础上获取相关的新资源。场馆运营企业最重要的资源是场地的时间和空间，多数场馆运营企业依赖于场地的时间与空间价值。从目前的情况来看，能够充分利用现有资源的场馆运营企业为数不多，不能善用资源是束缚场馆运营企业发展的重要因素。

（2）场馆运营企业的管理服务

企业成长理论表明，场馆运营企业在实施规模化发展过程中需要不断提升管理服务能力，提升的核心取决于人的知识拥有量和组织学习进步能力。在场馆运营企业规模化发展过程中，场馆运营企业管理能力、经营理念都决定了企业的成长状态。简而言之，场馆运营企业的规模化应当建立在专业的管理服务之上，提升自身核心竞争力，而且这种专业管理服务能力是随着企业规模扩张而不断增强的。

（3）场馆运营企业的扩张方向

扩张是企业规模化发展的必由之路。彭罗斯认为企业的扩张可依据资源的获得方式分为两种：第一种是通过“继承得到”的资源，即以企业原有资源进行扩张，这是一种无兼并的模式。第二种是通过多样化进行扩张。

在“继承得到”的资源扩张模式中，彭罗斯特别强调了“未使用的生产性服务（资源）得到持续有效性（的使用）”。在企业发展中，不是所有生产性资源都得到了有效利用，而这些未充分使用的生产性服务（资源）的有效性（的使用）是持续存在的，在新的扩张中又可以重新利用。在场馆运营企业的发展过程中，也存在大量的未被利用的生产性资源，在扩张过程中，及时发现并利用好这些资源将对企业的扩张起到良好的助力作用。

而对于多样化的扩张，彭罗斯并没有直接表明其扩张的形式，但它实质上是企业扩张的一种。彭罗斯在论述多样化经济时，着重关注到了多样化发展的特殊机会，并以此阐明了收购与竞争在多样化扩张中的作用。对于多样化扩张的方向，彭罗斯将企业经营业态的垂直一体化与企业的资源集合相联系。这就表明企业在进行多样化发展时，同样要关注到企业原在领域，使多样化的发展方向能够与原有业务形成垂直一体化，最终能够形成企业的资源集合。对场馆运营企业而言，发展多样化经济也需要参照企业成长理论，尽可能形成垂直一体化的商业闭环模式。

7.5 场馆运营企业规模化发展：从国内探索到国际经验

7.5.1 场馆运营企业规模化发展的国内探索

(1) 莱茵体育——疯狂扩张被收购

莱茵体育前身为莱茵置业，是浙江省知名度较高的地产开发上市企业。2015 年，为响应国家大力发展体育产业的号召，莱茵置业剥离部分业务，全面投身体育产业，并更名为莱茵体育。此后 3 年，莱茵体育签约投资额超 200 亿元，至少布局了 5 个体育小镇、1 个国际户外运动基地和 2 个体育综合体。此外，莱茵体育为布局体育内容资源，相继收购了亚洲职业篮球管理公司、小斑科技有限公司、飞马健身有限公司、思博特体育、华网汇通技术服务有限公司等体育企业，耗资合计超过 2.5 亿元。

不难看出，莱茵体育仍是利用产业勾地的模式，获取大量土地资源，支撑地产发展。莱茵体育通过体育小镇、体育综合体获取了多宗住宅、商业、康体用地，其中正在建设中的桐庐足球小镇为 2022 年杭州亚运会足球赛事场馆，周边配套有住宅、酒店等，但目前仍处于建设期，尚未投入运营。其已开业的重庆盘龙体育生活广场、杭州未来科技城体育生活馆运营并未达到预期效果，在体育消费理念尚不成熟的背景下，莱茵体育选择利用大空间经营全民健身业务并非明智之选。

莱茵公司年报显示，体育业态对其贡献微乎其微，房地产及能源仍是其主要营收来源，全面转型不仅带来阵痛，还斩断了来自地产业务的大部分收益。业绩断崖式下滑直接影响了其在资本市场的融资，如表 7-2 所示，加之体育小镇、体育场馆、体育综合体需要大量资金投入，只能依靠股权出售、房产出售回笼资金。而体育产业被视为慢产业，只有持续增强运营能力，加强品牌建设才会获取持久收益。可见，莱茵体育在欠缺产业运营能力、内容资源与人力资源不匹配的情况下，并未真正实现体育场馆运营的规模化，反而葬送了企业的“生产力”，步入“卖壳求生”的深渊，最终被成都体育产业集团收购。

表 7-2 莱茵体育 2014 年—2017 年主要营收情况

科目/年度	2014 年	2015 年	2016 年	2017 年
营业总收入（元）	37.17 亿	25.28 亿	37.00 亿	13.24 亿
营业总收入同比增长率	77.25%	−31.99%	50.32%	−65.15%
净利润（元）	4 300.16 万	−3.58 亿	2 519.22 万	2 850.21 万
净利润同比增长率	−37.43%	−933.42%	107.03%	13.14%

（2）珠江文体——管理服务输出的规模化成长

广州珠江体育文化股份有限公司（以下简称“珠江文体”）立足于体育行业，专注于大型体育场馆及其附属设施的运营管理，凭借良好的管理团队和专业的运营服务人才，开展场馆管理、场馆经营和物业经营业务。珠江文体凭借自身的行业经验优势、人才优势、管理优势等，通过市场公开投标方式获得体育场馆的经营管理权。目前，珠江文体已运营管理 10 个体育场馆，包括广州亚运城综合体育馆、广州体育馆、济宁奥体中心等，并中标开封市体育中心、衢州市体育中心、晋江市体育中心等体育场馆 PPP 项目。

表 7-3 显示，2013 年至 2017 年，珠江文体主营收入实现了跨越式增长，由近 3 872.58 万元增长至 1.18 亿多元，年均增长率达到 19.73%。通过对其财务报表的分析发现，其收入构成中，场馆管理收入主要为政府购买场馆管理服务收入，不能直接反映其经营能力，此部分收入在对该企业规模化分析中不予以采用。而场馆经营收入与物业经营收入是其通过场馆运营所获取的直接经营收入，能够客观反映其运营能力，故以此分析其规模化发展情况。

表 7-3 珠江文体 2013 年—2017 年营业收入（元）

类别/项目	2013 年	2014 年	2015 年	2016 年	2017 年
场馆管理收入	8 435 796.99	29 200 800.00	36 981 046.48	39 870 334.46	35 661 377.47
场馆经营收入	22 143 297.36	23 515 957.81	36 017 581.77	45 085 273.87	60 880 072.95
物业经营收入	7 916 989.64	8 426 680.81	10 133 466.67	15 096 862.43	21 738 101.47
其他业务收入	229 690.00	128 690.00	16 875.00	19 555.29	15 514.20
总收入	38 725 773.99	61 272 127.62	83 148 969.92	100 072 026.05	118 295 066.09

对珠江文体年度报告的深入分析发现，以场馆面积及场馆运营收入作为变量，无法剥离出相应数据。其次，场馆与传统的工业产品有本质区别，其议价能力及收益能力受多因素影响，难以使用规模经济的测算方法分析。但结合规模经济的理论思想，笔者在不考虑基于场地开发的自有业务影响的背景下，以场馆运营管理面积为测算基础，对珠江文体2013年至2017年的运营情况及坪效核心指标进行了测算分析。

如表7-4所示，以场馆运营收入与物业经营收入为珠江文体的场馆运营收入，对珠江文体场馆运营的坪效核心指标进行测算，指标包括每平方米年均收入及其增长率、运营面积增加后增加面积所获得的每平方米年均收入、增加面积部分较未增加前每平方米收入的增长率等，以探寻其管理面积增加所能带来的增长效益。

表7-4　珠江文体2013年—2017年营收数据分析

项目 年份	运营收入（元）	运营面积（平方米）	每平方米年均收入（元）	每平方米年均收入增长率	运营面积增加部分每平方米年均收入（元）	运营面积增加部分收入增长率
2013年	30 060 287.00	260 000	115.62	—	—	—
2014年	31 942 638.62	553 188	57.74	−50.06%	6.89	−94.45%
2015年	46 151 047.44	553 188	83.43	44.49%	—	—
2016年	60 182 136.30	717 704	83.85	0.50%	85.29	2.23%
2017年	82 618 174.42	717 704	115.11	37.28%	—	—

珠江文体年报显示，其新增场馆面积年份为2014年与2016年，分别增长293 188m^{2}及164 516m^2。经测算，2014年珠江文体新增广州亚运城综合体育馆、济宁高新区综合体育馆、济宁市兖州区体育中心、济宁市微山县体育中心等体育场馆，其运营收入增长了近188.24万元，但其运营面积每平方米的年均收入大幅下滑，锐减50.06%，运营面积增加部分每平方米年均收入仅为6.89元，比增加面积前低94.45%。2016年，珠江文体新增惠州市惠阳体育会展中心、济宁市任城文体中心和广东台山新宁体育馆、江苏盐城体育中心4个场馆，其运营收入增长

1403.11 万元，其他指标均呈现正增长，虽未出现 2014 年负增长的情况，但增长情况仍不乐观。不难看出，新增运营管理面积后，场馆运营企业在首个运营年份内难以利用新增面积进行创收，甚至在短时间内可能出现实质亏损。

通过对图 7-1 的分析发现，珠江文体在两次新增运营管理面积后，其坪效均在第二年出现提升趋势。在珠江文体的年度报告中也反映新增面积运营后的第二年起，通过管理服务水平的不断提升及场馆产品的不断开发，新增运营管理面积的收入逐步提升。因此，场馆运营企业的规模化不是依赖于新增管理面积完成的，而是通过其所运营面积的管理服务提升与产品多样化供给来实现的。

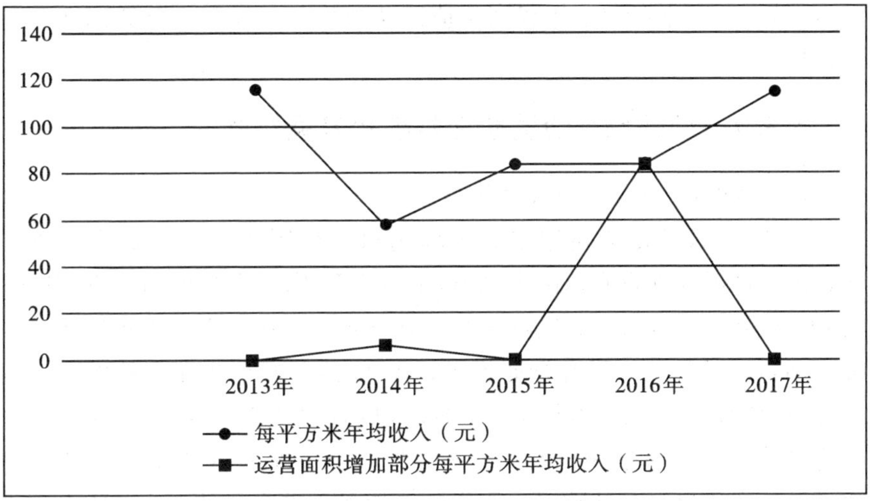

图 7-1　坪效核心指标趋势图

（2）黄龙体育——多元化发展旗帜

浙江黄龙体育发展有限公司（以下简称“黄龙体育”）为浙江省体育局下属的国有独资企业。目前，黄龙体育旗下拥有 5 家全资子公司和 4 家控股子公司。黄龙体育中心场馆运营已达到顶峰，单场演唱会租赁费用可达 150 万元，每年场馆租赁收入达到 3300 万元。即便如此，黄龙体育仍必须对外输出管理更多场馆才能够使场馆经营业务实现稳步增长。

黄龙体育借助黄龙体育中心场馆运营品牌，已输出管理舟山、德清、绍兴等地场馆。黄龙体育在输出管理时，极其重视品牌建设，其管理的场馆均以黄龙体育中心分中心命名。省外也有部分场馆邀请黄龙参与竞标，但由于对省外市场环境、制度环境需要深入考察，管理团队搭建也存在问题，因此，当下黄龙体育主要立足于省内场馆管理。

在输出管理多个场馆的同时，黄龙体育围绕场馆实施了多元化发展战略，打造了体育文化培训、体育建设投资、体育赛事、体育＋互联网、基金股权投资、体育传媒、酒店经营管理、体育休闲旅游 8 个业务大板块。近年来，体育场馆经营、体育文化培训、基金股权投资、体育＋互联网等业务板块已初具规模。黄龙公司体育文化培训营收已超 5 000 万元，基金股权合作账面价值已达数亿元，体育＋互联网业务已落地近 10 个场馆。

7.5.2 域外场馆运营企业规模化发展经验

（1）ASM——巨头惊天合并

ASM Global 是全新创立的全球场馆管理服务公司，成立于 2019 年，由全球两大体育娱乐巨头 AEG 的场馆管理附属公司 AEG Facilities 与 Onex 及其附属基金的投资组合公司 SMG 合并而成。为实现业务互补、创新发展模式、提升行业标准，AEG 体育娱乐集团将其旗下场馆子公司分拆，与 SMG 进行合并，SMG 的控股股东 Onex 与 AEG 子公司将各持有 50%的股份。两大巨头将核心资源注入 ASM，实现人才与资源统一，为世界各地政府、合作伙伴和观众带来各种商业、体育和娱乐体验。ASM Global 在五大洲整合管理全部 310 多个场馆，经营多元化的体育场馆、会议中心和演艺中心。

此前，AEG 更专注于文化、娱乐场馆的投资，其拥有的体育场馆中有 19 个为全美排名前 50 名，2016 年有 25 个场馆位于 Pollstar 场馆排名前 100 名，并在世界范围内拥有 60 支体育运动队，运营的场馆遍布世界 5 大洲，每年组织活动 10 000 多场，接待观众超过 5 000 万人次。AEG Facilities 是 AEG 下独立的分支部门，在全球范围内拥有和享有经营权的场馆超过 100 家。全球最为知名的体育娱乐综合体 L. A

LIVE 是 AEG 杰出作品，全年体育赛事、文化演艺活动多达数百场，斯台普斯中心更是为 4 支球队提供场馆服务，单个场馆年收益突破 3.5 亿美元。

而 SMG 公司成立于 1977 年，较 AEG 而言，其更擅长市场开发、场馆管理，并主要以委托运营方式获取场馆运营权。SMG 目前是世界上最大的专业场馆设施运营管理公司，在全球范围内接受委托管理的场馆设施达 200 余个。SMG 以自身充足的场馆资源为基础，综合分析客户的需求，为客户提供合适的活动举办场馆。SMG 善于将会议和贸易展览“变现”，通过与当地会议局、旅游局及酒店合作，促进地方的旅游业发展，打造地方旅游、会议品牌。

（2）Spectra——产业重组焕新

Spectra 是 Comcast Spectacor 的子公司，Comcast Spectacor 是美国一家著名的体育赛事实况转播及娱乐产业公司，在职业体育、娱乐活动和场馆管理等专业领域具有领导地位。Spectra 下设的设施运营部、餐饮接待部和票务部原是三个独立业务板块，在场馆运营不断发展中，Comcast Spectacor 将三大业务重组，使三大业务形成优势互补，焕新产业链，构成了全新的 Spectra。Spectra 目前已是美国第二大专业场馆设施运营管理公司，为全球超过 135 家公共设施提供管理、餐饮接待及票务服务。其中，场馆管理服务的客户中，体育馆占 40%，会议中心占 25%，体育场占 7%；票务服务的客户中，高校体育联盟以 55%的份额占主导地位。餐饮接待部每年为超过 25 000 场活动提供周密而精致的服务，服务人数超过 3 000 万。票务部以其 35 年的运营经验为超过 500 家娱乐机构提供服务，每年票房均在 1.2 亿美元以上。

Spectra 场馆业务的规模化早已实现，但要保障企业高速发展，不得不进行新的资源开发及关联性资源重组。将场馆运营业务与餐饮、票务、演艺等业务组合已成为国际共识，国内企业也在探索。Spectra 的重组给国内场馆运营企业提供了成熟范本，Spectra 没有选择将体育、娱乐等内容产业并入，而是将餐饮、票务、咨询业务纳入，充分考虑了场馆属性，专注于主业开发，形成业务联动，有效避免在发展中偏离主业方向，借此焕新了场馆产业链。

7.5.3 场馆运营企业规模化发展经验的启示

根据对国内外案例的深入分析，发现国内外优秀场馆运营企业在规模化发展中具有相似之处，以其发展经验提供了以下可供场馆运营企业学习的启示。

(1) 理性投资场馆项目

在上述企业规模化发展案例中，理性扩张是规模化成功的一项必备要素。如SMG在扩张过程中注重区域内同质化竞争，不以场馆数量为发展核心，在各州选取合理数量的场馆进行运营。而在国内，由于体育产业兴起较晚，受产业政策影响，场馆运营企业正盲目地扩张场馆数量，由于不注重场馆运营质量，导致持续亏损，因而无法摆脱政府补助。场馆运营企业需学习成功企业在场馆扩张方面的投资分析理念，进行差异化发展，对场馆项目投资应回归理性，切勿盲目扩张。而对于未从事过场馆运营的企业而言，对场馆的投资要慎之又慎，确信运营能力及盈利能力后再入局。

(2) 探寻多元化发展方向

过往场馆运营企业的主业是场馆租赁和场馆服务，而上述案例中的场馆运营企业均实施了多元化发展战略，即围绕核心资源及消费者需求进行新资源、新业务开发。如ASM、Spectra旗下的内容资源丰富，全年赛事、演艺活动云集，在多元化发展方向上可依据观众需求开发新业态，满足观众观赏、饮食、住宿、娱乐等多元需求。

(3) 实施产业链整合战略

整合产业链是场馆运营企业规模化发展的重要方式，整合的目的是对处于分离状态的企业资源进行调整、组合和一体化。产业链的整合模式以整合企业在产业链上所处的位置划分，可分为横向整合、纵向整合以及混合整合三种类型。场馆运营企业采用混合整合模式的较多，即在横向取得更多场馆运营权的同时，打通上下游产业链。如AEG在产业链上游整合了湖人队等头部资源，产业链中游拥有大量场馆，产业链下游则开发了多元配套服务。

(4) 采取资本化运作

在上述案例中，各类企业在资本化运作上都进行了多种尝试。以资本化模式开发新资源是加快规模化进程的必要手段。国内场馆运营企业以资本撬动市场、获取优质资源的思路尚不清晰，资本运作能力亟待加强。黄龙体育在国内场馆中率先创立了体育产业基金，进行股权投资，先后投资了苏宁体育、江西国旅等体育、旅游知名企业，投资回报率高达数十倍，强力拉动场馆运营的经营收入和利润。此外，黄龙体育所设立的体育产业基金还对其旗下企业进行投资，如投资旗下体育培训板块，利用资本手段快速推动体育培训业务在全省铺开，使其体育培训业务在白热化竞争的体育教育行业扎稳脚跟。

7.6　场馆运营企业规模化发展的可行模式

7.6.1　基于核心竞争力的多元化发展

场馆运营企业的核心竞争力在于其管理服务能力。专业化的管理服务能力是其规模化发展的基础，主要表现为运营、服务和管理三项能力的专业化。运营能力通常是指企业基于外部市场环境的约束，通过内部人力资源和生产资料的配置组合而对财务目标实现所产生作用的大小。场馆运营企业的运营能力的专业化体现在人力资源与场馆资源的有机结合，通过企业各类人才利用市场化手段，盘活场馆时空资源，将场馆坪效最大化。场馆的服务能力包括产品服务、客户服务和场地服务等，其中场地服务是最重要的服务类型。场地服务的专业化体现在场馆工作人员的高度协同化，为赛事、演艺、商务等活动的成功举办提供高效服务。场馆运营企业的管理能力直接由管理人员的领导能力、操盘能力决定，要求对场馆运营企业各业务都能有清晰认识，在场馆运营中体现其专业度。

单一业态发展极易遇到上升瓶颈，难以形成产业互动，而基于专业化的多元发展是企业规模化发展的必由之路。场馆运营企业在多元化方向选择上，可开发体育赛事、文化演艺、会展会议、酒店服务等产品，通过不断更新经营业态，寻求高坪效产品，提高产品利润空间，由对外出租空间转向自主开发，并由单一租赁服务向综合服务运营商转变。多元化发展的最终目的是形成完整的产业闭环，在产业链发展思维下，场馆运营企业应更加关注产业链的整体发展规模及盈利能力，而非单一环节的盈利状况。

7.6.2 资本支撑下的运营权获取

获取运营权，是场馆运营企业增加场馆管理面积的有效途径，也是场馆运营企业规模化发展的重要路径。体育场馆所有权与运营权分离改革持续推进，越来越多的场馆通过招标的形式引入企业参与场馆运营。但由于场馆地理位置不同、经营环境不同、面向市场不同等诸多因素，导致原有经营模式难以直接复制，获取场馆运营权后需要多年才能平衡收益。因此，在获取运营权后，场馆运营企业必须要有强大的资本支撑，才能维持前期运营，并加大投入、整合优质资源。

场馆运营企业可利用的资本化手段多元。除部分资金雄厚的企业外，多数场馆运营企业采取了 PPP、债券、基金、股权交易等资本运作方式，通过资本运作获取运营权及运营所需的资金。同时，依据文化场馆运营企业的发展方式，可参考利用资本手段整合内容资源，如成立体育赛事、文化演艺基金，以自主开发资源，增强场馆运营能力。

7.6.3 轻资产运营中的商业模式输出

目前，多数场馆运营企业以轻资产的方式进行扩张，将其视为管理输出，主要输出管理人才、管理模式、内容资源等。但在新消费、新场景、新受众的市场转变下，体育场馆的商业模式输出是轻资产企业实现规模化的核心。目前，体育场馆的商业模式主要取决于其功能定位及市场需求，具体可划分为全民健身类、体育培训类、体育休闲类、体育会展类、竞赛演艺类等。依据不同场馆的实际情况，其商业模式的可输出性、可复制性决定了其扩张的方向和规模。能够形成商业闭环，并在其所在区域形成一定的垄断效应的场馆运营企业，将在行业内长期存活。

7.6.4　内部资源重组的规模化发展

多数体育场馆存在大型活动匮乏、资源利用不充分的问题。课题组成员在某国有场馆运营企业实习过程中也发现，其资源利用不足、利用不合理、内部消耗过大等问题。内部资源重组是这类场馆运营企业提升企业经营效率的绝佳手段，也是其规模化发展的可行路径。内部资源重组首先要进行战略规划，厘清现有资源，并对这些资源所涉及产业进行重新组合，实现产业板块重组。其次，内部资源重组需要依据新的资源组合要求打破原有资源结构、组织结构，对企业组织进行重构。

课题组曾在实践过程中，参与过内部资源重组的草案制订工作。在重组草案制订中，将核心业务、优势业务直接重组为子公司，设立子公司经营指标，充分放权。企业之间不直接共享场馆资源，账面上向场馆管理公司支付使用费用，并与社会其他企业形成竞争，档期冲突以价高者获得使用权。内部资源重组之后，子公司既是合作关系，又是竞争关系。为保全经营指标，子公司在充分的合作与竞争下，最终提升场馆运营企业的经营效益，合理扩张，实现规模化发展。

7.6.5　产业地产融合的整体化发展

随着住宅地产步入“白银时代”，产业地产已成为地产集团发展的新阵地。体育场馆建设作为城市发展的必备公共基础设施及体育产业发展的载体，正成为产业地产发展的一大方向。华润置地、金地集团、华熙集团、鸿坤集团、融创文旅集团、宝能集团等地产企业，以地块综合开发模式，代建、代营体育场馆、体育综合体。由社会资本出资建设的体育场馆的商业模式选择较政府投资建设的更具灵活性，能够融入更多元的业态与内容，如华熙集团围绕凯迪拉克中心开发了特色商业街、室外冰场、电竞场馆等，这些是部分省市公共体育场馆无法突破的业态布局。

沿用产业勾地、产业融合的模式，地产集团旗下的文体公司也实现了体育场馆的规模化发展，如华润文化体育发展有限公司落子杭州、西安等城市。产业地产融合发展的优势在于体育场馆的前期建设成本、后期运营成本可通过其他业态进行平衡，不再单一依赖于场馆运营收入。同时，体育场馆内的各种活动也为其他业态聚集了消费人气，使地块内所涉及的全部业态进行有机联动，相互依存。地块的整体盈利能力为运营企业增强了信心，为其模式复制、资源输出奠定了基础，因而部分资金雄厚、资源丰富的地产集团迅速完成了体育场馆的全国布局，旗下运营企业也随之完成了规模化发展。此种模式，场馆运营企业也可尝试，联合地产企业或社会资本一同获取综合地块一并开发，提升场馆运营企业的盈利能力。

7.7 不同类型场馆运营企业的规模化路径选择

因市场主体性质不同，场馆运营企业所采取的规模化发展模式会略有差异，部分企业也会因企业性质而受到一定的发展约束。从类型上区分，目前场馆运营企业以国有企业和民营企业为主。而合资企业多以项目公司形式存在，合资企业主要是以其持股企业来实现规模化发展，对其规模化发展的分析可归于对其股东的研究。因此，分析国有场馆运营企业和民营场馆运营企业不同的规模化路径，指导不同类型的场馆运营企业实施规模化发展是必要的。

7.7.1 国有场馆运营企业的规模化路径

如前文所述，国有场馆运营企业因其出资单位不同，还可做细分。依据不同出资单位所辖区域进行细分，行政级别越低的出资单位，其所受到的约束也就相应增多。因此，对国有场馆运营企业规模化路径的分析可细化至地方国有企业和大型央企。

（1）地方国有场馆运营企业的规模化路径

因场馆建设多是由地方政府出资，又由于事业单位改革，当前出现不少地方国有场馆运营企业，尤其是市、区级全民健身主体多为地方政府出资设立的国有场馆运营企业在不断增多。地方国有场馆运营企业同样以轻资产模式为主，其资产总额较低、从业人数较少、专业化程度不足。不难看出，地方国有场馆运营企业实现规模化发展有一定难度。特别是地方经济发展滞后、休闲产业市场不成熟、产品资源较少的区域，进行规模化发展宛若有天然屏障。

受出资政府的行政级别影响，地方国有场馆运营企业发展也存在一定的局限。如县（区）级国资出资组建的国有场馆运营企业受国资部门限制，其战略、资金、人才等多方面都受到控制，普遍存在自有发展资金不足、绩效激励制度不完善、大型活动承办受限等问题。且此类场馆运营企业多服务于地方政府，以满足政府指定任务为主，由于没有进行规模扩张，因此也就没有充分利用自身资源。

黄龙体育与珠江文体是地方国有场馆运营企业实施规模化发展较成功的案例。黄龙体育在充分利用黄龙体育中心资源的基础上，借助省级国资背景，在浙江省内进行了规模化扩张，其资源善用及制度革新均是其规模化发展成功的关键。而珠江文体则在体育产业发展浪潮中找到了企业规模化发展的机遇，在利用好广州市内场馆资源后，向全国进行扩张。黄龙体育和珠江文体均是以自身资源为基础，借助其制度创新与制度优势，逐步实现了企业的规模化发展。

依据企业成长理论，在资源利用不充分的情况下，实现企业扩张或规模化，首当其冲的是要增强资源管理服务能力。因此，地方国有场馆运营企业如要实现突破，专业化运营是现阶段的应然选择。地方国有场馆运营企业专业化程度不足是普遍现象，其原因多样，既包括内部因素，也包括外部因素。除前述专业化管理的基础构成外，就不同企业而言，从内外部因素着手，可以采取内部重组和外部协调两种方式。内部重组是资源利用最大化的过程，人力资源和物质资源两条线并行，将最合适的人放到最合适的资源处，最合适的资源交给最合适的人运营，从而形成内部合理的管理制度，提升管理服务能力。而外部协调则是克服外部阻力的过程，包括突破发展区域、争取更有利于企业发展的政策等。

（2）场馆类央企的规模化路径

近年来，央企在体育产业发展中起到了良好的示范作用。特别是在体育场馆领域，以华润集团为代表的央企探索出了国内场馆发展的新思路，承接了大量政府职能，减轻地方政府的压力。除中央企业外，国家体育总局控股或参股的多家企业也在全国进行扩张。

场馆类央企规模化扩张较为典型的案例是华润置地。华润置地在城市综合区块开发进程中，将体育场馆融入城市重点区块，借势深圳第26届世界大学生夏季运动会，成功开发了深圳湾地块。华润置地拥有丰厚的商业地产运营经验，并将其商业运营模式与资源快速复制到了深圳湾体育中心，第一年运营深圳湾体育中心便实现了盈利。其后，华润置地以城市区块开发的模式，成功夺标杭州亚运场馆、西安大运场馆等项目，为其场馆业务的规模化发展打下了坚实的基础。

场馆类央企规模化发展较好的同时，也应当看到其发展中将面临的问题。央企利用自身影响力获取了大量优质资源，但是任何成功的模式都具有唯一性。面对不同地区、不同市场及不同场馆，任一条件变化，场馆运营都会面临不同的问题，而这些问题终将影响央企规模化发展的步伐。

对此，场馆类央企应当更重视内外部资源的结合利用，协同发展。商业模式输出和资源并购是场馆类央企规模化发展的不二选择。央企自身具有非凡影响力，积累了大量的商业资源。虽然面对不同区域的场馆，运营会有所差异，但对其商业模式进行改造，结合已有商业资源，央企在扩张时更显轻松。资源并购也是场馆类央企可尝试的路径，通过自身的资本运作能力，引入更多的内容资源来填充场馆空间，同时又能提升经营收益，一举两得。

7.7.2 民营场馆运营企业的规模化路径

国务院《产业意见》发布后，催生了一批民营场馆运营企业，其中不乏上市企业涉足场馆运营领域。民营场馆运营企业中，少数企业实现了规模化，但真正能运营好场馆的却屈指可数。民营场馆运营企业的扩张更多的是迫于资本方压力或是服务于控股集团战略。民营企业在规模化发展进程中，所遇到的问题直接反映出当前的产业、市场问题，更值得探讨与反思。

就当前民营企业规模化发展的现状来看，民营企业所采取的规模化模式多样，上述模式均有涉及。从莱茵体育的案例来看，民营场馆运营企业虽然能够利用资本、资源来进行场馆运作，但它始终是对体育行业过于自信，盲目扩张必然导致惨淡收场。

在民营企业进行规模化发展时，应当摸准自己的主业优势，切忌直接切断与主业的联系。在与主业联动方面，地产企业多选择以产业地产模式切入，后期则直接引入专业化团队进行运营。而互联网企业则拥有更丰富的内容资源，如腾讯将体育、娱乐、文化资源导入南京奥体公园体育馆。因此，建议民营场馆运营企业在进行规模化扩张时，更多地考虑利用主业优势，对可用资源进行整合，采取多模式并行，而不再采取单一模式进行扩张。

7.8 建议

7.8.1 着力提升企业核心竞争力，实施多元规模化发展模式

目前，多数场馆运营企业实施规模化发展的首要任务是解决核心竞争力不足的问题，专业运营能力、资源利用能力、企业管理能力等亟待提升。在不断增强核心竞争力的基础上，场馆运营企业可逐步采取多种规模化发展模式，探索契合本企业的发展战略。此外，场馆运营企业无论选择何种规模化发展模式，最终都应将企业的业务构建成产业链闭环，以产业链模式串联起孤立的资源、产品，推进自身规模化再发展。

7.8.2 慎重扩张企业管理规模，规避规模不经济现象

就当前体育产业发展与场馆市场发展形势而言，场馆运营企业投资回报周期较长。场馆运营企业盲目抢占市场，获取市场发展滞后地区的场馆运营权，会导致企业出现规模不经济的情况，甚至难以维系经营，与所有权人发生法律纠纷。因此，建议对于地方经济发展滞后、文体市场尚不成熟地区的场馆应谨慎选择，做好目标项目的测算与分析，理性扩张管理规模，避免出现规模不经济的现象。

7.8.3 关注企业发展动态变化，适时调整规模化发展策略

我国场馆运营企业可参考国外场馆运营企业、商业地产企业及酒店

企业的经济指标体系，以更细致的经济指标关注企业规模化发展进程中的经营变化，如测算单个座位的年收益、每平方米管理面积所产生的年收益、大型活动场均收入与成本等。具体、科学的财务指标将帮助场馆运营企业直观地了解企业运转及其所管理场馆的运营状况，并帮助企业发现规模化发展中存在的问题，适时调整规模化发展的策略。

7.8.4 加强场馆运营人才储备，奠定规模化发展的人才基础

人才是推进场馆运营企业规模化发展的核心要素之一。管理人才是场馆运营企业开辟规模化发展道路的先锋，而运营人才则与规模化发展的实施与执行息息相关。多数场馆运营企业在拓展新场馆后，首先面临的压力便是运营人才不足的问题，运营人才的缺失直接导致部分企业放慢新场馆扩张的步伐。对于人才的遴选与储备，既可引入跨行业人才，如会展、文娱、策划等相近领域的运营人才，也可建立一套人才培养体系，吸收优质毕业生，进行自主培养。

7.8.5 学习行业标杆企业经验，找准企业规模化发展路径

纵观国内外场馆运营企业，在企业规模化发展进程中，无不显现出强劲的企业治理能力、理性的投资思维逻辑、多元的发展路径、成熟的资本运作模式及完备的产业链整合能力，这些为后来者实施规模化发展提供了启示与思路。因此，建议场馆运营企业多对国内场馆市场、产品及国内外标杆企业进行深入研究，着力找准符合企业的发展模式、盈利模式、投资逻辑等。

8 场馆竞标问题研究

公共体育场馆运营管理改革是全面深化体育事业改革的重要内容，国家给予了高度重视，近年来出台的一系列政策都提出，要推进场馆运营管理改革，尤其是在2016年，发改委等24部委联合发布的《关于促进消费带动转型升级的行动方案》明确提出，对行政机关和事业单位所属的体育场馆推进“所有权属于国有，经营权属于公司”的改革。因此，当前场馆运营管理改革的核心是经营权改革，根据国家相关政策的要求，场馆的经营权改革应采取公开竞争性方式进行，而竞标则是主要的公开竞争性方式，经营权竞标也成为场馆运营管理改革的核心内容。国内部分场馆在经营权竞标过程中因操作不规范，致使政府和公众利益严重受损，背离了改革初衷。因此，在当前国家大力推进场馆运营管理改革进程中，就场馆经营权竞标的制度设计、实施中存在的主要问题进行深入研究，为完善场馆经营权改革的制度设计与实践提供理论支持尤为必要。

8.1 场馆经营权竞标的制度设计

场馆经营权竞标作为其运营管理改革的重要环节，应有其一整套较为完整的制度设计，具体表现在以下几个方面。

8.1.1 缔约前引入竞争机制

场馆数量相对较少，资源较为稀缺，长期以来主要由各级体育行政部门直属事业单位运营，真正将经营权通过公开方式交由企业等市场主体运营的数量非常有限。由于场馆在各地区域内的稀缺性和独特地位，加之经营权授予的期限相对较长，难以在运营过程中开展有效的缔约后竞争，市场竞争不充分，场馆运营单位作为所在区域内主要公共体育服务供给机构，具有规模经济效益和服务半径内事实上的垄断地位，感觉不到竞争的压力，竞争机制难以发挥有效作用，资源配置效率相对较低。因此，通过经营权竞标，在缔约前引入市场竞争机制，开展面向该领域的缔约前的充分竞争，让多家机构同时竞争一定时间段内场馆的独家经营权，在竞标过程中对公共体育服务内容、质量、服务价格、补贴额度等形成较为充分的竞争，通过竞标机构之间的充分竞争，将不同机构场馆运营过程中的成本和价格以及团队优势等信息充分显示出来，使得投标价格趋近于竞争市场下的价格，可避免垄断市场结构下在位运营机构滥用市场优势地位剥夺消费者剩余，提高场馆资源配置的效率①。通过缔约前竞标者的竞争不仅能提高经济效率，而且能减轻场馆所有者的监管和信息获取成本，能消除政府部门或场馆所有者难以解决的运营机构对场馆运营信息的垄断，在一定程度上缓解政府或场馆所有者与运营机构之间存在的信息不对称问题②，同时，通过经营权的公开竞标可以增加经营权授予的透明度，减少权力寻租的空间。

场馆经营权竞标通过缔约前的竞争，可建立场馆经营权的竞争机制和淘汰机制，有助于政府或场馆业主方遴选优秀的场馆运营机构，同时，也使获得运营权的机构能感受到竞争的压力。虽然在位运营机构在市场地位上处于垄断地位或具有竞争优势，但仍会迫于竞争的压力，按照竞争性厂商的行为运营场馆③，优质、高效供给公共体育服务，不至于损害公众的利益。

8.1.2 经营权竞标搭建准市场

"服务提供或安排与生产之间的区别"是公共服务民营化的核心，它为市场理念引入公共服务领域创造了可能的空间④。场馆经营权竞标

① 李正全．"特许竞标"理论及其发展［J］．现代经济探讨，2004（7）：29-31.

② 王俊豪．特许投标理论及其应用［J］．数量经济技术经济研究，2003（1）：137-140.

③ 李正全．"特许竞标"理论及其发展［J］．现代经济探讨，2004（7）：29-31.

④ 黄春蕾．我国政府购买公共服务中公开招标机制应用研究［J］．地方财政研究，2015（1）：46-54.

也是如此，通过竞标这一准市场行为，实现场馆运营与公共体育服务供给与生产的分离，将过去传统的由政府事业单位生产的公共体育服务交由获得场馆经营权的机构生产，政府或场馆所有者则扮演公共体育服务提供者的角色，其工作重心放在资金筹措、需求确定和服务监管等掌舵者的职能上。放弃传统的财政资金拨款使用机制，通过竞争性竞标程序，选择场馆运营机构，与之签订合同，采用政府购买公共体育服务方式购买运营机构提供的公共体育服务。经营权竞标之所以是准市场行为，主要是因为以下几个方面的原因：一是经营权竞标实现了公共体育服务提供与生产的分离。将公共体育服务生产职能向社会分权，形成了更多的场馆运营潜在市场主体，促使更多场馆运营权走向市场，而场馆经营权市场的产生依赖于政府的放权与改革，将场馆经营权推向市场。二是经营权竞标引入的竞争机制不同于一般行业的竞争。场馆运营商竞争是对于场馆经营权的竞争，竞争所指向的对象是政府或场馆业主，一般为公共或国有部门，其追求的目标不是利润的最大化，而是公共体育服务效益的最大化，即政府以较低的成本投入，获得更多、更好的公共体育服务。三是经营权竞标实现了由政府财政拨款向政府购买的转变，从过去的以钱养人转变为以钱养事，改革了传统场馆运营和公共体育服务的供给模式。在经营权竞标所产生的准市场中，需求始终是由政府部门或场馆业主等公共部门建立和维持的，公共部门而非消费者是公共体育服务的购买者。因此，场馆经营权竞标所产生的市场是不同于一般市场的准市场①。

8.1.3 融合政府与市场各自制度优势

传统场馆运营模式为政府直属事业单位运营场馆提供公共体育服务，这一模式虽可以保证公共体育服务的充分和公平供给，但存在对服务对象回应度较低、服务内容单一、资源利用不充分、服务效率低下等一系列问题，亟须改革。场馆若完全市场化运营，脱离政府的监管，则

---

① 黄春蕾. 我国政府购买公共服务中公开招标机制应用研究 [J]. 地方财政研究，2015 (1)：46-54.

难以保障公共体育服务的公平性、均等性，难以消除外部效应，且极易过度市场化①。场馆经营权竞标是在政府的主导下，引入市场竞争机制，充分发挥市场在资源配置中的决定性作用，提高场馆资源配置的效率②。场馆经营权竞标可以有效融合政府和市场各自的制度优势，弥补政府和市场各自的制度缺陷，发挥政府在场馆资源配置中的主导作用，利用政府权威制度来就场馆应供给的公共体育服务内容、质量、价格等进行决策，利用市场机制来提高公共体育服务的供给效率。前者的政治过程体现公平，后者的市场过程体现效率，通过场馆经营权竞标实现政府和市场制度优势的互补，从而显著提升场馆运营的效率，促进公共体育服务的供给。

8.1.4 公共体育服务契约化

场馆经营权竞标实现公共体育服务提供与生产的分离以后，公共体育服务由获得场馆经营权的机构运营和生产，相应的公共体育服务内容、质量和价格等需要在场馆运营管理合同中予以明确，政府体育部门或场馆业主方按照合同的约定，对场馆运营机构提供的公共体育服务进行考核和评估，实现公共体育服务的契约化供给。较之于传统体制下场馆由政府事业单位运营，改革后的供给模式发生了较大变化。公共体育服务是场馆经营权竞标过程中必须重点考虑的问题，场馆必须供给的公共体育服务应纳入招标文件及场馆运营管理合同，通过合同将场馆运营应供给的公共体育服务予以固化，确保获得场馆经营权的机构能够按照合同约定提供公共体育服务。

8.2 场馆经营权竞标现状

随着场馆运营管理改革步伐的加快，场馆经营权通过竞标方式出让

---

① 陈元欣，王健. 公共体育场（馆）运营改革过度市场化问题研究［J］. 体育科学，2014，34（6）：3-10.

② 陈元欣，王健. 大型体育场（馆）运营管理企业化改革研究［J］. 体育科学，2015，35（10）：17-24.

的案例在各地开始出现，并呈现逐步增多的趋势。目前，国内场馆经营权竞标的现状可以归纳为以下几个方面。

8.2.1 经营权招标愈发普遍，市场逐步放开

场馆经营权竞标作为场馆运营管理改革的主要方式受到国家政策的大力支持。2015 年国务院办公厅转发的文化部、财政部、新闻出版广电总局、国家体育总局《关于做好政府向社会力量购买公共文化服务工作的实施意见》（以下简称《政府购买意见》）明确提出，公共文化体育设施的运营和管理应作为政府购买公共文化服务的重要内容，并把公共体育设施的运营和管理作为政府购买公共文化服务指导性目录的重要内容。近年来，各地新建的场馆受事业单位改革的影响，原则上不会新成立事业单位进行管理，而是根据国家政策的要求，采取竞标方式出让场馆经营权，引入专业场馆运营公司负责新建场馆的运营，如山东济宁体育中心、天津奥体中心、安庆体育中心等项目都是如此。此外，部分由事业单位或国企运营的体育场馆由于存在公共服务能力不足、体制机制不活等一系列问题，政府通过场馆经营权竞标引入专业场馆运营机构，如深圳大运体育中心、上海静安体育中心等项目都是如此。在国家政策的大力支持下，场馆经营权竞标在各地愈发普遍，成为场馆运营管理改革的主要方式，场馆经营权市场逐步放开，涌现出中体集团、华体集团、体育之窗文化股份有限公司、佳兆业文体科技集团、珠江文体、微赛时代体育科技有限公司等一大批专业场馆运营公司。根据课题组的调研，近期采取竞标方式出让场馆经营权的部分场馆如表 8-1 所示。

表 8-1 国内部分场馆经营权竞标情况一览表

场馆名称	招标金额	年限	招标方式
兖州体育中心	480 万元	1 年	公开招标
黄冈市体育中心一期	2 995 万元	10 年	竞争性磋商
佛山市顺德区体育中心	1 442.35 万元	5 年	公开招标
七宝体育活动中心	每年 230.69 万元	3 年	公开招标
天津市东丽区体育中心	460 万元	（不详）	公开招标

续表

场馆名称	招标金额	年限	招标方式
佛山市高明区体育中心	3 000 万元	20 年	公开招标
西江新城体育中心	政府：3 000 万元＋ 运营方：80 万元	20 年	公开招标
巢湖市体育中心	（不详）	8 年	公开招标
惠阳区体育会展中心	每年 130 万元	3 年	公开招标
广宁县体育训练中心	81 121 万元	17 年	单一来源方式
定远县体育中心	每年 132.6 万元	10 年	公开招标
广州亚运城综合体育馆	3 800 万元	20 年	公开招标
盐田体育中心	1 元	（不详）	公开招标
贵港市体育中心	3 200 万元	（不详）	公开招标
黄石市奥林匹克体育中心	每年 745 万元	8 年	竞争性磋商
佛山市顺德区体育中心	1 442.35 万元	5 年	公开招标
金山体育馆游泳馆	440 万元	2 年	公开招标
台山新宁体育馆	698 万元	10 年	公开招标
马尾综合体育馆	16 138.77 万元	（不详）	公开招标
洪山区文体中心游泳馆	每年 260 万元	2＋1 年	公开招标
颛桥镇文化体育事业发展中心	160 万元	每年	公开招标
汉江湾全民健身中心	每年 157 万元	15 年	公开招标
大冶市体育公园	550 万元	5 年	竞争性磋商

8.2.2 竞标方式以公开招标为主

场馆经营权竞标作为政府购买公共服务的一种主要方式，根据《政府购买意见》的要求，可以采取公开招标、邀请招标、竞争性谈判、竞争性磋商、单一来源等多种公开方式确定承接主体。但由于场馆经营权竞标的金额相对较大，涉及的国有资产价值较高，按照各地财政部门的要求，原则上要采取公开招标、竞争性磋商或谈判等方式进行。从表 8-1

可以看出，在所进行的场馆经营权竞标案例中，绝大多数场馆采取公开招标方式出让场馆经营权，因此，公开招标成为场馆经营权竞标的主要方式。公开招标较之于竞争性磋商或谈判，其程序更为规范、透明、公开，能够充分发挥竞标的优势。

8.2.3 竞标人资格相对宽泛

竞标人资格是场馆运营机构参与经营权竞标的资格条件，只有符合竞标人资格条件的场馆经营机构才能有资格参与场馆经营权的竞标。《中华人民共和国政府采购法》就投标人的资格条件做了原则上的要求，并授予采购人可以根据采购项目的特殊要求，规定供应商的特定条件，但不得以不合理的条件对供应商实行差别待遇或者歧视待遇。从所查阅的各地场馆经营权竞标的资格条件来看，竞标人资格相对宽泛，各地并未做相对明确的要求。部分场馆严格按照《中华人民共和国政府采购法》的要求规定竞标人资格条件，部分场馆则在法律规定的基础上，根据场馆运营的需求，设置了各种竞标资格条件，大幅提升了竞标人的资格要求。竞标人资格条件是一把双刃剑，限制过低或没有限制，则符合条件的独立法人过多，造成过多机构参与竞争，容易导致竞争过于激烈；若竞标人资格限制过高，则符合条件的竞标人过少，容易导致竞争不足或流标。

8.2.4 竞标机构相对有限

场馆经营权竞标制度优势能否充分发挥，在很大程度上取决于竞标机构数量的多寡，竞标机构参与不足，则容易导致竞争不充分，甚至流标，难以发挥竞标制度的优势。从国内场馆经营权竞标的实践来看，参与竞标机构的数量相对有限，部分场馆经营权竞标因竞标机构不足三家而流标（如孝感游泳馆公开招租直到第二次公开竞标才有三家机构报名），部分场馆经营权竞标仅有三家机构报名，勉强符合竞标的要求。场馆经营权竞标参与机构相对有限受多方面因素的影响，其中，场馆运营公司市场主体数量不足是重要因素之一。目前，国内专业的场馆运营公司寥寥无几，大部分场馆运营机构仍为事业单位，受体制机制限制难以参与竞标，致使场馆经营权竞标参与机构数量相对有限。

8.2.5 运营方式以委托运营为主

从所查阅的国内场馆经营权竞标的招标文件来看，经营权授予场馆运营机构的方式多种并存，但以委托运营为主。从所查阅的国内 20 多个场馆经营权竞标的招标文件来看，委托运营的比例约为 90%。虽然国内场馆经营权竞标以委托运营为主，但在具体实现方式上各个场馆又有一定的差异，归纳起来，委托运营的具体方式主要由以下几种情况：一是政府委托场馆运营机构运营，政府每年通过财政补贴或购买公共服务的方式予以支持。二是获得场馆运营权的运营机构每年向政府交纳一定数额的国有资产使用费。三是运营机构根据场馆运营收入获得一定比例的佣金。国外场馆的委托运营更类似于上述第三种情况，但国内基本上以第一种和第二种居多。

8.3 场馆经营权竞标现存的主要问题

根据课题组对国内部分场馆经营权竞标的调研，目前，场馆经营权竞标过程中存在的主要问题可以归纳为以下几个方面。

8.3.1 竞争不充分

竞争是市场机制的核心要素，竞争是否充分对于市场机制作用的发挥具有重要影响。场馆经营权竞标的制度设计旨在通过缔约前引入市场竞争机制择优确定运营机构，应在场馆经营权竞标阶段实现充分竞争，但在实践中却往往由于竞标机构数量不多，串标、围标现象时有发生，致使竞争机制难以发挥有效作用。场馆经营权竞标竞争不充分主要表现在相互独立的竞标机构数量十分有限，难以开展缔约前充分的市场竞争，部分场馆竞标中，即使竞标参与机构达到三家的最低要求，但事实上这些机构事前多达成默契或串通围标，致使竞争机制完全失灵。部分场馆经营权竞标过程中，政府或场馆业主与意向中标单位已达成初步合作意向，竞标过程只是走过场，政府或场馆业主在竞标人资格、评分标准等方面完全按照有利于意向场馆运营机构设置，致使其他场馆运营机构不愿意参与竞标。此外，场馆经营权竞标竞争不充分还与场馆经营权竞标公告的发布渠道、时间、潜在场馆运营商的数量等因素有关。绝大多数场馆经营权竞标公告仅在指定的政府采购网上发布，受众相对有限，宣传不到位，潜在场馆运营机构难以获得相关信息并参与竞标，致使竞标参与机构相对有限，竞争不够充分。调研中发现两个案例：中部某地游泳馆经营权公开竞标，事先已有意向，仅有三家机构参与竞标，其中，两家机构合作、往来相对较多，标底为政府每年补贴 200 多万元，最终成交价格仅比标底减少了不足 2 万元。而中部另一体育场馆，有 7 家机构参与竞标，标底为政府每年补贴 100 万元，经过公开竞标，最终成交价格为政府每年仅补贴 25 万元，政府补贴额度降低了四分之三，这充分说明了竞争是否充分的差异巨大。

8.3.2 招标文件设计不科学

招标文件是由招标人向潜在竞标人发出并告知项目具体需求、竞标活动规则和合同条件等信息的要约邀请文件，是项目招标、投标活动的主要依据，对招标、投标活动各方均具有法律约束力。招标文件一般包括招标公告或投标邀请书、投标人须知、评标办法、投标文件格式、合同文本等。场馆经营权竞标招标文件中最为重要的内容是投标人资格、服务内容与要求、标底、评分标准等。场馆经营权竞标不同于一般的货物或服务竞标，场馆经营权竞标由于相关案例相对较少，场馆运营商数量相对有限和服务内容不易确定等多方面不确定因素的影响，致使场馆经营权竞标的招标文件设计具有相对较大的难度，相当一部分招标代理机构未从事过类似的招标代理工作，也不懂场馆的运营，而只能按照工程项目的要求来编制场馆招标文件，致使场馆经营权竞标招标文件的编制存在诸多问题，具体体现在以下几个方面：一是对于竞标人的资格限制过高，提出一系列比较苛刻的条件，甚至部分招标文件提出竞标人应具备大型体育场馆运营资质这一可笑的要求，如广东省某体育中心经营权竞标中要求运营商应具备物业服务资质。二是标底测算不科学，背离场馆运营的现实，部分案例中招标代理机构被潜在竞标人俘获，按照潜在竞标人的利益诉求进行标底测算，严重损害公共利益。三是评分标准难以对场馆运营商的实际能力进行科学、客观的评价，可操作性不强，依据评分标准商务部分和技术部分难以遴选出优秀场馆运营机构，只能通过报价拉开差距，导致低价中标现象时有发生，真正优秀的场馆运营机构难以在竞标中获胜，致使场馆运营机构供给的公共体育服务内容和质量大打折扣。

8.3.3 部分场馆经营权授予年限过长

场馆经营权授予年限的长短对于竞标至关重要，年限过短对于潜在场馆运营商不具有吸引力，年限过长则不利于对在位场馆运营机构形成竞争压力，场馆经营权竞标的竞争机制也将难以发挥作用，造成在位场馆运营机构事实上的垄断地位，即使再次竞标，由于在位场馆运营机构的信息优势，其他场馆运营机构也难以与其公平竞争。因此，场馆经营权授予年限不宜过长。2014 年底，财政部印发的《政府和社会资本合作模式操作指南（试行）》对于委托运营和管理合同这两种方式分别提出合同年限一般不超过 8 年和 3 年。如表 8-1 所示，目前国内场馆经营权竞标的合同年限中有相当一部分超过了财政部门规定的合同年限，部分甚至达到了 20 年，大幅超出政策规定。场馆经营权授予年限一旦过长，则不利于约束场馆运营机构的行为，难以对其形成竞争压力。

8.3.4 评审专业性不强

场馆经营权竞标属于政府购买服务的范畴，在程序上应严格按照政府采购的相关规定执行，由政府采购部门从专家库中随机抽取专家临时组成评标委员会进行评标，是以评标委员会的评审完全公平、正确为假想基础的，评标委员会评标的风险完全由政府或场馆业主承担①。但现实中，从评标委员会的人员组成和评标过程来看，评审专业性不强，难以保障评审过程的公平、科学、客观，这对于数亿元甚至数十亿元国有

① 袁俊．市政公用事业特许经营权招标、拍卖中存在的问题及监管对策［J］．特区经济，2007（11）：246-247.

资产的运营管理而言，过于草率。首先，从评审委员会的组成来看，在各地政府采购部门的专家库中几乎没有从事场馆运营管理方面的专家，即使有也难以保证被抽中；另外，财务和法律方面的专家对于体育场馆运营业务和行业也不了解，难以作出相对客观的评价。财政部《政府采购评审专家管理办法》提出，遇有行业和产品特殊，政府采购专家库不能满足需求时，可以由采购人、采购代理机构按有关规定确定评审专家人选，但应当报财政部门备案。从实践来看，场馆经营权竞标显然属于特殊行业，可以按照有关规定邀请场馆运营方面的专家担任评审专家，但由于程序相对麻烦，专家相对有限，各地在场馆经营权竞标实践中仍是从各地现有的专家库中随机抽取专家，致使评审专家的专业性和针对性不强，难以保证评审结果的科学、客观。评审过程以查看、评审投标文件等书面材料为主，基本不会（或不可能）对参加竞标的场馆运营商进行实地的考察和调研，评审过程过于片面，几乎完全以投标材料论英雄，未能对参加竞标的场馆运营商进行较为全面的评价。

8.3.5 合同核心条款缺失

公共服务内容契约化是场馆经营权竞标的重要制度设计。契约是规范和约束各方权利、义务的重要文件。从笔者查阅的国内部分场馆经营权竞标的合同文本来看，相当一部分合同不够规范，部分合同对于公共体育服务内容与要求、服务定价权、履约保证金、合同变更等核心内容未能进行明确约定，致使政府或场馆业主以及公众的部分权利难以得到有效保障。

(1) 公共体育服务内容与要求不明确

场馆运营机构应供给的公共体育服务在场馆运营合同中应予以明确，尤其是公共体育服务的项目、服务内容、服务价格与质量等核心内容必须明确。但从笔者查阅的国内部分场馆招标文件和运营管理合同来看，相当一部分场馆在招标文件和合同中对于公共体育服务内容仅进行了原则性的规定，具体公共体育服务内容与要求不明确，如需要场馆运营机构提供哪些公共体育服务内容、服务时间、服务满意度、收费标准及免费使用时长等均未作出明确规定。部分政府或场馆业主要求场馆运营机构为群众免费或低收费开放，但从执行情况来看，场馆免费或低收费开放的时间段全部为上午或下午等场馆的空闲时间段，而黄金时间段则全部按照市场价收费，且价格要高于同类场馆①。由于公共体育服务内容和要求等未能在场馆运营管理合同中进行明确，这就为后续场馆运营中政府或场馆业主方与场馆运营机构之间的矛盾与冲突埋下了伏笔，政府或场馆业主可能会不断要求场馆运营机构提供各种具体的公共体育服务，但场馆运营机构则会以合同未约定而拒绝提供或需要政府提供相应的补贴，不利于政府与场馆运营机构的长久合作。

（2）公共体育服务定价权未能约定

场馆供给公共体育服务项目的定价权应是政府或场馆业主的一项重要的权利和职责，是保障公众享受公共体育服务的重要措施，对于提升公众的体育获得感和幸福感具有重要影响。虽然《公共文化体育设施条例》规定，公共文化体育设施的收费项目和标准应当经县级以上人民政府有关部门批准。由于近年来价格机制改革，公共文化体育设施的收费标准在绝大多数省份已改由市场自主定价，但在绝大多数场馆运营合同中仍约定，场馆服务收费价格仍由政府物价部门批准，而现实是政府物价部门已不再审批，因此，场馆供给公共体育服务项目的价格变成了市场自主定价，脱离了政府的监管。因合同不完善，致使政府或业主方丧失了本应行使的公共体育服务定价权，导致场馆提供的公共体育服务项目价格偏高，背离了公共体育服务的初衷。

（3）履约保证金未能约定

履约保证金是约束场馆运营机构行为和确保持续供给公共体育服务的重要手段，应是场馆运营合同的重要条款。但在查阅的国内部分场馆运营管理合同中，竟然无履约保证金的约定，这不利于保障政府或场馆业主方的合法权益。一旦场馆运营机构提出终止合同、拒绝提供服务或对场馆资产造成损害时，政府或场馆业主则难以约束场馆运营机构。

---

① 陈元欣，姬庆. 大型体育场馆运营内容产业发展现状、问题及对策［J］. 首都体育学院学报，2015，27（6）：483-487.

8.3.6　监管机制不完善，绩效评价流于形式

场馆经营权竞标的事后监管机制对于场馆运营机构和场馆的运营具有重要影响。价格监管是最为重要的监管措施之一，但从国内场馆经营权竞标实践来看，绝大多数场馆未能建立价格监管机制，未能引入价格上限规制制度。价格上限制度是在考虑了当地公共体育服务的平均成本和利润情况后制定的，如果场馆运营机构的实际运营效率高于政府制定的目标和当地场馆一般运营效率，则场馆运营机构就能够获得超过价格上限隐含的回报。价格上限制度不仅能够充分发挥价格规制对于场馆运营机构的激励作用，同时，还可以使政府超脱于具体的监管事务之外，以间接监管为主①。除了价格监管，标准监管也至关重要，而且是未来监管的主要方向。但遗憾的是，在公共体育服务领域，国家尚未建立相应的公共体育服务质量标准体系，因此，政府部门也难以依据相应的质量标准就获得场馆运营权的机构提供的公共体育服务的质量进行监管。公众作为场馆供给公共体育服务的主要服务和受益对象，其对场馆运营机构的监管和评价最有发言权，但他们难以成为监管的主体，只有在其权益受到侵害或对服务严重不满意时，才可能通过向政府部门投诉的方式对场馆运营机构实施较为间接的监督。

绩效评价是场馆经营权竞标的一个重要内容，从笔者对部分委托运营场馆的调研来看，相当一部分场馆绩效评价流于形式，甚至连基本的评估都没有做，难以提供绩效评价结果或年度评估报告。另一方面，现行对于场馆的评价体系也不完善，体育总局针对大型体育场馆建立了服务评价体系，但对于中小型体育场馆尚未有相对规范的评价体系，使得基层政府部门难以对获得场馆经营权的运营机构的运营效果进行客观评价。

8.3.7　场馆经营权竞标制度设计导向不合理

场馆经营权竞标制度设计导向不合理主要体现在两个方面：一是竞

① 楚迤斐. 中国公用事业市场化的政府规制途径探析 [J]. 河南师范大学学报（哲学社会科学版），2010，37（2）：119-122.

标过程中的低价中标问题，部分场馆经营权竞标的评分标准中，报价分占30%左右，在竞标机构的技术和商务部分难以拉开差距的情况下，报价成为决定竞标结果的重要因素。场馆经营权竞标本身是政府采取购买方式向公众提供公共体育服务，因此，公共体育服务的质与量而非价格应是决定场馆经营权归属的重要考量因素，但低价中标致使政府对于场馆供给公共体育服务的投入严重不足，使得场馆运营机构供给的公共体育服务的内容与质量大打折扣，群众对公共体育服务的满意度和获得感较低。二是现行的制度设计较为粗放，由运营机构缴纳一定的费用或由政府补贴一定额度后，所有的运营收支全部由运营机构负责，这样从表面上看政府管理较为简单，但从导向上看，放任或默许场馆运营机构以获取自身经济效益最大化为目标，忽视或淡化场馆运营机构对于公共体育服务的供给，这样的制度设计导向不合理。

8.4　优化策略

根据场馆经营权竞标实践中存在的主要问题，结合国内外场馆运营改革的成功经验，提出如下优化场馆经营权竞标的策略。

8.4.1　科学编制招标文件，合理确定竞标人资格，出台示范文本

场馆经营权竞标在获得财政部门同意以后，招标代理机构开始介入，在编制招标文件过程中应选择部分场馆运营机构进行调研，实地了解场馆运营的实际情况，征求场馆运营机构对于场馆经营权竞标的专业意见和建议，并告知有意向的场馆运营商关注该场馆经营权竞标的相关信息。政府或场馆业主方与场馆运营商进行充分沟通，根据掌握的潜在场馆运营机构意向情况，合理确定竞标人资格，科学编制招标文件，并就招标文件征求体育场馆运营领域专家的意见，以提高招标文件编制的质量。评分标准建议以综合评分法为主，适当降低报价所占权重，避免低价中标，更多考察场馆运营机构的既往业绩、运营团队、运营理念、服务能力、服务标准体系建设和公共体育服务承诺等。评分标准中对于

既往业绩可以采取现场考察方式进行评分。建议国家体育总局在推进场馆经营权改革过程中，针对场馆经营权竞标的实践，在总结各地经验与教训的基础上，编制出台场馆经营权竞标招标文件示范文本，重点就投标人资格、评审专家构成、综合评分标准等比较重要的内容提出供各地参考的示范文本，以加大对各地场馆经营权招标竞标实践的指导力度。

8.4.2 因地制宜选择运营模式，适当控制合同年限

场馆经营权竞标过程中需要事先就场馆的运营模式进行明确，是采取委托运营、合作运营还是租赁运营，不同的运营模式，对于场馆的运营收入的分配和成本的分摊有较大影响。因此，在制定招标文件之前，应根据当地实际情况和场馆实际，选择适合场馆的运营模式，并根据运营模式进行运营收支的科学模拟测算，从而为确定招标价格和运营年限提供科学依据。由于招标代理机构并不一定熟悉场馆运营业务，难以对场馆运营的收支进行较为精确的测算，建议委托专业机构或有场馆运营服务经验的机构对场馆运营模式的选择、场馆运营的收支、岗位设置等进行科学测算，测算结果作为编制招标文件的重要依据。目前，国内场馆经营权竞标过程中以委托运营较为普遍，租赁或合作运营相对较少。相比较而言，委托运营中政府或场馆业主方的话语权相对较高，更有利于发挥场馆的公共服务功能，促进公共体育服务的供给。场馆经营权授予年限不宜过长，否则容易形成在位场馆运营机构事实上的垄断地位，竞争机制将难以有效发挥作用。

8.4.3 加大竞标宣传力度，邀请符合条件的运营商参与竞标

场馆经营权竞标的招标文件正式发布以后，政府或场馆业主应加大对于场馆经营权竞标的宣传力度，向有意向和符合条件的场馆运营商发出邀请，介绍场馆的基本情况和政府对于场馆运营的定位，邀请、吸引更多符合条件的场馆运营商积极参与投标，加大对于竞标全过程的监管，以实现缔约前的充分竞争，通过各机构的充分竞争，遴选优秀的场馆运营商，避免围标和串通投标情况的发生。

8.4.4 邀请场馆运营专家参与评审，增加现场考察评审环节

针对场馆经营权竞标评审专业性缺失问题，建议根据场馆经营权竞标的行业特殊性，在评审专家委员会的人员构成上，以从事场馆运营的专家为主组建评审委员会，邀请具有丰富场馆运营管理实践经验和场馆运营理论研究的专家参与评标，以增加评审过程的专业性和针对性，确保评审结果能够相对客观、公平、公正。此外，鉴于场馆经营权竞标涉及的国有资产数额较大，建议增加现场考察评审环节，对参与竞标机构正在管理的场馆等既往业绩进行现场考察评审，以如实反映竞标机构场馆运营的真实能力和水平，弥补过去完全依据投标书面材料进行评审打分的不足。

8.4.5 推广场馆运营示范合同，明确公共体育服务内容

场馆经营权竞标后政府或场馆业主与场馆运营机构之间签署的合同是规范双方之间权利义务的重要法律文件，是公共体育服务契约化供给的重要依据。合同及其核心内容成为保护各方权益的重要依据。鉴于目前国内部分场馆运营管理合同不规范和部分核心条款缺失的问题，建议推广场馆运营示范合同，对于涉及保护政府或场馆业主、公众的权利与相关事项部分，以及公共体育服务项目与内容、定价权、合同解除与变更权利、履约保证金、国有资产完好情况等核心条款在示范合同中予以明确，供各地在场馆经营权竞标实践中参考。湖北省体育局针对省内日益普遍的场馆委托运营情况，为规范、指导全省场馆的委托运营，出台了《场馆运营管理合同示范文本》，供各地场馆在签署合同时参考，对各地场馆经营权竞标后，签署合同起到了十分重要的参考作用。国家发改委在推进政府和社会资本合作模式时，也专门出台了《政府和社会资本合作项目通用合同指南》。因此，推广场馆运营示范合同是较为可行的做法，建议国家体育总局根据各地的实践，在总结、梳理各地场馆运营管理合同的基础上，编制场馆运营示范合同，明确部分必须包含的核心条款，以为各地场馆经营权竞标后合同的签订提供指导和参考。

示范合同中应重点关注公共体育服务内容。国家发改委和国家体育总局印发的《“十三五”公共体育普及工程实施方案》明确提出，地方有关部门在招标之前，应合理确定公共体育服务设施的服务范围、开放时间和主要服务收费价格等，确保公共体育服务设施的公益性质，并将有关内容向社会公示；对由企业负责运行管理的项目，应签订公益性条款。因此，场馆运营机构应履行的公共服务供给职能，应供给的公共体育服务的项目、价格、服务要求等均应在示范合同中予以明确，以供各地场馆经营权竞标参考。

8.4.6 建立以激励为主的监管机制，加强履约监管，定期进行综合评价

场馆经营权竞标后，场馆运营机构获得场馆的经营权，政府或场馆业主对于场馆的运营情况可能不十分了解，由于信息不对称，加之场馆运营机构的逆向选择和道德风险问题，政府或场馆业主对于场馆运营机构的监管十分重要但又十分困难。从国内部分场馆的成功实践和英国公共服务监管的经验来看，建立激励监管机制是可行路径。因此，在场馆经营权竞标的制度设计和合同条款设计上应致力于建立最优的激励监管机制。在给定的代理人努力不可观测的情况下，至少满足两个基本条件，一个是参与约束，也就是说合同必须对代理人有吸引力；另一个是“激励相容约束”，也就是委托人想要得到的结果要符合代理人的利益，或者说委托人为实现自身效用最大化而要求代理人的努力程度也要有利于实现代理人自身的效用最大化。满足这两个条件的合同就体现了工资加奖金的激励机制①。因此，在场馆经营权竞标的制度设计上，现行常用的政府每年支付固定补贴或场馆运营机构缴纳固定费用的制度设计不利于调动场馆运营机构的积极性，建议采用“基础费用+奖励的费用”支付模式，在场馆运营机构完成合同约定的基本任务的基础上，经考核合格者可以获得基础费用。场馆运营机构在合同约定的公共体育服务之

---

① 陈天祥. 新公共管理——政府再造的理论与实践［M］. 北京：中国人民大学出版社，2005.

外，提供公共体育服务越多，服务对象满意度越高，奖励费用相应也越高，以充分调动场馆运营机构的积极性，使之按照政府的意愿积极提供更多、更好的公共体育服务，努力提高公众服务满意度。另一方面，应实施公共体育服务价格上限制度，并在合同中予以明确，由政府或场馆业主根据所在区域的实际和同类型场馆的经营效率，必要时可召集由服务对象参与的价格听证会，确定价格最高上限。通过实施价格上限制度激励场馆运营机构努力提升运营效率，降低运营成本，以期获得超过价格上限所隐含的超额回报，从而充分发挥价格上限制度对场馆运营机构的激励作用。

政府加强对于场馆运营的监管既是其法定职责也是应尽的合同义务，要依据合同加强对场馆运营机构履约的监管，尤其是对于公共体育服务供给的监管。但监管要有相应的依据，鉴于当前公共体育服务质量标准缺失的现实，应尽快出台场馆运营综合评价体系，尤其是中小型场馆综合评价体系，突出公共体育服务普惠程度、受益人次和服务对象满意度等指标的权重，定期对场馆运营机构进行综合评价，评价结果作为拨付政府补贴或续约的重要依据①。综合评价体系中应建立场馆服务质量的公众评价制度，定期进行服务满意度测评，并将满意度测评不合格作为解除合同并追究场馆运营机构违约责任的法定依据，以促使场馆运营机构改进服务质量，提升公众服务满意度，促进公共体育服务的持续、高质量供给。

① 冯维胜，曹可强. 政府购买公共体育服务的评估实践与反思 [J]. 首都体育学院学报，2016，28 (6)：484-487.

9 场馆委托管理合同研究

随着国家“积极鼓励和引导社会力量参与场馆运营”，推行“所有权归国有，经营权归公司”的两权分离改革方案，积极推进场馆功能改造和机制改革的“两改”工作，以及倡导政府与社会资本合作的 PPP 模式，越来越多的场馆采取委托、租赁、承包、合作、参股等方式，将场馆部分业务乃至场馆整体经营权委托给社会力量运营。在委托管理中，合同是明确委托方（即场馆产权方，一般是当地政府、体育主管部门或政府国资平台公司）与受托方（即场馆运营管理单位，一般是中标的社会组织）责、权、利的重要法律关系文件，在规范受托方的管理范围、权限、职责义务等方面具有第一位的法律意义。因此加强合同管理是政府在委托管理中保障场馆公共体育服务、保证国有资产保值、增值的重要手段。

委托管理是我国大多数场馆面临的一个新课题，尚处于初步探索阶段，各地成熟经验较少，随着委托合同履行，诸多矛盾会逐渐凸显出来，成为委托方和受托方重点关注的一大问题。课题组于 2017 年 3—6 月对全国 227 个场馆进行了调查，结果显示，因担心合同不规范、条款设置不合理等原因产生诸多困扰已成为甲、乙双方共同关注的问题，占比高达 69.2%。因此，加强对场馆委托管理合同的研究意义重大。本章拟以合同管理理论为基础，以场馆各类型委托管理合同为研究对象，研究我国公共体育场馆委托管理合同的类别，分析合同性质，总结核心条款，分析存在的问题，并提出相关对策建议，对推进场馆两权分离改革和开展改造功能、改革机制“两改”工作提供一定的理论和实践参考。

9.1 场馆委托管理合同研究的理论基础

场馆委托管理合同研究的理论基础是西方经济学中的合同理论，其主要研究和揭示理性的经济主体之间的合同关系。

9.1.1 委托代理理论

所有者与经营者相分离是委托代理理论产生的原因，该理论认为所有者和经营者之间的委托代理关系是企业中最重要的合同关系。在场馆委托代理关系中，如何减少政府部门的代理成本，最大化委托人利益是其研究的焦点。根据委托代理理论，场馆委托管理运营中，委托方主要面临信息不对称导致的风险，如在签约时受托方利用“私人信息”迫使委托方提高服务费用、降低服务要求等“逆向选择”；合同执行过程中利用漏洞对权、责模糊边界进行违规操作，即“隐藏信息”；因违规行为的“不可观察”，即难以评估或评价导致的“道德风险”。但委托代理理论认为，通过足够理性分析，可预测未来或偶然事件，并针对双方当事人偏好，设计恰当的合同，使合同不仅能顺利执行，也能实现风险最佳分担，进而成为“最佳完全合同”。

9.1.2 交易费用理论

威廉姆森认为，存在人的有限理性和机会主义倾向，导致现实的交易过程中存在大量的交易费用，如场馆委托方为寻找恰当的合作伙伴而必须花费的寻找费用；预测未来可能发生不可抗力因素导致双方利益受损的预测费用；监督、贯彻合同条款实施所花费的执行成本等。在这种情况下，就必须在合同中将场馆的产权、运营组织制度进行合理安排，同时为合同留下适当缺口，以便事后根据情况的变化作出适时的、连续的决策调整，以适应实际需要。

9.1.3 不完全契约理论

不完全契约理论更多地用来专指以格里斯曼（Grossman）和哈特

(Hart)以及哈特(Hart)和莫尔(Mooer)所开创的分析框架，被简称为GHM理论。该理论提出了剩余控制权归属问题，即如未来可能出现的，但合同中并未予以规定的责、权、利归属问题①。GHM理论认为，所有权是权力的来源，同样剩余控制权“天然地”归产权方，也就是合同中的委托方②。这就意味着场馆委托管理合同中的有关服务范围或乙方责、权、利的规定即是对乙方权益的唯一规定，乙方不得超出其范围，如在模糊边界损害委托方利益，则被视为违约行为。

9.2 场馆委托管理合同性质分析——民事与行政属性之争

根据学界研究结论和对场馆委托管理合同的对比研究，场馆委托管理合同属于民事合同，但因其特殊性，又具备了某些行政属性。

9.2.1 场馆委托管理合同属于民事合同

(1)合同签订的法律依据决定了其民事合同属性

经对比研究发现，无论采用何种委托管理模式，在合同中均有“根据《中华人民共和国合同法》等相关法律法规，经甲、乙双方协商一致，签订本合同”等类似表述，这就从合同签订的法律依据上将场馆委托管理合同定性为民事合同。因为《中华人民共和国合同法》所称的合同是平等主体的自然人、法人、其他组织之间设立、变更、终止民事权利和义务关系的协议，因此《中华人民共和国合同法》规范的是民事行为；并且场馆委托管理合同的类别归属于《中华人民共和国合同法》第二十一章“委托合同”，这就解决了合同的法律适用问题。

① 杨其静. 从完全合同理论到不完全合同理论[J]. 教学与研究，2003(7)：27-33.

② 黄凯南. 不完全合同理论的新视角——基于演化经济学的分析[J]. 经济研究，2012，47(2)：133-145.

（2）合同形式上符合民事合同要件

第一，从合同内容来看，几乎所有合同都约定“项目情况与运营范围”“产权及运营管理事项”“服务期和费用”“双方权利和义务”“服务质量管理与评价”“履约担保”“违约责任与不可抗力”等核心内容，这符合民事委托合同的基本要求。第二，场馆委托管理合同是双方的、有偿的合同。合同中明确规定了双方的法律权利和义务，最主要的是确定了委托方对标的物的所有权和监管权，以及受托方的运营管理权，双方的权利和义务是相互的。同时受托方按照委托方要求完成委托事宜，有请求支付服务费或运营补贴的求偿权，这也是委托方履行偿付代价的义务。部分场馆委托管理合同中虽并未约定支付服务费（如天门体育中心委托合同），但受托方可通过运营获得收益，这也符合有偿合同的情形。

（3）合同内容构成了完整的民事法律关系

民事法律关系要素主要包括主体、客体和内容，三者缺一不可。根据场馆委托管理合同，民事法律关系主体主要是指委托管理合同中的委托方和受托方；客体是以场馆为核心的运营管理、公共体育服务供给等具体委托事项；内容则是双方各自享有的权利和履行的义务，如委托方监督管理的权利和付费义务，受托方自主运营的权利和维护管理的义务等。此外，根据场馆委托管理合同，双方的违约责任可归总为解除合同、赔偿损失、限期整改、支付违约金、资产移交，或承担法律责任等，这些均属于《中华人民共和国民法通则》规定的具体民事责任承担方式。

9.2.2 场馆委托管理合同的行政特征

公共体育场馆委托管理的行政特殊性在于授权运营场馆资产的约定类似于政府购买或行政许可的特许经营，双方地位差异以及合同中的条款超出民事权利范围，因此场馆委托管理合同又具有一些行政特征。

（1）委托程序与行政许可相似

场馆委托管理合同的签订必然经过政府决策、选择政府购买服务提供商、缔结合同、履行合同等步骤，其中政府决策主要是选取场馆运营管理作为委托事项，将其权益特许授权给社会机构或私人部门[①]。部分学者认为这体现出《中华人民共和国行政许可法》第十二条第（二）款对特许经营的规定："有限自然资源开发利用、公共资源配置以及直接关系公共利益的特定行业的市场准入等，需要赋予特定权利的事项"；而行政许可是一种单向度的行政行为[②]。因此委托程序应遵循行政许可程序，签订的合同也应当为行政委托合同。

（2）行政优益权的主导地位

不管是体育行政部门，还是国资部门，通过委托等方式签订场馆委托管理合同，并不意味着放弃对场馆运营管理的责任；相反，通过凸显行政优益权的条款，强化政府对场馆有效运营和服务供给的监管，这是产权方愿意采用委托管理模式的行政出发点。其中，占主导地位的行政优益权使合同双方地位发生改变，并使双方合作带有明显行政管理色彩。一般而言，行政机关的行政优益权包括对合同履行的指挥和监督权、单方面变更和解除合同的权力、对受托方不履行合同的制裁权等。如许多合同规定"新政策、法律和行政措施的出台导致合同不能履行等政府行为属于不可抗力，且若此不可抗力发生导致合同自动解除的，政府免责"，这显然是将场馆运营管理服从于行政管理体制，一旦发生类似事件，受托方利益难以保证。再如，许多合同规定受托方需按照委托方要求，完成省市体育部门下达的目标责任书中需利用场馆完成的任务，这显然也是将政府责任转移至受托方的非民事条款。

（3）双方权利和义务不均衡

正是因为行政优益权的存在，场馆委托合同是以委托方占控制权为前提制定的，导致其权力过大；而受托方处于从属地位，需承担更多义务。委托方最大的权利是监管权，在合同条款中，往往出现监管范围较宽、监管力度较大的现象。如合同对受托方需接受派驻人员监督管理、审

---

① 胡敏洁. 论政府购买公共服务合同中的公法责任 [J]. 中国法学，2016 (4)：143-158.

② 胡敏洁. 论政府购买公共服务合同中的公法责任 [J]. 中国法学，2016 (4)：143-158.

查工作计划、审核大型活动、指导经营内容、优先安排委托方举办的活动等规定，严重限制了受托方的经营自主权。而受托方还需承担配合接受上级各项考核和检查，甚至门前三包、计划生育等非场馆运营义务。

（4）委托方存在行政法律责任

公共部门将场馆运营管理权委托给私人部门，需承担多种行政法律责任：①委托招标过程中若未依法确定运营管理承接方的，则为行政违法。②受托方在运营期内发生的非法经营、损害公众利益、破坏场馆资产，或造成国有资产重大损失的，即便受托方已承担相应法律责任，或合同中有委托方免责条款，委托人也应当因监管不力承担行政赔偿责任或行政补偿责任。③当双方发生纠纷，受托方提起诉讼时，若委托方为政府部门，则多为行政诉讼，需按照《中华人民共和国行政诉讼法》和行政合同的处理原则进行审议。

9.3 场馆委托管理合同的分类

随着国家推行场馆“两权分离”改革、布局改造功能和改革机制“两改”工作、推广 PPP 模式建设体育场馆和鼓励社会力量参与场馆运营，场馆委托管理近年来在国内发展非常迅速。根据课题组的调查结果，如图 9-1 所示，在被调查的公共体育场馆中，尽管自主运营的仍多达 80.60%，但以承包、租赁、委托和合资合作等方式运营的场馆占比已达 19.40%，相比于第六次全国体育场地普查（以下简称“六普”）统计的 9.95%已有大幅提升。另外，通过搜索统计财政部“政府和社会资本合作中心”网站，中国政府采购网和各地政府采购、招投标及公共资源交易等网站，对国内 2015—2019 年 95 个通过招投标方式进行经营权市场化的场馆进行梳理，发现有 83 家场馆（包括 49 个 PPP 项目场馆）采用委托管理的方式，占比达 87.37%，仅有 12 家采用租赁、承包或特许经营。这表明当前我国场馆经营权改革已经初见成效，而委托管理成为经营权改革的主流方式。

由于委托运营在国内尚处于初步探索阶段，出现了多种委托运营模式和服务合同，课题组经对比研究后予以如下归类分析。

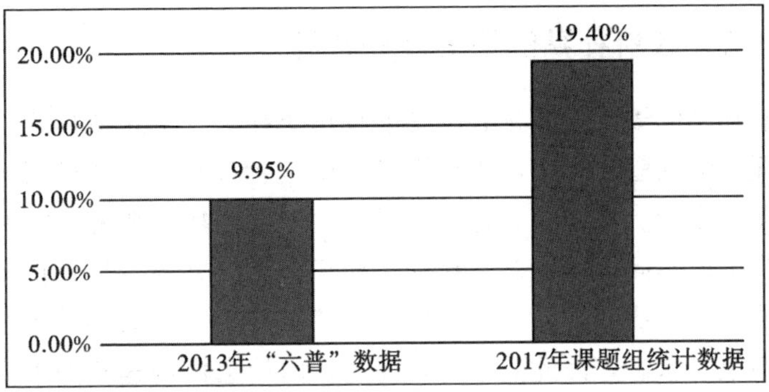

图 9-1　场馆委托管理发展趋势图

9.3.1　委托人付费的场馆委托合同

委托人付费的场馆委托合同是较为规范的、符合《中华人民共和国合同法》规定的委托合同。此类合同的特点是委托人授权受托人开展经营管理活动，获得全部收益，支付相应运营成本，承担相应法律责任，并支付受托人佣金或管理费用①。课题组调研发现，国内采用委托人付费的场馆委托模式较少，国外场馆则更多采用这种模式。如美国路易斯安那州的超级圆顶体育场和新奥尔良体育馆是由州政府委托给 SMG 公司运营，每年州政府需向 SMG 公司支付 25 万美元管理费②。国内此类场馆合同的代表是《武汉市洪山区文体中心游泳馆运营管理服务协议》。在协议中，武汉市洪山区文体局作为委托方，将文体中心游泳馆委托给洪山区体育中心运营管理，双方签订 2+1 年的委托协议。协议规定，洪山区体育中心以区文体局名义开展经营活动；每年经营收入达到 700 万元，盈余达到 183 万元的目标后，可获得 252 万元基本管理费；盈余超出 183 万元的部分，扣除相关税费后，按照 50％的比例作为奖金，支付给洪山体育中心；场馆成本由洪山区文体局支付。

① 王健，陈元欣，王维. 中美体育场馆委托经营比较研究 [J]. 西安体育学院学报，2013，30 (1)：1-7.

② 严小娟. 美国体育场馆委托经营研究 [J]. 成都体育学院学报，2012，38 (8)：30-34.

9.3.2 政府补贴的场馆委托合同

政府补贴的委托模式是我国当前场馆委托管理的主流模式。委托方授权受托方运营管理场馆，受托方除获得运营收益外，还可获得委托方财政补贴，用于支持经营、弥补亏损。由于我国场馆普遍面临经营内容缺乏、维护成本高昂等问题，特别是对于大型公共体育场馆而言，场馆运营产业链尚未成熟，盈利能力较差，甚至有95%的省会城市场馆运营处于收不抵支状态，因此受政府委托的、由社会机构运营的大型场馆依旧离不开政府财政支持。如《光谷国际网球中心资产授权经营管理协议》中，武汉东湖高新区管委会委托武汉体育发展投资有限公司管理运营光谷国际网球中心，每年给予受托方运营管理补贴费用，仅 2015 年下半年就高达 800 万元。此外，武汉体育中心、济宁体育中心等在委托管理合同中都有明确的补贴费用条款。值得注意的是，在安庆市体育中心和全民健身中心期限为 12 年的委托运营项目中，安庆市教体局还设置了 4 年的资产回报期，即南通爱玛会公司可在运营前 4 年共获得不超过 3 800 万元的补贴，而运营后 4 年则需上缴不低于 1 400 万元的资产使用费，这有利于激发场馆正向运营的积极性。

另外，当前以 PPP 模式新建的体育场馆也大多签的是此类合同。在 PPP 项目中，政府补贴也被称为政府可行性缺口补贴，是在使用者付费不足以维持项目的运营维护成本的情况下，政府以财政补贴、股本投入、优惠贷款和其他优惠政策的形式，给予社会资本或项目公司的经济补助。如 2018 年建成使用的黄石市奥体中心 PPP 项目中，运营方广州爱奇体育可从黄石市政府获得 12 年、总额超过 1.1 亿元的可行性缺口补贴。

9.3.3 政府购买的场馆委托合同

政府购买的场馆委托合同是指双方签订的场馆委托合同中约定委托方以购买服务的方式支持受托方运营管理场馆。此类合同的特点是，受托方自负盈亏，且无须上交经营所得或使用费，而委托方则通过政府购买服务，以支付公共体育服务费的方式，每年向受托方支付费用，以弥补受托方运营成本。如表 9-1 所示，政府购买的场馆委托合同在国内中小型公共体育场馆或体育公园运营实践中最普遍，如武汉市硚口区汉江湾体育公园、大冶市体育公园、天门市体育中心等场馆。采用此类模式的目的是最大限度地提供利民、便民的公共体育服务，因此此类合同一般会详细约定公共体育服务的内容，如对外开放时段、价格、服务内容、优惠条件。以武汉市硚口区《汉江湾体育公园体育设施运营管理服务合同》为例，区文化体育局作为委托方要求受托方每天提供 4 小时免费、6 小时低收费的开放服务，并严格限定了健身卡等收费标准，而受托方每年可根据绩效考核结果获得不超过 157 万元的服务费；湖北省大冶市文化体育局《大冶市体育公园委托运营管理合同》则将具体的免费指标和开放时间写入其中，并约定每年大冶市文化体育局向受托方支付 25 万元的服务费。

表 9-1 国内部分场馆委托管理合同的分类

合同性质	场馆名称	甲方	乙方	合同期（年）
委托（委托人付费）	武汉洪山区文体中心游泳馆	洪山区文化体育局	洪山体育中心	2+1
委托+政府补贴	武汉光谷网球中心	高新区管委会	武汉体发投	1.5
	武汉体育中心	经开区管委会	武汉体育中心发展有限公司	—
	济宁体育中心	济宁市体育局	广州珠江体育文化发展股份有限公司	7
	安庆市体育中心、全民健身中心	安庆市教育体育局	南通爱玛会文体产业有限公司	12
	深圳大运中心	深圳龙岗区政府	佳兆业集团	40
	黄石奥体中心	黄石市政府	以广州爱奇体育为代表的联合体	25
委托+政府购买	天门体育中心	天门体育中心	广州爱奇体育	5
	大冶市体育公园	大冶市文化体育局	长沙四海	5
	武汉市硚口区汉江湾体育公园	硚口区文化体育局	韩爱萍羽毛球俱乐部	15

9.4 委托管理合同核心条款

课题组根据合同比较分析结果，通过对场馆运营管理者、政府部门和学界专家访谈和对合同文本比较分析，总结出场馆委托管理合同中的共性条款，即核心条款。

9.4.1 双方权利和义务

合同中规定的权利和义务是政府部门和委托人进行考核和监管的主要依据，也是场馆委托方制定合同时最关心的内容。经充分调研、访谈和对合同文本分析，双方权利和义务条款应主要包括以下几个方面。

（1）委托方的主要权利和义务

①特定空间使用权

特定空间是为原场馆运营单位或委托方派驻监管机构预留的办公空间，委托方拥有此区域的无偿使用权，受托方则需承担使用成本。

②所有权和监管权

委托方作为产权方或授权业主方，拥有场馆资产的所有权，还包括运营期满时受托方无偿移交的资产所有权。委托方拥有运营期内对受托方提供服务项目、定价、开展培训和赛事活动、设施维护管理，以及健全管理制度和工作规范等事项的监督管理权。

③违约追责权

委托方对运营期内受托方违约行为，或不能履行运营管理指标的后果有追究责任、要求赔偿的权利。如受托方存在重大违法违纪行为，或连续考核不合格，难以继续履约的，委托方有权单方解除合同。

④协助运营义务

委托方有义务在受托方办理大型活动报批和立项、申请营业开业等必要手续，申请低免补贴、大型活动补贴、政府购买服务等优惠政策，或对外宣传和资源推介时，协助其完成相关工作，为其运营管理提供便利和服务。

（2）受托方的主要权利和义务

①运营管理自主权

根据管理合同，受托方拥有运营范围内的场馆运营管理、经营开发、活动策划、服务供给等的管理自主权，并对此承担责任。受托方行使管理职能时，委托方不得过度干预，但对场馆商业设施和商业活动的开发，需先报委托方审查同意。

②请求费用权

不管是合同规定的委托人支付管理服务费，还是政府专项补贴资金，或是补充协议中政府购买公共体育服务费用，受托方都有权请求委托方按时支付，或接受考核评估后支付。

③第三方合作开发权

为进一步提高场馆运营管理水平和效率，受托方可以将附属设施或业务与第三方进行合作、租赁等，这是对受托方经营自由的保障，但此类合作必须征得委托方同意，且合作期不能长于委托合同规定的期限。许多合同还规定如双方提前解约时，受托方与第三方合作关系自行终止；此外，还特别规定受托方无权将场馆整体运营权转包给第三方。可见，出于国有资产管理的需要，尽管委托方允许受托方引入更专业的第三方协助运营，但对此行为的限制和管理较为严格。

④资产开发权

场馆资产包括场馆建筑、附属设施及用房等有形资产，也包括冠名权、广告开发权等无形资产。资产开发权保障了受托方在运营期内享有开发场馆资产、获得收益的权利，这也是受托方自愿投标运营场馆的利益出发点。同时，在运营管理事项条款中，详细列述了受托方需承担的资产开发内容，且委托方通常将政府下达的年度目标责任书中利用场馆完成的任务写入合同，因此资产开发权既是受托方的权利，也是其不可推卸的义务。

⑤资产管理维护义务

受托人需承担移交资产清单内设施、设备的维修、保养义务，做好资产日常巡检，建立检查制度，保证场馆资产在运营期内的完整性、安全性和功能性，同时履行承担管理维护支出义务；若发生因受托人原因导致场馆财产损失或失去功能的，需承担赔偿责任。

⑥资产风险管理义务

运营期内，受托方有义务做好场馆风险管理工作：做好消防、水患、人员损伤等风险预案，制定风险应对措施，开展风险应对演练和培训，及时化解风险；为防止运营不善导致资产损失或防止运营中第三者人身安全受到损害，需购买财产险和第三者责任险或公众责任险，如保险金不足以赔付的，受托方需承担余额。一些合同中还规定受托方需建立风险应对基金，将场馆每年部分收益转入该基金，用于场馆修缮或风险应对。

⑦接受领导义务

受托方在运营期内需接受委托方或其指派的监管部门监督、领导、业务指导，并对委托方的工作予以协助配合。多数合同中约定，受托方需积极支持委托方等部门开展的大型活动，优先提供场地和组织服务；协助委托方开展创先争优和品牌打造工作；需承担因场馆运营问题致使委托方受到上级批评、责罚而产生的损失和法律责任。

⑧期满移交义务

运营期满时，需配合委托方做好资产清查，财务移交，设施设备交接、归还、腾退工作。对运营期内受托方投资的新增固定资产一般予以无偿移交。

9.4.2 建立专业管理团队

场馆委托过程中可能会发生投标人利用信息不对称，或假借知名运营机构名义参与委托投标，或中标后暗地转包给其他运营机构管理，或成立一个毫无运营经验的团队管理场馆等风险，导致管理团队难以满足场馆运营需要。合同中需对管理团队素质进行专门约定，如受托方需指派具有专业能力和经验的项目负责人，组建有若干年运营经验的管理团队，并对团队中的关键岗位进行具体要求。

9.4.3 公共服务与公益使用

政府将场馆委托给社会力量的初衷是提高公共体育服务水平，因此，委托方对合同中公共服务和公益使用条款更看重。场馆公共服务的基础内容是对外开放服务，应当包括场地免费与低收费开放时段、免费与低收费开放场地种类、惠民优惠对象、青少年免费培训内容时间和场地保障，甚至可根据场馆大小和委托实际将低收费指导价格、免费人次等具体要求进行约束。另外，场馆公共服务和公益使用还应当包括委托方要求受托方在运营期内在本地区体育事业和产业发展中需实现的目标，如夯实群众体育基础，增加经常参加体育锻炼群众数量，增加体育消费等群众体育目标；协助委托方开展专业运动队训练，培养多个项目的青少年体育后备人才等竞技体育目标；举办多项、不同规模的大型体育赛事和文体活动等目标；打造当地特色和精品赛事的品牌等赛事培育目标。

9.4.4　服务价格的规定

虽然我国物价改革后，物价部门不再直接制定场馆服务价格，但由于我国大部分场馆委托管理合同属于政府补贴或政府购买的委托合同，场馆收益归受托方所有，为防止受托方过高或过低定价，影响市场公平竞争，委托方和作为业务主管部门的政府部门应当对场馆场地服务价格进行一定约束。

9.4.5　服务期限及服务费用

服务期限和服务费用是受托方关心的核心问题，也是委托管理合同中最核心的部分，包括合同期限、服务费标准、考核与服务费发放办法、服务费支付方式以及运营过程中产生的相关费用等问题。根据我国相关法规政策规定，政府委托或购买服务所签订的合同一般不得超过3年，但查阅众多场馆委托服务合同，多数合同服务期在5—10年，甚至更长。过长的服务期增加了合同履行风险。另外服务费用的确定需根据场馆免费与低收费开放标准、公共体育服务内容、场馆运营成本、当地物价水平等因素综合核算；如合同期限过长，还需考虑通货膨胀率等因素。

9.4.6　履约担保

对于场馆委托运营而言，特别是对于PPP模式的场馆，委托运营期限越长，资产量越大，受托方违约风险就越大，因此必须在合同中设立履约担保的专项条款。场馆履约担保形式以履约担保金和银行保函为主。保证金数额可参照《工程建设项目货物招标投标办法》第五十一条“履约保证金金额一般为中标合同价的10%以内”的规定执行。

9.4.7 绩效考核

查阅国家有关政府委托、政府购买的政策文件，均有“建立健全由购买主体、服务对象及第三方组成的综合性评审机制”等要求，委托管理的场馆也应当通过绩效考核，评定受托方的服务质量，作为服务费发放和改进下一年服务的主要依据。

根据场馆运营管理内容，绩效考核可分为三部分：

①场馆运营管理内容

主要包括公共体育服务内容和场馆运营管理活动，是运营评价的最主要内容。委托方组成评估小组或委托第三方专业评估机构参照《大型体育场馆运营管理综合评价体系》、本地区体育部门制定的场馆公共服务要求，结合合同等具体约定，制定适合本场馆的绩效考核评价体系（绩效考核评价体系可作为合同附件或补充协议），对受托方的运营管理结果进行评估，其结果往往是场馆财政补贴或购买费用的重要依据。

②场馆设施、设备使用和维护内容

主要是对受托方使用场馆资产情况进行评估，检查受托方是否按照国家有关场馆设施、设备维护保养的要求尽到维护保养义务。

③财务审计内容

委托方一般委托专业的财务审计机构对受托方进行年度财务审计，审计结果作为评定场馆是否完成年度目标责任书和实现经济效益的主要依据。此外服务质量还需包括社会管理、安全维稳、文明创建、荣誉获奖、群众满意度等社会效益要求。

9.4.8 解约条件

当受托方出现重大违约情形或违约风险时，委托方可启动解约程序。解约条件是约束受托方合法合规经营的主要依据，类似于给受托方开出的负面清单。受托方违约情形或违约风险主要有未能按照合同约定完成场馆运营管理指标、公共服务指标、经营指标；因擅自改变场馆设施构造和功能、维修不当、维护不当等造成场馆资产损失；存在非法经营活动；或因受托方原因发生重大安全事故、群体性事件等情况。委托方可根据违约事宜的性质，采取限期整改、要求经济赔偿、解除合同和追究法律责任等措施。

9.5 委托管理合同中存在的问题

9.5.1 社会公众主体权益缺失导致公众利益受损

在政府委托场馆运营中，社会公众的身份是特殊的，其特殊性在于公众既是受益方，即公众是否享受到高质量的公共体育场馆服务是衡量政府委托效益的重要指标，同时公众又是公共场馆的“产权方”，是场馆提供公共体育服务的“初始委托人”①。然而现有法律、规范性文件和委托合同都过多强调签约双方的责、权、利，导致现有的合同中社会公众的主体权益被忽略，较少涉及社会公众的权利和义务及甲、乙双方需承担的对社会公众的法律责任，增加了公众利益受损的风险。如合同中对服务质量评价指标，仅有“群众满意度”能直观体现公众权益，且权重过小，不足以体现公众对运营效益的评价。这会导致受托方只专注于政府委托事项，致力于满足政府的需求，忽视公众体育需求，同时也会阻碍公众需求表达。公众只能在利益受损时选择投诉，反而又增加了政府的成本。另外，委托方在处理涉及社会公众责任问题时也往往体现出不负责态度，并直接将此责任推诿给受托方，如“如乙方运营导致第三人损害的，乙方承担所有责任；如遇第三人追究甲方责任并造成经济损失的，甲方有权向乙方进行追偿”等类似表述，这种推卸责任的做法不利于对公众合法权益的保护。

---

① 齐超. 社会组织参与体育公共服务供给的现实困境及路径选择——来自上海的启示 [J]. 天津体育学院学报，2016，31 (3)：252-258.

9.5.2 公共体育服务内容规定不细导致其难以落实

根据交易经济学理论，受托方的机会主义倾向会提高交易成本。在具体实践中，鉴于国家已出台《大型体育场馆基本公共服务规范》《大型体育场馆运营管理综合评价体系》两个有关评价场馆服务的文件，许多管理合同直接将两个文件中的公共体育服务内容写入合同，这在一定程度上给受托方约定了必要的公共体育服务内容，但是这种做法存在两个主要问题：

①忽视了地方特殊性和适用性

国家出台的文件是普适的，但落实于地方需体现出地方的特殊性。以场馆免费、低收费开放为例，除基本的开放天数、时长外，合同还需因地制宜地将年接待人次、服务内容种类等要求具体化，必要时还可对服务价格和免费、低收费开放时段作出要求。

②国家出台的规范和评价体系只能作为对场馆提供公共体育服务的最基本要求

如多数合同在服务内容条款，或在配套的评价体系中直接照搬“每周开放时间一般不少于 35 小时，全年开放时间一般不少于 330 天”等条款，导致受托方运营时就低不就高，只满足最低开放要求，且将免费时段设置在上班时间，而营业时间设置在晚上黄金时段，群众并未真正享受到免费、低收费开放服务。更有华中某享受国家大型场馆免费、低收费开放补贴的大型公共体育场馆，在委托合同中竟无免费、低收费开放规定，致使场馆仅开放室外场地，室内则常年仅供大型活动使用。

9.5.3 对经营内容要求不明确导致场馆经营过度

经营内容的条款是合同的核心内容，也是受托方获得收益的法律保障。但在现有的合同中普遍存在仅对经营内容、范围进行较为笼统概括。例如部分合同只规定了“乙方独立享有和行使×××场馆的日常经营管理及商业开发权”“场馆附属配套设施可适度进行商业开发，以弥补运营成本开支”“乙方可利用场馆设施开展有偿服务”等。这些条款授予受托方场馆经营权，保障了经营权益，但对经营范围要求不够明确，容易使受托方经营失控，如监管不到位，则可能引发过度经营风险。

此外，随着价格制度改革，政府不再为场馆提供指导价，场馆可自主定价，部分受托方利用合同中无定价约束的漏洞，在免费、低收费开放时段外设置过度高于平均水平的价格，以谋取利益。如武汉市某区级体育场馆，在享受政府购买免费、低收费开放服务的同时，设置羽毛球场地市场价高达 120 元一个时段，低收费时段也高达 110 元，远超武汉市平均水平，导致免费时段爆满、收费时段空场的极端现象，这大大违背了政府委托运营的初衷。

9.5.4 运营管理服务费的发放缺乏审核依据导致存在审计风险

研究发现，部分委托运营的场馆在其委托合同中只有运营管理服务期限和服务费发放的条款，但无发放依据或考核依据。有些场馆虽然有“根据年度绩效考核结果，核定运营管理服务费”或“根据合同履行实际情况，发放运营管理服务费”的条款，但合同中对于如何进行绩效考核并无说明，这对于委托方来说是一个严重的合同漏洞。究其原因，大致是：第一，有些场馆运营服务费数额不大，而专项考核成本较高，导致委托方认为绩效考核得不偿失。第二，合同签订时较为仓促，具体考核办法尚未成熟，只得留待签订后续考核协议。第三，以前无相关规定，财政可直接划拨。无论是何种理由，在合同中缺乏服务费发放依据的事实都已经形成，势必给日后审计留下隐患，同时也不利于委托方对场馆运营成效进行评估。如某享受国家大型体育场馆免费、低收费开放补助的场馆，政府同时每年给予受托方数百万元的补贴，但是因为考核缺位，场馆受托方每年坐享此两项补贴而缺乏进取，导致场馆运营乏力，效率低下。

9.5.5 部分合同服务期限过长导致潜在风险增大

除以 PPP 模式委托运营的场馆一次性签约 10 年以上外，部分中小型全民健身类的体育场馆合同期也长达 10 年，甚至更长时间，如汉江湾体育公园、月亮岛足球文化园、安庆体育中心等。对未来的不可预判性增加了场馆运营的风险。第一，委托运营中小型体育场馆的社会机构一般为中小企业，在当前体育市场为充分竞争市场的前提下，未来 10 年，中标企业能否存续或能否按约定提供高质量服务尚且存疑。第二，随着社会和城市发展，老旧体育中心或面临拆迁、重建等客观实际，若此时合同尚未到期，则双方会面临解约、赔偿等事宜，增加行政管理成本。第三，随着经济发展，物价水平和货币价值必然发生变化，服务费或运营补贴也需随之调整。但许多合同并未考虑这一因素，严格地限定了每年相关费用标准，若合同价格难以满足受托方运营实际，则会出现消极运营风险。相比之下，国外的公共服务委托合同通常会考虑通货膨胀率对服务费的影响。第四，政府管理方式、财政预算处于不断改革中，过长的委托期必然增加政府支付期限，或将增加行政管理风险。

缩短运营期可直接减少以上风险。财政部《关于推进和完善服务项目政府采购有关问题的通知》、云南等省出台的政府向社会力量购买公共服务等政策文件，以及湖北等省出台的有关行政事业单位国有资产监管的政策文件中，均有合同期不超过 3 年的要求，场馆委托管理项目也可借鉴。

9.5.6 违约责任模棱两可导致责任难以落实

尽管场馆委托管理合同中都有违约责任或合同解除情形的特别规定，但对违约行为的处罚大多停留在没收履约保证金、罚款、赔偿损失、承担法律责任、公开道歉等，而对于违约责任过大导致合同解除的情形并未详细提及，若干合同中仅有“运营期间连续两年评审不合格，甲方收回委托经营权”“乙方擅自将场馆整体运营权转于第三方的，甲方收回委托经营权”等条款，这样的条款不仅可操作空间大，且一旦发生将会造成国有资产重大损失。建议建立负面清单制度作为乙方运营场馆的底线，一旦出现负面清单上所列的情形，合同自行解除。此举将会在关键时刻保护甲方利益不受损害。

9.6 加强场馆委托合同管理的建议

9.6.1 省级政府部门制定示范合同文本

鉴于场馆改革涉及面广、各地成功经验较少，特别是中西部地区基层场馆急需改革指导，建议以省级国资部门或体育部门的名义出台多种模式的示范合同文本，为市县区级场馆委托管理提供借鉴。示范合同文本应当突出场馆综合运营和公共体育服务导向，需把场馆委托管理内容、公共体育服务要求、双方权利和义务、责任划分和归属等重点问题进行概述性、方向性的明确，同时又给各地参考执行留下因地制宜空间，以增加示范合同文本可操作性。此外，示范合同文本应当注意大型综合性公共体育场馆与中小型全民健身类场馆等不同类型场馆的区别，制定不同类型场馆服务评价体系，以增强示范合同文本的指导作用。

湖北省体育局 2017 年 11 月发布了“甲方支付服务费、乙方自收自支”模式的《湖北省公共体育场馆运营管理合同示范文本》，该合同示范文本明确规定了甲、乙双方的权利和义务、场馆公共服务与公益使用、绩效考核、履约担保和违约责任等核心内容，同时又给各地市州参考执行时预留服务费用、经营期限、服务价格等因地制宜空间，一经发布，立即成为指导各地场馆经营权改革和 PPP 项目的重要参考性文件，受到地市州相关部门的一致好评，促进了湖北省场馆改革发展。

9.6.2 细化合同中的核心条款，明确甲、乙双方责、权、利

根据委托代理理论，甲、乙双方可在合同签订之初充分考虑委托过程中的责、权、利问题，对双方核心利益诉求进行充分讨论，或引入第三方咨询机构（如场馆专家、法律顾问等）对合同条款进行意见征求，特别是对公共体育服务的要求，先验性地把委托人的利益最大化与社会效益最大化挂钩，同时通过充分沟通和协调，明确双方责、权、利的范围，提高合同的可执行性，最终实现“完全合同”。尽管交易费用经济学和不完全合同理论认为“最佳完全合同”并不存在，但细化合同中的

核心条款可有效避免因信息不对称产生的“隐藏信息”风险，控制监管过程中的签约费用和执行成本，以及受托方对“剩余索取权”的过度使用。

9.6.3 加强履约行为监管，确保合同执行

为了确保合同执行，需实时了解受托方的履约行为，委托方应采取多种监管方式：第一，对于公共体育服务内容和质量，采取合同监管、免费与低收费开放月度/季度统计监管和绩效考核评价的方法。第二，对受托方的经营收益监管，采用财务会计年度审计监管和大数据后台监管。第三，对受托方日常经营行为，采取定期与不定期检查相结合的监管方式。第四，对受托方体育设施维修保障情况，采取建立资产清单和定期检查的办法。此外，还可通过暗访的办法，不定期地对受托方的履约行为进行检查，及时查处运营管理的不当行为。

同时监管内容需坚持全面监管与重点管控相结合。在服务内容、服务质量、服务价格、持续经营、国有资产、标准准入等方面实行重点管控；在经营内容、风险预备、内部管理等方面实行全面监管，把握好监管的广度、深度和力度，做到有的放矢。

9.6.4 建立评价考核体系，考核履约质量

委托方必须在合同签订之初充分考虑对受托方的绩效考核和评价问题，建立和完善评价考核体系，作为运营管理服务费发放和评定场馆运营成效最主要的依据。考虑到经济发展和群众对体育服务内容和质量的需求不断提高等因素，委托方应当在充分考虑场馆发展的现实情况的基础上，对关键的运营指标，如免费低收费开放时段、享受免费与低收费优惠的人数、举办公益性活动的数量、优惠价格培训的青少年人数、经营效益等实行动态考核制度。可设置每年按一定比例增长要求，不断提高公共体育服务的水平和质量，使更多的市民从中获利受惠。

9.6.5 开展满意度和服务需求调查，建立服务反馈机制

围绕公共体育服务条款，开展群众满意度调查和服务需求调查，及

时获取群众对场馆公共体育服务需求和满意情况，调查结果可作为考核综合运营效益的重要指标，为下一年度场馆提供更多群众所需服务提供参考，也可作为评价受托方履约情况的重要证据。建立服务反馈机制，即意见投诉机制，发动群众共同监督受托方经营行为，及时发现并纠正因信息不对称产生的且并未被委托方发现的违规、违约行为。

9.6.6 建立负面清单制度，划定运营范围红线

按照“法无禁止即自由”的原则建立负面清单制度，既是鼓励受托方积极开展场馆市场化运营的有效方法，也是划定运营范围红线，避免过度经营、过度市场化，防止国有资产流失的重要手段。在合同中多以“违约责任”“赔偿责任”“合同解除情形与处理”等内容条款存在，其实质是为受托方设立负面清单。负面清单需要在评价考核指标中有具体体现，特别是在考核体系中设置减分项，将产生社会重大负面影响的事件作为考察内容，甚至实行一票否决制，如造成人员伤亡的重大安全事故（特别是游泳馆的溺亡事件）、重大群体性事件、失职或当不可抗力风险发生时未积极应对造成的国有资产重大损失、擅自抵押场馆资产融资等情形。

9.6.7 合同中明确资产管理与不可抗力约定

合同中明确受托方对场馆资产使用范围和使用方式，委托方需定期开展资产清查，做好国有资产登记，建立国有资产使用台账，严格国有资产管理。受托方为提高公共体育服务的质量而需引入分包商、合作伙伴时，需在合同中明确对分包商的管理：制定严格的分包商准入和退出机制，确定分包商后须向委托方备案；分包商在场馆内的经营行为，如售票、监控、场地互联网预定、信息发布等必须统一于场馆整体的管理系统；受托方对分包商的经营后果承担责任。对建立在特殊地形地区如江防行洪用地、易震山区、塌陷区等的场馆，在制定委托合同时需充分考虑不可抗力因素风险，判定风险分担条款，为双方减轻风险压力。

9.6.8 以关系合同为补充，建立良好的合作关系

关系合同是基于双方共识的以正式合同为基础，以追求长久合作为

目标的交易合同。其执行结果能够被缔约方感知，但不能被第三方如法院证实，靠双方自觉履行。利用关系合同，场馆业主和运营商可就实际运营中某些无法验证的目标进行约定，双方互相信任、互惠互利，自觉执行合同，使委托运营从依赖强大的法律约束力向依赖双方的信誉转变。当场馆业主观察到运营商能够按照合同内容执行且运营效果较好时，其可能会选择长期合作，否则会尝试解除合同或不再续约。当运营商与场馆业主形成良好的合作关系，则双方会为更好地实现场馆经济效益和社会效益而共同努力。如南通市海安体育中心通过招标委托南通佳兆业文化体育有限公司运营，在双方签订合同、运营团队进驻后，海安体育中心积极帮助运营团队协调与其他政府部门的关系，大大缩短了场馆从调试阶段到正式运营的时间。关系合同的形成需要构建以下机制：

①信息共享机制

合同不完全在很大程度上是信息不对称造成的，双方能够共享彼此拥有的信息，且共享程度越高，越能够减少信息不对称情况的发生，降低合同不完全性，规避不完全合同带来的风险。

②沟通机制

场馆业主和运营商通过合同形成合作关系，业主需要对运营商的经营情况进行监管，但同时也要认识到，双方是合作者。当合同执行过程中发生矛盾时应积极主动进行沟通，通过沟通实现双赢，避免运营商采取机会主义行为。

③信任机制

彼此信任是场馆业主和运营商长久合作的基础，双方建立良好的信任关系，可以促使运营商在遇到突发事件时，能够首先想到共同利益，从而降低合同不完全带来的不利影响。在委托运营中，关系合同作为正式合同的补充，能促使场馆运营效益实现最大化。

场馆委托管理合同是规范甲、乙双方责、权、利关系的第一位的法律文件，其合理性和科学性关乎场馆委托管理模式的成败。根据客观实际，我国场馆委托管理模式复杂多样，也就不存在统一的合同文本，因此在实际操作中需要不断总结经验，深入实践研究，不断提高合同的合法性、公平性和可执行性，丰富场馆改革理论与实践。

10　场馆经营权改革后公共体育服务供给研究

场馆经营权改革通过引入市场机制，对于破解场馆运营体制机制障碍、提高场馆运营管理水平、提升场馆公共体育服务能力至关重要。场馆经营权改革的效果从理论研究及实践经验来看尚存在争议。场馆经营权改革能够达到减轻财政压力、提高运营效率、避免国有资产流失等效果。但由于存在着不同程度的运营商掠夺性经营①、政府碎片化监管②、绩效评价体系不完善③等现象，部分场馆经营权改革效果并不理想，甚至偏离了公共利益，出现了公共体育服务质量和群众满意度明显下滑的情况。因此，课题组就场馆经营权改革后公共体育服务供给问题及形成原因进行分析，以期提出相应的解决对策。

10.1　场馆经营权改革的影响

自2016年国家体育总局部署江苏、浙江、重庆三地场馆经营权改革试点工作以来，改革取得了初步的成绩，改革试点方案也在其他地区得到了有效推广。但也应理性认识到，场馆经营权改革并非“万灵药”。在体制机制障碍未能完全消除、市场机制难以充分发挥的背景下，场馆经营权改革也会对场馆的发展造成一些不利影响。

---

① 陈元欣，王健. 大型体育场（馆）运营管理企业化改革研究［J］. 体育科学，2015，35（10）：17-24.

② 陈元欣，姬庆，周彪. 公共体育场（馆）委托管理激励机制研究［J］. 中国体育科技，2019，55（1）：52-60.

③ 陈元欣，王健. 公共体育场（馆）运营改革过度市场化问题研究［J］. 体育科学，2014，34（6）：3-10.

10.1.1 场馆经营权改革的积极影响

①场馆经营权改革有利于提高场馆运营管理效益

引入市场机制能有效破除事业单位体制机制障碍，提高场馆运营管理能力及公共服务水平，同时降低政府财政负担①。例如，镇江体育会展中心经营权改革后，创新服务内容供给与营销模式，2016—2018 年累计举办体育活动 406 场次，参与人次超 580 万。黄龙体育中心改革后，2016 年举办大型赛事活动 132 场次，全年接待健身人数 241.5 万人次，2017 年运营收入达 1.81 亿元，较改革前 2013 年的 6.200 万元呈现出了成倍增长态势，实现了社会效益和经济效益的统一。

②场馆经营权改革有利于市场主体的培育

政府通过资金引导、政策扶持、监管服务，鼓励社会力量参与场馆运营和服务供给，逐步培育形成一批专业化的场馆运营机构。例如，黄龙体育中心通过成立黄龙体育中心有限公司，开展实体化经营，并成立了多家体育类子公司，发展本体产业及延伸产业，形成了产业链完整、门类齐全的体育产业公司；同时，通过与绍兴奥体中心、德清体育中心、舟山体育中心等合作运营，建立了省级体育场馆联盟，实现了规模化、专业化运营。此外，五台山体育中心、栖霞区全民健身中心、宝山体育中心等都在经营权改革过程中形成了科学的管理经验与运营模式，培育了成熟的场馆管理团队，成功实现了管理输出、品牌输出。

③场馆经营权改革有利于政府职能转型

场馆的经营权改革改变了公共服务的供给模式，倒逼政府职能转型，政府的管理方式从以行政手段为主向经济手段、法律手段及必要的行政手段相结合转变。例如，地方政府对于改革后的镇江市体育会展中心进行了监管机制调整，从原来的市体育局直接进行行业管理和业务指导，转变为对体育产业公司进行绩效考核和间接管理，考核指标由市体

---

① 陈元欣，陈磊，王健. 公共体育场（馆）经营权招投标的制度设计、现存问题及优化策略［J］. 中国体育科技，2018，54（3）：52-59.

育局会同市国资委制定，同时，市国资委向镇江体育产业公司派驻监事会，加快法人治理体系建设。

④场馆经营权改革有利于加快公共体育服务体系建设

政府通过补贴、购买服务等方式保障场馆公共体育服务供给，必须对公共体育服务体系进行完善，对服务项目、定价、质量等都需作出具体的要求。例如，武汉市洪山区文体中心、武汉市汉江湾体育公园、大冶市体育公园、天门市体育中心、南通市海安县体育中心等，采取委托经营，以政府购买服务的模式，将公共体育服务的价格、免费与低收费开放时间、特殊人群优惠、业余训练以及公益性赛事活动等在招投标文件及委托合同中进行了明确，并通过价格管制、绩效考核、满意度调查等形式实现服务效果监管。

⑤场馆经营权改革有利于国有资产的保护

经营权改革有利于理顺产权关系，防止国有资产管理过程中所有者缺位和内部人控制问题的出现，建立国有资产管理的新体制，避免国有资产的流失。例如，武汉体育中心、重庆市涪陵体育场以及江苏省的绝大多数场馆，都通过组建、改制或引入国有企业，实现了企业化运营，国资委通过持有股权，履行出资人和监管职责。同时，大多数委托管理模式的场馆运营企业需要支付国有资产使用费。黄龙体育中心将可经营性资产交给黄龙体育中心有限公司运营，规定黄龙体育中心有限公司需确保体育中心收益在 2014 年经第三方审计的收入额的基础上，每年递增 5%，2017 年将上缴黄龙体育中心 6 405 万元，真正意义上实现国有资产保值、增值。

10.1.2　场馆经营权改革的不利影响

①存在过度市场化风险

由于改革过程中体制机制的不健全，企业在运营过程中容易忽视场馆的公益属性和承担公共体育服务的职责，盲目将场馆推向市场，不少场馆通过大量举办演唱会、展销会实现经营创收，甚至存在将有限的场地设施仅供营利性培训机构使用的现象，导致场馆公共体育服务供给严重不足、质量低下，损害了群众的切身利益。

②存在政府法律风险

场馆经营权改革的价值在于利用灵活的市场资源配置手段盘活场馆资源，但企业在运营过程中扩大场馆的经营范围可能会存在用地性质更改而给政府带来一些法律风险。运营方也有可能利用政府方对运营细节的不熟悉、不专业而要求政府方承担融资担保或要求政府巨额补贴，以此造成政府方的财政风险。

③存在人事管理风险

部分场馆机构改革主动性不强，改革的阻力和难度相对较大，人员安置成本较高，并留下诸多隐患。例如，五台山体育中心在改革过程中被迫采取了“事转企”的模式，一刀切的改革不仅将原有的体育中心无形资产全部归零，同时人力资本大幅下降，一批经验丰富的员工被迫退休，员工的归属感和主人翁意识也不复存在。

④存在难以持续经营的风险

政府对运营商的服务质量有监督、指导义务，对服务质量不佳的运营商有更换、清退的权力。目前，专业化市场主体缺乏，政府与企业之间产生的分歧常以政府单方面改变运营协议甚至更换运营商来解决，使企业难以持续经营。例如，某委托运营场馆业主在未通知现有运营商的前提下，直接对外公开招标新的运营商，并要求原运营商进行清算和资产移交，导致运营团队面临突然解散及失业，在“退租还体”背景下，未能妥善处理与运营商之间的关系，在保护运营商合法利益的同时顺利实现清退。

⑤存在服务供给垄断风险

由于场馆经营权招投标过程的竞争不充分，运营商的积极性难以被调动，影响服务质量。在对比分析部分场馆委托运营合同细则时发现，经营权授予年限过长是普遍现象，部分年限超出了财政部门规定的 8 年的期限，有的甚至超过了 20 年①，形成了运营商事实上的垄断地位，这对于场馆业主方和市场来说都是一个隐患。

① 体育场馆补助方式要改革了！不看“座位”看“绩效”[EB/OL].（2018-04-05）[2019-01-03]. http://www.sohu.com/a/227382359_505377.

10.2 经营权改革后公共体育服务供给存在的问题

场馆经营权改革的重点在于引入市场机制和竞争机制，运用现代企业制度，提高场馆运营管理水平和公共体育服务供给能力，满足群众对场馆公共体育服务的需求①。但在实际操作过程中，部分场馆的改革结果偏离了原有的公益目标和要求，群众对于公共体育服务的获得感和满意度不高，主要表现在以下几方面。

10.2.1 场馆服务收费过高，惠民效果不明显

场馆服务收费上涨，公共体育服务价格随行就市，缺少对群众实际经济承受能力的考虑。地方政府一般通过合同约定，要求场馆运营商明确公益性开放时段及收费标准。此外，2014 年起国家利用中央财政补助资金推动大型体育场馆免费、低收费开放，对享受补助的场馆提出了公益性开放时长以及特殊人群优惠等要求。虽然免费、低收费时段对比市场上同档次的民营性质场馆具有价格优势，但在非免费、低收费开放时段，部分场馆的市场价收费过高，远超周边居民所能承受的范围，且票价无弹性，难以体现惠民效果。实地调查发现，武汉市部分体育场馆的羽毛球场地市场价收费高达 120 元/小时，远高于武汉市 25—60 元/小时的整体平均水平，市民表示难以承受。深圳市政府在对 2015—2017 年全市体育场馆的建设管理情况进行审计后发现，有 4 家体育中心游泳馆定价在 40—50 元/位，远高于广州市的 20—35 元/位的平均水平，其中 2 家体育中心游泳馆未按规定设置学生、儿童和军人优惠票价，且冬季票价无优惠②。经营权改革后，场馆运营方通过抬高市场价来平衡公

---

① 耿国阶，李超. 政府购买社会服务的“内卷化”——基于 A 县政府购买城市规划服务的实证分析 [J]. 东北大学学报（社会科学版），2018，20（6）：594-600.

② 彭婧，张汝立. 如何避免政府购买服务成为公众“不称心的礼物”？——基于政府责任视角的分析 [J]. 中央民族大学学报（哲学社会科学版），2018，45（1）：58-65.

益性开放让利的情况屡见不鲜，惠民政策显得无力。市场价时段过高的收费，扰乱了群众正常的消费，造成了免费、低收费开放时段的拥挤而市场价时段的空置，影响了群众对服务的体验。

10.2.2 场馆服务时间不合理，被占用情况严重

场馆开放时间较短，尤其是惠民开放时间与群众闲暇时间不一致等问题影响了公共体育服务的有效供给。调查显示，时间少和场地不足是居民不参加体育锻炼的主要原因①。国家对大型场馆的免费、低收费开放政策只设置了全年开放天数、每天开放时长等原则性要求，没有考虑到群众实际的闲暇时间段，而运营商钻政策漏洞，设置的免费、低收费开放时段存在着大量的“垃圾时间”。部分场馆名义上全天开放并设有惠民时段，实际上与公众的工作、学习、午休时间重合，足球、篮球、排球等球类集体项目更是难以开展。众多热爱运动的上班族基本错过了场馆的免费、低收费开放时段，而“热门时段”设置了高昂的市场价，或者不开放，由此产生的公众抱怨颇多②。另外，运营商还通过各种手段占用有限的开放时间。通过实地调查发现，一些运营商将免费开放时段之外的时间都提供给联营合作机构办培训班、开健身课以实现创收，有的运营商甚至直接占用有限的惠民时段。这些场馆名义上是对外开放，但实际上，由于这些有偿培训项目的占用，大多数群众无法享受公共体育服务。

10.2.3 场馆保障条件较差

经营权改革后，部分场馆运营商出于成本考虑，对健身设施和环境缺乏维护，造成设施陈旧或损毁严重、场地标准化不达标、卫生状况恶劣等问题。通过对某全民健身中心的实地调查发现，群众对于室外健身场地的满意度明显低于室内健身场地。群众对于场馆的满意度不高主要

---

① 体育场馆补助方式要改革了！不看“座位”看“绩效”[EB/OL].（2018-04-05）[2019-01-03]. http://www.sohu.com/a/227382359_505377.

② 鲍明晓，邱雪，吴卅. 论市场在群众体育发展中的作用 [J]. 北京体育大学学报，2014，37（10）：1-6.

是因为场地卫生、维修、保障服务的不足。室外场地的卫生条件较差，大量陈旧、损毁的健身设施未进行更新和维修，室内及室外夜间灯光开放不足，某些室内运动空间极为拥挤，室外的草皮、篮筐、座椅等设施质量不合格，严重影响了健身体验，也增加了运动伤害风险。不少游泳场所在委托企业运营后出现了水质卫生指标不合格等问题。此外，一些群众表示对配套设施不满，大量的健身人群导致了配套饮用水、更衣室、淋浴间、储物空间等严重不足。部分运营商对于不同时段的配套服务区别对待，群众在免费、低收费开放时段无法享受市场价时段的淋浴设施、更衣室、商品售卖、空调开放等服务，收费过高导致群众难以承受，引起众多不满。

10.2.4 场馆服务内容单一，对公众需求回应度低

健身指导、赛事活动等服务内容短缺，对科学健身、健康餐饮的指导存在空白。实地调查发现，群众对于增加专业教练、增加培训课程有很大的期望。部分运营商在场馆运动项目的设置方面，对市场需求缺乏敏感性。不少群众希望增设瑜伽、有氧健身等新兴健身项目，但并未获得及时回应。目前国人的健身知识相对匮乏，大部分群众并未受到专业的健身指导。百度大数据显示，用户对健身方法指导、教学视频、移动 App 等线上求知类需求占全部健身需求检索量的 62.63%，体现了群众对健身指导的需求；对运动用品和食品关注度越来越高，运动健身餐饮关注度增速最快①。从百度在对网民的场馆检索意图数据中发现，跑步、广场舞等更多依赖广场、公园、步道等公共休闲场地检索意图较弱，但对游泳、现代健身等对专业场馆要求较高的运动检索意图较高，在一定程度上反映了体育场馆供给的公共体育服务与群众越来越高的健身需求存在差距。

10.2.5 场馆服务可获取性低，影响群众健身积极性

一些场馆未履行信息公开义务，影响了群众获取场馆服务的有效性。国家体育总局、财政部在《关于推进大型体育场馆免费低收费开放

---

① 丁云霞，张林. 两权分离背景下公共体育场馆委托经营管理模式的应用[J]. 北京体育大学学报，2017，40 (2)：24-29.

的通知》中，对场馆提出了“建立开放服务公示制度”的要求，需在显著位置向公众公示免费、低收费开放服务项目、内容、时间及收费标准等。但部分场馆在被占用时，并未按要求提前告知；在一些室内场地需要长期闭馆维修、整顿时，也未告知何时恢复营业，影响群众合理安排健身时间。《四川日报》记者调查发现，多达80%的受访者表示并不知道免费、低收费开放政策，而“政策宣传不到位”是主因①。实地调查中发现，部分场馆对场地承载人数、服务需求量等缺乏科学考量，场地的网上预定和信息发布功能形同虚设，群众需要通过现场抢座、占座方式获得服务，场地使用过程中冲突现象时有发生。

部分场馆运营商通过销售会员卡的形式，对健身群众进行会籍管理。但在会员卡的管理过程中出现闭馆随意、操课质量下降、培训内容单一等问题。部分企业甚至在委托合同临近到期时，通过促销方式大量销售会员卡，给消费者带来了较大的经济风险。

10.3 经营权改革后公共体育服务存在问题的主要原因分析

公共体育服务问题，一部分是场馆改革前存在的，例如服务内容单一、场馆被占用导致开放程度不高等，在改革后问题没能有效解决甚至矛盾加剧，主要由于市场机制没能得到有效发挥。此外，经营权改革后产生了新的问题，包括服务收费过高、服务时间不合理、保障条件较差等，这些问题与受托方不能如实履约有关，也存在着政府对运营商的契约监督是否有效等问题。

10.3.1 对公益性的开放存在认识误区

部分地方政府和公众存在“公益性开放等同于免费开放”的误区，

① 四川体育场馆免低开放问卷调查：八成受访者不知有此政策［EB/OL］.(2016-09-21)［2019-01-03］. https://m.huanqiu.com/r/MV8wXzk0NjYwMzlfOTBfMTQ3NDQxMjMwMw==.

致使公众习惯于享受免费的公共服务，不利于培养公众的体育消费习惯。

首先，政府为保障公共体育服务的普惠性，对经营权改革后的场馆延续了低收费或免费开放的政策。在我国人均体育场地面积偏低的情况下，免费、低收费开放带来了场馆客流量的显著提升，也带来了部分场馆的严重拥挤以及场地设施的加速损耗，影响了群众的健身体验和对服务的满意度。同时，政府对于公共体育服务定价和内容监管不足，导致付费服务价格过高而公众难以消费等问题。

其次，免费开放增加了运营商的负担。调查中发现，“公共体育服务的成本较高且补贴不足”成为场馆运营商面临的最大的问题。部分运营商只能通过牺牲服务环境、抬高收费项目价格、减少服务人员来弥补免费、低收费开放成本，导致服务质量下降。同时，严重偏离市场规律的定价机制破坏了公平竞争环境，导致其他民营健身场所难以为继。

再次，免费开放让公众难以形成体育消费习惯。传统观念认为公共体育场馆是国家事业单位，公共体育服务作为社会福利产品，应该免费提供。传统体制从未主动培养公众的付费习惯，相反，培养了消费者的免费消费习惯，并要求企业持续提供免费服务。在这种机制下，企业难以获得有效激励，从而难以实现服务创新与质量提升。

10.3.2 缺乏公众需求表达和决策参与渠道

场馆经营权改革后，运营商对公众需求缺乏有效感知，难以实现差异化服务，基本公共服务内容未能扩展，非基本公共服务内容难以创新。首先，运营商对公共体育服务现状、需求缺乏调研，公众沟通渠道和需求反馈机制尚未有效建立，需求识别和预测能力差，供需匹配精准性欠缺，与公众需求相去甚远。其次，与政府购买服务的特点有关。政府购买公共体育服务虽然最终的服务对象是公众，但政府作为直接付费者，拥有对服务的监督、定价、评价等权力。运营商在对公众的需求作出回应时，先要通过政府，这就导致了对公众的回应效率降低。另外，在经营权招投标形成的准市场中，消费者的需求始终是由政府或场馆业主方建立和维护的，公共部门是服务购买者，容易导致对消费者需求的忽视①。此外，在经营权改革后，虽然部分场馆实行了由第三方评估机构进行的绩效考核，但大多形式重于实质，评估机构缺乏独立性和专业性，不重视公众满意度调查，没能起到服务反馈作用。

10.3.3 合同设计存在缺陷，合同管理能力有待提升

越来越多的场馆通过委托管理形式实现经营权改革，委托方与受托方主要以签订合同的方式明确其责、权、利。在缔约过程中，不严谨的合同条款设计，成为场馆运营商降低服务质量、抬高收费项目价格等的借口。首先，合同中对场馆公益性开放的条款不严谨，部分合同仅对全年开放天数、对特殊人群优惠开放等要求作出原则性规定，未体现地方特殊性和场馆适用性，对运营商难以实现有效约束。其次，一些合同的违约条款不明确甚至没有约定，部分合同将违约金与罚金混淆，导致对损失赔偿缺乏依据，一旦发生违约，仅没收违约金而缺少对违约责任及损失的追究。此外，合同中缺少对公共体育服务评价条款，导致政府补助的发放缺乏依据，也难以激励运营商提高服务水平。

10.3.4 场馆公共体育服务标准尚不完善

首先，由于我国公共体育服务体系尚未建立，政府购买公共体育服务尚处于探索期，公共体育服务存在法规体系不完善、社会力量供给能力不足、服务内容和形式单一等问题。目前已出台《大型体育场馆基本公共服务规范》《大型体育场馆运营管理综合评价体系》等，在面对经营权改革后的场馆时还存在一些适用性问题，如公益性开放内容要求以及社会效益评价指标等方面设计存在缺陷。其次，未来经营权改革的重点如中小型场馆、全民健身中心或体育公园等便民性体育场地设施，难以适用大型场馆服务标准，部分场馆在改革中简单地沿用大型场馆的服务规范和评价体系时，对经营收入比例和收入增长等提出了不合实际的要求，产生了侵占场地设施、过度经营等现象。此外，缺乏非

---

① 陈元欣，陈磊，王健. 公共体育场（馆）经营权招投标的制度设计、现存问题及优化策略［J］. 中国体育科技，2018，54（3）：52-59.

基本公共体育服务的标准及指导意见。2017 年，国务院印发了《“十三五”推进基本公共服务均等化规划》，公共体育场馆开放是基本公共体育领域服务的十项要求之一，但非基本公共体育服务供给主体不明确，服务规范及评价标准也暂无相关政策指导，限制了体育服务的提质增效。

10.3.5 财政补助政策不合理，政府购买制度不完善

传统的财政补助政策对经营权改革后的场馆难以适用，其主要原因在于补助方式缺陷及考评机制设计不合理甚至缺失。例如，中央财政免费、低收费开放补助资金主要依据场馆规模（即座位数）来发放。座位数的硬性要求对运营商对场馆的功能改造及多元化利用造成了阻碍。国家体育总局在 2018 年提出了补助办法改革，要求在未来确定补助资金时，考虑场馆接待人次、体育赛事和体育活动开展情况、体育培训开展情况、为群众身边的体育组织服务情况等绩效因素①。这一转变体现了对场馆服务效果的重视。但在目前国内区域间体育资源配置不均衡的背景下，“唯绩效论”可能会加重公共体育服务区域间非均等化程度，也加大了场馆过度经营的风险。

政府补贴方式较为笼统，而政府购买对于服务的内容、形式和质量有着更为严格的规定，在经营权改革过程中使用更为普遍，但还需要解决制度化问题，例如，服务购买平台建设、定价机制的设计、评估机构的选择等。目前，购买服务效果以政府主管部门评估、高校专家评估为主，其独立性和客观性受到质疑。

10.3.6 政府监管职能弱化甚至缺失

首先，价格监管缺失。虽然《公共文化体育设施条例》规定，公共文化体育设施的收费项目和标准应当经县级以上人民政府有关部门批准，但从 2018 年政府定价目录查询结果来看，只有江苏、浙江、福建

---

① 体育场馆补助方式要改革了！不看“座位”看“绩效”[EB/OL].（2018-04-05）[2019-01-03]. http://www.sohu.com/a/227382359_505377.

等7个省（自治区、直辖市）政府将公共体育服务定价列为政府指导价范围，中央及其他24个省（自治区、直辖市）政府均已不再实施政府指导定价。我国大部分场馆委托期限过长、经营权市场竞争不充分，运营商对公共体育服务供给存在事实上的垄断。缺少政府价格指导和调控，致使运营商直接形成了垄断定价，收费居高不下。

其次，政府在一些制度无法完全覆盖的领域“便宜行事”，以应对改革考核要求。例如优先选择国企、本土企业开展合作。由于各级体育行政部门同时为场馆监管机构和事实上的所有者，存在利益趋同，难以对自身实施有效监管。监管主要以避免运营商在服务过程中出现重大过失为目标，对服务质量监管消极应付。调查中发现，六成以上场馆主管部门对经营权改革最大的担心在于，运营商可能产生的重大责任会给政府带来连带行政责任。于是监管成了变相的保护，甚至有意限制市场竞争。

再次，运营商在参与供给公共体育服务过程中，受到传统的价格控制、黑箱作业、被动执行等影响，难以体现企业应有的独立性、专业性、绩效导向性，而是被纳入政府运作逻辑当中，甚至“主动行政化”①。运营商对制度缺乏尊重和敬畏，而是不断规避和利用制度。部分运营商利用财政补助条款漏洞，通过消极运营等方式造成亏损的假象，以骗取政府补助。

此外，政府监管及服务能力有待加强。尤其是在公共体育服务需求确认、标准设计、定价、评估、补贴支付等方面，政府倾向于“甩包”给运营商，导致运营商议价能力增强，甚至凌驾于政府权力之上，出现规制俘虏和监管失效②。另外，在改革初期，政府存在改革任务压力。运营商利用政府这一弱点，在委托合同的基础上，另行提出诸多条件。

---

① 耿国阶，李超．政府购买社会服务的“内卷化”——基于A县政府购买城市规划服务的实证分析［J］．东北大学学报（社会科学版），2018，20（6）：594-600.

② 彭婧，张汝立．如何避免政府购买服务成为公众“不称心的礼物”？——基于政府责任视角的分析［J］．中央民族大学学报（哲学社会科学版），2018，45（1）：58-65.

在调查中发现，一些地方政府会在缺乏有效论证的情况下，草率答应场馆运营商的各种要求，包括不合理的改造和运营方案、过高的改造费用拨款、较低的运营管理投入以及较长的运营服务期等，给政府自身带来了巨大的财务负担和风险。

10.3.7　专业场馆运营主体较为缺乏

改革初期，大部分场馆运营商不够专业，在履约和内容创新方面都存在很大问题。首先，运营商经营意识不足，将公共体育服务视为“负担”。在调查中了解到，认为公共体育服务与经营性服务有很大冲突的场馆运营商不在少数。一些运营商缺乏创新服务意识、市场开拓能力和营销管理技巧，即便是政府解决了其公益性开放成本的“后顾之忧”，运营商也难以提供符合需求、公众满意的公共体育服务。其次，政府对民营企业参与场馆运营设置了过于苛刻的准入门槛，却缺乏对企业的指导与服务。调查中发现，一些参与场馆运营的民营企业与国有企业相比，遇到的行政审批难、申报程序复杂、政策变更随意等制度性阻碍更大，最终只有规模大、社会活动能力强的企业可以成功获得运营机会，小型民营企业通常只能成为陪标或者分包合作的角色。

10.4　提高公共体育服务供给的对策

场馆公共体育服务供给中存在的问题的实质，是经营权改革过度市场化和市场化程度不高共同作用的结果。前者需要政府职能转型，加强监管；后者需要提高场馆运营主体的运营能力，政府则要提供更好的服务，培育专业化的场馆运营主体。经营权改革并非一劳永逸，更不能为了改革而改革，只有切实提高场馆运营能力，消除企业运营过程中的体制机制障碍，才能有效提升公共体育服务水平。

10.4.1　准确把握场馆的公益属性，科学制定公共体育服务价格

首先，企业应积极看待场馆的公益性开放。实践证明，通过场馆的

公益性开放能够带来大量客流，提高企业美誉度和影响力。场馆运营商应积极应对，将其作为提高运营能力、进行市场营销的有利机会。其次，政府应正视企业的营利属性，尊重市场规律，对于公共体育服务加大政府购买和财政补助力度，以保障企业持续经营。再次，政府应通过价格管制，设计合理的利润率，保障企业合法权益的同时，逐步培养群众消费习惯。其中，合理的定价机制尤为关键。对于基本公共体育服务，可设置价格上限，并引导企业将所获利润持续投入公共体育服务当中。非基本公共体育服务，可设置回报率，鼓励企业创新服务项目，通过扩充服务内容来提高利润。

10.4.2 对公众需求进行有效感知，建立广泛参与的合作治理机制

一方面，可借助信息技术手段，对公众需求进行有效感知。基于物联网、大数据、云计算等技术的场馆服务平台能够实现体育消费信息挖掘、分析，给公众创造信息公开、资源共享、沟通反馈渠道的同时，也辅助政府科学决策，提高监管效率。另一方面，应建立公众参与的决策、监督、评价机制。我国正在经历行政管理向社会治理的转型，本质是建立多维参与型的治理结构。可以借鉴公共文化场馆事业单位的改革经验，建立以理事会为主要形式的法人治理结构，调动社会、社团、中介等社会力量，主动将场馆行业专家、健身爱好者、体育民间社会团体等纳入理事会，发挥其咨询、监督、议事、决策的作用。

10.4.3 规范合同设计，保障公共体育服务契约化供给

在契约化管理中，首先，需要政府规范合同文本。通过广泛调研行业实际与征询业界专家意见，细化委托方与受托方的权利和义务条款，减少合同条款的歧义，提高合同条款的严谨性，尤其是对基本公共体育服务内容要求，应作为底线条款仔细确定，如此，既便于运营商操作，也让监管者有据可依。其次，通过联席会议制度等形式加强利益相关者之间的信息沟通，协调合作关系，形成长期的合作联盟关系。再次，完善合同执行评估与反馈机制，不仅要重视合同执行结果，也要强调合同

执行的投入与过程，不仅要“论功行赏”，也要“论过行罚”。同时，可以通过收集典型的合同争议案例，将出现的争议问题及相关法律解释、处理方案、利弊得失等，整理形成参考案例集，让利益相关者都能从中获得反思与借鉴。此外，在运营商供给公共体育服务出现问题时，政府应当做好撤销合同以及承担相应法律风险的准备。

10.4.4 完善场馆公共体育服务标准体系，提高服务质量

首先，针对经营权改革后出现的具体情况，对现有的服务规范与评价体系应进行修订完善。例如，明确社会效益的评价指标，公益性开放应考虑群众健身习惯、消费特点设计开放时间、开放项目及收费标准，适当提高公众满意度在评价中的权重等。其次，尽快完善不同规模、不同类型场馆的服务规范和评价体系，为运营商提供具体的操作指南。相较于大型场馆，中小型场馆的利用应更灵活，更面向基层，更注重公益性开放，在经营收支比例和收入增长等方面应适当降低要求。基本公共体育服务作为场馆运营商的底线职责，政府应通过完善合同条款、制定服务标准等方式保障均等化与标准化供给。此外，鼓励运营商加大对非基本公共体育服务的多元化和品质化供给。非基本公共体育服务作为基本公共体育服务基础上更高层次的需求，可以入消费、进市场、变产业①，是运营商长期发展并实现营利的重要内容。鼓励运营商将部分非基本公共体育服务转为基本公共体育服务，扩大基本公共体育服务范围，实现公共体育服务精准化供给。

10.4.5 优化场馆财政补助政策，健全政府购买服务制度

首先，建立科学的财政补贴评估机制。应根据运营商在场馆开放服务过程中公众满意度及服务效果来发放补贴。不同区域应设置不同的考核标准及相应的补贴。对于改革初期效益欠佳的场馆，加大财政补贴力度依然有必要。其次，改变补贴的对象，从补贴供给方转向补贴需求

---

① 鲍明晓，邱雪，吴卅. 论市场在群众体育发展中的作用 [J]. 北京体育大学学报，2014，37 (10)：1-6.

方。通过对公众的直接价格补偿能有效促进群众体育消费的积极性。如江苏、河南等地开始使用发放代金券、消费积分兑换等形式引导群众去往体育场馆健身消费，通过鼓励消费、加大需求来促进服务供给，激励场馆运营市场提供更具吸引力的体育服务内容。

此外，完善配套制度，保障政府购买的规范性、合法性。应建立大数据信息平台，使政府对场馆服务采购、管理便利化，还能够整合、分析数据信息，提高场馆利用率。应合理定价，因地制宜地设计服务价格目录，减少价格随意性。采用专业、权威的第三方评估机构开展服务效果评估，通过外部制衡机制实现评估的公平、独立和客观。

10.4.6 明确责任主体，加强政府监管

场馆经营权改革后，供给公共体育服务的相关主体更为复杂，需要明确服务生产者和购买者的权、责关系。政府职能转型并不意味着政府监管的弱化和缺失，作为公共体育服务的供给主体，在服务质量保障和价格调节方面，政府责无旁贷。

首先，政府应强化问责机制，把群众满意度、投诉率与政府部门考核、干部政绩挂钩，实现政府责任回归。建立以法律为手段的问责机制，通过制定规范和标准实现监管，在受法律保护的层面获得多方认可。其次，政府应加大信息公开力度，落实场馆开放服务公示制度。场馆运营商应定期公布经营状况信息，有效解决信息不对称问题，运营商也应说明调价的理由，使定价更为透明、公正。此外，引入外部监督力量，构建公众参与选择和评估机制，提高公众决策价值，降低政府规制俘虏风险。还可以通过设立企业黑名单制度，依靠市场声誉机制，激励企业家的负责任行为，提高服务质量。

10.4.7 积极培育专业场馆运营主体，营造良好市场竞争环境

首先，企业应转变经营观念，认识到与政府合作供给公共体育服务，有助于企业提高知名度和社会责任感，有助于企业提升专业化经营服务水平，并为经营性场馆服务提供客源，从而使得企业经营模式的改

善、多种营销方式的运营能够实现。其次，企业应深入推进“放管服”改革，营造良好的营商环境。改变政府“事无巨细”的管理方式，从具体的业务管理向服务、监管的职能转型，主动培育市场主体，让市场在资源配置中发挥决定性作用。同时，企业应充分尊重市场规律，创造公平的竞争环境。在场馆经营权改革过程中，应积极引入缔约前竞争机制，消除不同类型企业参与过程中的政策差异，保护其公平竞争的权利。

11　运营商激励机制研究

11.1　基于委托代理关系的场馆运营理论分析

11.1.1　场馆委托代理关系分析

委托代理理论（Principal-Agent Theory，P—A 理论）是信息经济学最重要的理论工具。该理论认为只要存在私人信息，就有委托代理关系，通常用于研究在非对称信息下的最优交易契约，也被称为契约理论，其理论核心是设计一种合理的激励机制，给代理人提供各种激励和动力，使代理人能按照委托人的预期目标努力工作，使委托人与代理人（运营商）在相互博弈的过程中实现“双赢”①②。

在委托代理理论框架下，通过考察场馆委托人和代理人（运营商）所面临的风险分担、利益分享与代理人（运营商）努力水平之间的关系，设计最优化激励机制，实现双方利益最大化目标。因此，场馆委托管理激励机制的核心问题就是根据可观测的信息奖惩代理人（运营商），以激励其选择对委托人最有利的行动③。

11.1.2　场馆激励机制优化的必要性

信息经济学家普遍认为，委托代理双方信息不对称和目标函数不一

---

①　刘银国. 基于委托—代理理论的国有企业经营者激励机制研究［J］. 经济问题探索. 2007（1）：155-160.

②　王宝成. 委托—代理框架下激励问题的理论综述［J］. 特区经济，2005（5）：357-358.

③　张维迎. 博弈论与信息经济学［M］. 上海：上海三联书店，上海人民出版社，1996.

致，是导致委托代理中逆向选择和道德风险的两个基本因素①。同时，由于我国委托管理合同设计的特殊性，亟须激励机制发挥优化资源配置的重要作用。

（1）委托人与代理人之间信息不对称

信息不对称，既是博弈论和信息经济学中的基本假设，也是实践中存在的客观事实。如果在委托代理关系确定之前的招投标阶段发生信息不对称，潜在场馆运营商会隐藏负面信息，使委托人难以筛选出合适的场馆运营商，由此产生逆向选择风险。如果在委托代理关系确定后的场馆委托管理阶段发生信息不对称，运营商可以隐藏行动，使委托人难以通过有效信息评估运营商的经营行为和运营效益，最终获得较低的委托效益。信息经济学分别把这两种风险称为“逆向选择”和“道德风险”②。这两种风险的存在迫使委托人不断优化激励机制，通过满足运营商的利益使其放弃隐藏信息和隐藏行动的行为，提高信息的透明度，便于委托人据实监督运营商的经营动态。

（2）委托人与代理人的目标函数不一致

委托人和代理人都是理性的，都追求个人利益最大化，这是经济学的最基本假设。运营商承接场馆委托管理的目的在于获得综合收益，包括经济收益（经营利润、委托人补贴等）和社会效益（如社会认可、品牌价值等），其中以经济效益为主；而委托人的目的在于获得扣除代理人收益后的剩余收益，如场馆综合运营水平得以提高，群众享受多元化、高水平的公共体育服务，场馆国有资产得以保值增值，委托人社会公信力得以提升等。但由于信息不对称，委托人难以通过有效信息观察运营商的运营行为，因此必须通过激励手段影响运营商做出符合委托人利益的行动，提高代理效率。

目标不一致条件下实现最优激励机制至少需要满足两个条件：参与约束（IR）和激励相容约束（IC）③。所谓参与约束（IR）是指运营商

① 让-雅克·拉丰，大卫·马赫蒂摩．激励理论（第一卷）：委托—代理模型［M］．陈志俊，等译．北京：中国人民大学出版社，2002.

② 骆品亮．管理经济学［M］．上海：上海财经大学出版社，2006.

③ 张维迎．理解公司：产权、激励与治理［M］．上海：上海人民出版社，2014.

代理此场馆的期望收益要大于他不代理此场馆时得到的最大期望收益。当前委托管理模式已成为场馆两权分离改革的重要方式，对运营商而言，代理运营场馆的收益肯定大于不参与场馆运营的收益，这足够提高各类运营商的积极性，因此，参与约束可视为已经实现。激励相容约束（IC）是指由于信息不对称，委托人利益只能通过运营商利益最大化实现。这两个基本条件为场馆的激励机制设计提供了优化途径。

（3）委托人与代理人责任不对等

根据委托合同性质分析，我国场馆的委托管理双方权利和义务与《中华人民共和国合同法》中规定的委托合同双方权利和义务有所不同，其更接近于委托承包/租赁、政府特许经营或政府购买服务。由于委托方一般是体育部门或国资部门，代表行政权力，委托范围也依赖于政府放权程度，在场馆领域政府行政垄断尚未有效改善的情况下，致使委托代理双方权利、地位天然不对等。同时，在委托合同的权利和义务设计上，大量存在政府利益优先、代理人补偿委托人行政法律责任、承担上级政府指令性任务的义务和不可抗力等因素导致合同解除的政府免责规定等非场馆运营条款，凸显了“行政优益权”的主导地位，做实了委托人与代理人责任不对等的事实。因此，有学者认为政府发包的委托管理合同有明显的行政合同特征①②。这些不对等的权责条款设计加大了运营商的运营风险，弱化了激励效果。更严重的是，如果运营商承担责任的能力有限，过剩责任则会转嫁回委托方，如出现运营商逃避责任的跑路现象、退出阶段的恶性经营等，都将严重损害委托人利益。

11.2 国内场馆委托管理激励机制设计主要模式

本特·霍姆斯特罗姆（Bengt Holmstrom）认为，将代理人的报酬

① 胡敏洁. 论政府购买公共服务合同中的公法责任［J］. 中国法学，2016（4）：143-158.

② 李昂，傅士成. 政府购买公共服务合同的性质探析［J］. 政法学刊，2017，34（1）：35-41.

与可观察的指标挂钩，可使代理人在追求自身利益最大化的动机支配下，选择符合委托人利益的行动①。因此，薪酬设计是激励机制的核心内容。

根据课题组于 2017 年 3—6 月对全国 176 座场馆调查结果显示，尽管自主运营的场馆仍多达 83%，但全部或部分以承包、租赁、委托和合资合作等方式运营的场馆已有 59 座，占比 33.5%，相比于 2013 年全国六普统计的委托、合作类型大型场馆占 9.94%的比值已有大幅提升。另外，通过搜索财政部政府和社会资本合作中心网站、中国政府采购网和各地政府采购、招投标和公共资源交易等网站，对国内 2015—2019 年 95 个通过招投标方式进行经营权市场化改革的场馆进行梳理统计，发现有 83 家场馆（包括 49 个 PPP 场馆）采用委托管理的方式，占比达 87.37%，仅有 12 家采用租赁、承包或特许经营（特许经营也属于广义的委托管理范畴）。这表明当前我国场馆经营权改革已经初见成效，而委托管理成为经营权改革的主流方式。

同时，课题组对国内 95 个政府委托管理场馆的招投标文件和委托管理合同进行梳理，并重点对深圳湾体育中心、深圳大运中心、武汉体育中心、武汉光谷网球中心、武汉硚口区汉江湾体育公园、洪山区文体中心游泳馆、大冶市体育公园、天门市体育中心、潜江市体育中心、黄石市奥林匹克体育中心、南京市栖霞区全民健身中心、江苏省五台山健身会馆、南通市海安体育中心、常州金坛体育馆等 10 余个场馆进行深入调研，发现由于场馆委托管理模式在我国发展刚刚起步，各地对于运营商的激励机制设计在具体表现形式上存在较大差异，整体上可归纳为以下五种：①运营商获得固定报酬的固定工资模式。②运营商上交管理费或资产使用费的委托承包模式。③运营商获得财政补贴或购买服务费的委托补贴模式。④运营商在运营期内先获得委托人的补贴再上交管理费或使用费的“先补贴后付费”模式。⑤运营商获得委托人佣金的“基本费用+绩效费用”模式。为便于后续的模型分析，我们假设运营商的

① HOLMSTROM B，MILGROM P. Aggregation and Linearity in the Provision of Intertemporal Incentives [J]. Econometrica，1987（55）：303-328.

收入函数是线性的：$s(\pi)=\alpha+\beta\pi$，其中，α 是运营商收入中的固定部分，π 是可观察的场馆年度总收益，β 是场馆总收益中对运营商的奖励比例，即激励系数。因此，场馆工资报酬模式可转化成收入函数中对 α 和 β 的不同取值分析。

11.2.1 固定工资模式

该模式表示运营商按照合同约定获得固定的劳动报酬，且收益与运营效益无关，即当 $\alpha>0$，$\beta=0$ 时，$s(\pi)=\alpha$。此类模式在场馆服务外包的物业管理模式中较为常见，如武汉体育中心物业外包和苏州工业园区体育场馆物业服务委托等，物业委托管理后，物业公司每年获得固定工资，只负责基础的物业服务和对外经营的前台管理，不参与后台运营，导致运营商对场馆经营毫无积极性。因此，此类模式只适合于场馆基础服务的外包。

11.2.2 “委托承包”或“委托租赁”模式

该模式表示运营商只需要缴纳一定的资产使用费或管理费，即可拥有运营期内的全部剩余收益，并承担所有的运营成本，自负盈亏。我国中小型公共体育场馆或全民健身中心较多地采用此类模式，如大冶市体育公园、潜江市体育中心等。可用公式表达为：当 $\alpha\leqslant 0$，$\beta=1$ 时，$s(\pi)=\alpha+\pi$。在极端情况下，委托人免收资产使用费（$\alpha=0$），如天门市体育中心、兴国县体育公园等委托管理。这种模式实质上是将原本由委托人享受的剩余索取权转移到运营商，使运营商成为利润最大化的追求者和受益者，其最大优势在于实现了经济效益激励最大化，能够充分调动运营商运营的积极性，多劳多得，少劳亏本；但最大的弊端也在于此，有剩余索取权的运营商往往会过度追求自身经济效益，忽略社会效益，造成场馆过度市场化经营和公共服务缺失，最终偏离了委托人的委托初衷和目的。

此外，委托承包制模式还有一种管理费逐年递增类型，运营商收益函数可写成：$s(\pi)=(1+x)^n\alpha+\pi$，（$\alpha<0$，$\beta=1$），其中，x 表示管理费每年递增的程度，n 为委托第 n 年。此类模式应用也较为广泛，如宁

波游泳健身中心（2004 年）、南京市栖霞区全民健身中心等。此类模式给运营商经营造成了一定压力，进一步激发运营商的市场化运营积极性，要求委托人一定要设计好运营商的权利和义务及管理费递增比例，否则，容易造成运营商对场馆的掠夺式经营。

11.2.3 “委托＋补贴”或“委托＋购买”模式

此模式表示运营商除获得全部运营收益外，还可获得委托人固定补贴或购买服务费用，这一模式在我国应用最为广泛。有些是委托期均可享受运营补贴，如武汉体育中心（每年 2 000 万元）、武汉光谷网球中心（仅 2016 年下半年超过 800 万元）、海安体育中心（10 年共 3 200 万元）等；另一部分是在一定年限内可享受运营补贴，如深圳大运中心（佳兆业集团获得 40 年运营期，可享受 5 年每年不超过 3 000 万元的补贴）、深圳湾体育中心（华润集团获得 50 年运营期，可享受 10 年每年 2 000 万元的补贴）。此类补贴或购买在 PPP 模式中可等价为政府可行性缺口补助或政府付费的形式，如黄石奥体中心 PPP 项目中，运营商广州爱奇体育可 12 年获得总额超过 1.1 亿元的可行性缺口补贴。该模式用公式可表达为：当 $\alpha>0$，$\beta=1$ 时，$s(\pi)=\alpha+\pi$。这种模式是考虑到我国场馆整体较低的盈利性和高昂的运营成本，委托人为吸引专业运营商，以运营补贴的方式降低运营商运营成本，达到激励的目的。委托人的初衷也是为了让运营商提供更多的质高价廉的优质公共体育服务，补贴相当于弥补因提供公共体育服务而减少的经营收益，以提高运营商供给公益服务的积极性。然而有些时候事与愿违。此模式的弊端在于：首先，如同委托承包制模式一样，剩余索取权被转移至运营商，运营商获得场馆全部收益，存在过度经营风险。其次，运营商除了获得场馆全部收入外，每年还有大量补贴款，甚至部分委托人还替运营商承担场馆运营成本、维修费用等，这等同于运营兜底。一旦运营商经营收益难以弥补经营成本时，或委托设计中公共服务内容不完善且绩效考核难以实施，使补贴远高于运营损失，运营商将会怠于努力运营，难以形成有效激励，导致经济效益与社会效益双损失。再次，此类模式的激励成败在于科学计算年度补贴额和补贴期限，如补贴过多，期限过长，运营商长期收益大于短期收益，反而会降低运营商的经营压力和市场竞争力，从而降低了其努力程度，不利于实现最优化激励。最后，部分场馆委托给国资部门时更像是资产委托，而非运营委托，对经济效益和社会效益均是原则性约定，无硬性约束，降低了补贴的激励效果。

11.2.4 "先补贴后付费"模式

此类模式考虑到场馆的成长性，设置补贴期和回报期两个委托阶段，运营商收益函数满足：

$$s(\pi)=\alpha+\beta\pi\begin{cases}\alpha>0, \beta=1, n=1, 2, \cdots, n', \\ \alpha<0, \beta=1, n=n'+1, n'+2, \cdots, n'',\end{cases}$$

其中，$n\in(1, n'')$，$1<n'<n''$。如南京五台山体育中心对外委托其健身会馆，每个委托期为 10 年，前 4 年为培育期，每年补贴 47.5 万元，后 6 年为回报期，每年运营商需支付租金 50 万元。

此外还有场馆考虑到过渡性，设计了补贴期—发展期—回报期三阶段的激励模式，收益函数为：

$$s(\pi)=\alpha+\beta\pi\begin{cases}\alpha>0, \beta=1, n=1, 2, \cdots, n', \\ \alpha=0, \beta=1, n=n'+1, n'+2, \cdots, n'', \\ \alpha<0, \beta=1, n=n''+1, n''+2, \cdots, n''',\end{cases}$$

其中，$n\in(1, n''')$，$1<n'<n''<n'''$。以安庆体育中心与全民健身中心委托管理项目为例，南通爱玛会作为运营商在前 4 年享有总计不超过 3 800 万元但逐年递减的补贴，此为补贴期；中间 4 年为发展期，既无任何补贴，也无须上交费用，运营商自负盈亏；后 4 年为回报期，运营商需支付逐年递增且总计不低于 1 400 万元的资产使用费。同样采取此模式的还有太湖县体育中心、合肥经开区南艳湖全民健身中心委托管理等项目。

11.2.5 "基本费用+绩效费用"的佣金模式

该模式表示运营商所取得的运营收入全部归委托人所有，运营商从中获得佣金收入，而佣金由基本费用和绩效两部分构成。其中基本费用是固定的，与经营效益无关；绩效费用则根据运营商的运营结果依据一定绩效考核办法来确定，是对运营效益的超额部分提成，公式为：当 $\alpha>0$，$0<\beta<1$ 时，$s(\pi)=\alpha+\beta\pi$。该模式将运营商利益与场馆利益紧密结合，产生“同进退、共患难”的激励效果，在美国被广泛使用。但该模式在我国大陆地区应用较少，洪山区文体中心游泳馆委托案例是为数不多的代表。在该项目中，洪山区文体游泳中心运营商只有当运营收入超过 700 万元、成本支出不超过收入的 37.8%，以及利润达到 183 万元时才能获得 252 万元基本管理费，当税后利润超过 183 万元时才能获得超出部分的 50%作为奖励。通过对比可以看出，洪山区文体中心游泳馆项目的激励条件设置较为苛刻，更多地从收支比、净收益等经济效益上给予薪酬激励，而域外场馆还综合考虑了赛事活动、产业引导等综合效益，更有利于实现委托人收益最大化。因此，“基本费用+绩效费用”模式需从合理确定激励系数、考察激励系数等方面进行综合考虑。

11.3 国内场馆委托管理激励机制设计存在的问题

根据课题组对国内场馆委托管理案例的深入调研和跟踪研究，目前，场馆委托管理激励机制设计存在的主要问题可以归纳为以下几个方面。

11.3.1 激励强度过大，容易导致过度经营

激励强度过大是导致场馆过度市场化的重要因素①。根据运营商收入函数：$s(\pi)=\alpha+\beta\pi$，委托人通过控制 β 的取值来调控运营商对场馆总收入的占有量，$[(1-\beta)\pi]$ 部分则为委托人的收益剩余。然而在我国应用最广泛的“委托承包”“委托+补贴”“先补贴后付费”等模式中有一个共同的特点：$\beta=1$，这表示场馆运营收入全部归运营商所有，剩余索取权反转。在委托管理中，运营商被赋予较大经营自主权，委托人允许其扩大经营项目和服务范围，支持开展市场经营行为，自负盈亏，这

① 陈元欣，王健．公共体育场（馆）运营改革过度市场化问题研究［J］．体育科学，2014，34（6）：3-10.

彻底激发了运营商的逐利动机，他们会拼命追求经济效益最大化。如果委托合同中对运营商经营范围、经营内容、监管方式、惩戒措施等设计不合理，容易导致运营商经营失控，引发过度经营。因此，国内外研究和国外场馆的普遍经验是采用“基本费用＋绩效费用”的激励模式，因为实施弹性支付比例薪酬的激励方式比固定支付比例薪酬的激励方式更能有效提高运营商的努力程度，从而实现高效激励。

11.3.2 部分激励机制设计过多聚焦于经济效益

场馆管理体制改革的核心目标是提高场馆公共服务能力和综合运营效率①，国家体育总局出台的《体育场馆运营管理办法》《大型体育场馆运营管理综合评价体系》等政策也强调场馆运营效益包括社会效益和经济效益等多类指标，因此，场馆激励机制设计应聚焦于综合效益。但从查阅的近 20 份场馆委托管理合同文本来看，绝大多数合同仅将场馆经济效益与运营商绩效挂钩，或要求实现一定收入时才能发放服务费，或直接要求运营商上交管理费、租金，或设定逐年递增的经营创收指标等，这种以经济效益为主的激励手段必然导致运营商更关注于场馆经营开发，忽视公共服务。而反观场馆公共服务条款，部分合同对于公共体育服务内容与要求仅做了原则性的规定，尤其是公共体育服务的项目、内容、时间、价格与质量等核心内容大量缺失，致使对于场馆的公共服务考核也流于形式，最直接的后果是大量出现“黄金时段”收费、“垃圾时段”免费，举办群众性活动更多是企业类活动等现象。这是公共服务在制度设计上的先天缺陷，也是委托人核心目标的自我放弃，背离了场馆委托管理初衷。这是当前我国场馆委托管理激励机制设计中存在的最主要问题。

11.3.3 部分国企场馆委托管理激励机制形同虚设

国内有相当部分的场馆委托给国资部门下属的国有场馆管理企业，

① 陈元欣，王健．大型体育场（馆）运营管理企业化改革研究［J］．体育科学，2015，35（10）：17-24.

其中绝大部分企业是为运营管理场馆而新成立的，受国资委的直接管理以及体育部门的业务管理。此类企业名义上签署了委托管理协议，要求建立现代企业制度、实行企业化管理，享受经营自主权，但在管理上实行的是带有事业单位特征的国企管理制度，领导层具有行政级别；人事上执行国企用工编制制度；财务上严格实行预算管理，收支两条线；运营上每年签订目标责任书，场馆运营企业每年需完成目标责任，将场馆运营企业按照行政事业单位进行管理，并未建立起完善的企业治理制度。尽管委托协议中通过设立自负盈亏、赋予经营自主权等激励措施，但束手束脚的管理制度使激励机制大打折扣，特别是收支两条线的财务制度，使场馆管理企业重回了事业机构干多干少一个样的老路。同时，场馆受国资委直接管理，体育部门管理权限大大弱化，委托协议中对资产管理激励大于公共服务激励，造成场馆公共体育服务职能难以有效发挥。

11.3.4 委托期限呈两极化趋势

信息经济学认为，如果代理人预测到委托人以他过去的业绩作为“标准”进行评价，并以此提出更高“标准”时，其工作积极性会下降，这被称之为“棘轮效应”①。而通过签订长期合同可从长期经营效益上遏制道德风险和解决棘轮效应，因此，合同期限也是激励机制设计的重要内容之一。国内相关政策对场馆委托管理的期限也有相对明确的要求，原则上不超过 8 年，但国内场馆委托期限呈两极化趋势，难以发挥激励机制作用。根据课题组调查统计，发现除 PPP 模式（49 家）的场馆普遍采用 15 年以上的委托期外，其他 46 家采用委托管理和管理合同方式的场馆委托期呈两极化趋势，其中 5 年及以下运营期的 24 家，10 年及以上的 19 家，6—9 年的仅有 3 家。委托期限过短不利于吸引优质运营商，也会增加代理运营商的短期行为风险，使其更倾向于掠夺式经营策略，投入严重不足，怠于维护保养，加速场馆损坏进程。若委托期限过

① 张维迎. 理解公司：产权、激励与治理［M］. 上海：上海人民出版社，2014.

长，则不利于对在位运营商产生竞争压力，容易让其产生运营惰性，且造成事实上的垄断地位，不利于公共体育服务的供给。

11.3.5 垄断运营导致激励效果不佳

在委托代理过程中，由于委托人发包、监管、评价机制的不完善以及为了满足部门利益需要，部分委托人通过授权垄断等方式，授予运营商市场垄断地位，实质上是与意向运营商“合谋”①。主要表现有：一是委托人出于保护当地国有资产或不信任外来运营商，与有意向运营的当地国资部门“合谋”，在招投标设计中故意设置有利于当地国资公司的招标条款，便于国资公司中标。二是为了获得规模效益，降低管理成本，委托人将区域内全部场馆委托给同一运营商，形成市场垄断：全部委托给国资公司的，成为政府垄断，如各地创建的体育产业集团；全部委托给社会机构的，成为私人垄断，如中部某市一次性将全市 20 个社区文体中心委托给一家企业。新规制经济学创始人让·雅克·拉丰指出：组织中的串谋行为对激励机制造成的扭曲是导致经济组织效率低下的一种最为根本的原因②。场馆运营垄断地位的确立短期内会获得规模经济、垄断利润，但从长期来看会导致等客上门、市场竞争力下降、长期成本提高、未来规模不经济等风险，激励效果不佳。

11.4 场馆委托代理模型构建与最优激励分析

11.4.1 基本假设与模型建立

假设一：场馆委托人关心的是场馆的利润水平（社会效益与经济效益的总和），而场馆利润水平不仅与运营商努力程度有关，还受到一些

---

① 余佶. 政府向社会组织购买公共服务的风险管理——基于委托代理视角及其超越［J］. 马克思主义与现实，2016（03）：169-175.

② 让-雅克·拉丰，大卫·马赫蒂摩. 激励理论（第一卷）委托—代理模型［M］. 北京：中国人民大学出版社，2002：1.

不确定因素的影响。

假设二：k 是用来衡量运营商努力对收益的贡献大小，即运营商每增加一单位努力带来的总收益增加的量，也称运营商的边际生产率，则场馆的生产水平（π）可表达为

$$\pi = ka + \theta, \tag{11-1}$$

其中，a 代表运营商努力程度；θ 是服从均值为 0、方差为 σ^2 的正态分布的随机变量，代表外生的不确定性因素。因此 $E\pi = E(ka+\theta) = ka$，$\mathrm{Var}(\pi) = \sigma^2$。

假设三：假定委托人是风险中性的($\rho=0$)，运营商是风险规避的($\rho>0$)，考虑线性合同，运营商的收入函数为

$$s(\pi) = \alpha + \beta\pi, \tag{11-2}$$

其中，α 是运营商的固定收入（与 π 无关），β 是激励系数，即利润提成比例，满足 $\beta \in (0, 1)$；若 $\beta=0$，则运营商不承担任何风险；若 $\beta=1$，则运营商承担全部风险。因为委托人是风险中性，其期望效用等于期望收入

$$E_v[\pi - s(\pi)] = -\alpha + (1-\beta)ka。 \tag{11-3}$$

假设四：运营商的风险态度不随收入的变化而变化，运营商的效用函数可描述为

$$u = -e^{-\rho\omega}, \tag{11-4}$$

其中，ρ 表示运营商风险规避程度；ω 表示运营商的净收益。

假设五：假定运营商的努力成本可用货币量来衡量，则努力成本函数为

$$c(a) = b\frac{a^2}{2}，(b>0), \tag{11-5}$$

其中，b 为运营商的努力成本系数，b 越大，同样的努力带来的负效用越大。

因此，根据式（11-1）、式（11-2），可得运营商的净收益为

$$\omega = s(\pi) - c(a) = \alpha + \beta(ka+\theta) - b\frac{a^2}{2}, \tag{11-6}$$

此时运营商净收益的确定性等价收入为期望净收入减去风险成本，即

$$E_{\omega}-\frac{1}{2}\rho\beta^{2}\sigma^{2}=\alpha+\beta ka-\frac{b}{2}a^{2}-\frac{1}{2}\rho\beta^{2}\sigma^{2}, \tag{11-7}$$

其中，$\frac{1}{2}\rho\beta^{2}\sigma^{2}$ 是风险成本，当 $\beta=0$ 时，风险成本为零。

11.4.2 最优激励分析

在信息不对称条件下，委托人的最优激励行动是根据可观测到的信息来设计激励机制，使运营商选择对委托人最有利的行动。而委托人在设计激励机制时会考虑两个约束：参与约束（IR）和激励相容约束（IC)。

（1）参与约束（IR）

如果让运营商选择委托人期望的努力，运营商得到的期望效益必不小于其在不采取此努力时得到的最大期望保留效用 $\overline{\omega}$，即确定性等价收入高于（或等于）$\overline{\omega}$，可写为

$$\text{IR：}\alpha+\beta ka-\frac{b}{2}a^{2}-\frac{1}{2}\rho\beta^{2}\sigma^{2}\geqslant\overline{\omega}。 \tag{11-8}$$

（2）激励相容约束（IC）

由于信息不对称，委托人无法观测运营商经营行为，其利益最大化的实现只能够满足激励相容约束，使运营商的效用最大化得以实现。可以写为

$$\max_{\alpha,\beta,ka}=-\alpha+(1-\beta)ka\ 。 \tag{11-9}$$

同时，根据式（11-3）可知，委托人的预期效用可以通过观测运营商努力水平 ka 和调整 α 与 β 的值来确定对企业的激励机制。此时有可观测 ka 和不可观察 ka 两种情况。

①委托人可观测运营商努力水平时的最优激励

如果委托人通过建立完备的监管制度、实施多元的监管机制、制定完善的考核评价体系，甚至派出监管和业务指导团队进驻场馆，使得运营商的努力水平 ka 可被观测，此时，激励相容约束（IC）不起作用，任何水平的 ka 都可以通过满足参与约束 IR 的强制合同实现。此时，

$$\max_{\alpha,\beta,ka}E_{v}=-\alpha+(1-\beta)ka,$$

$$\text{s. t. (IR)}\alpha+\beta ka-\frac{b}{2}a^{2}-\frac{1}{2}\rho\beta^{2}\sigma^{2}\geqslant\overline{\omega}。 \qquad \text{（模型 1）}$$

在此情况下，委托人只需要将运营商净收益的确定性等价收入等于运营商的保留效用 ϖ 即可满足最优化条件，即参与约束（IR）等式成立，因此可将此条件下最优化问题转化为

$$\max_{\alpha,\beta,ka} E_v = \max_{\alpha,\beta,ka} ka - \frac{b}{2}a^2 - \frac{1}{2}\rho\beta^2\sigma^2 - \varpi。 \tag{11-10}$$

由于 ϖ 是定值，这意味着委托人最大化收益是最大化确定性收入减去运营商的努力成本。且根据假设，委托人风险中性，运营商风险规避，而运营商努力程度可观测，因此，最优风险分担要求运营商不承担任何风险，即 $\beta=0$。可由式（11-10）的一阶条件$\frac{\partial E_\omega}{\partial a}=0$，解得

$$a=\frac{k}{b}, \tag{11-11}$$

将式（11-11）代入运营商参与约束（IR）等式，可得：

$$\alpha=\frac{b}{2}a^2+\varpi=\frac{k^2}{2b}+\varpi \tag{11-12}$$

结论与讨论：

A. 由于委托人风险中性，即运营商风险规避，且运营商努力程度可观测，因此最优风险分担要求运营商不承担任何风险，即 $\beta=0$。在此条件下帕累托最优激励机制是委托人支付给场馆运营商的固定工资刚好等于场馆运营商的保留收入加上努力成本。

B. 因为委托人可观测到场馆运营商的努力程度 a，当运营商选择 $a<\frac{k}{b}$ 时，委托人就可支付给场馆运营商小于 α 但大于 ϖ 的最低固定激励报酬，而场馆运营商就一定会选择 $a=\frac{k}{b}$ 以最大化自己的收益，从而实现最优激励。

C. 如果委托人不能观测到场馆运营商的努力程度，或者说委托人的观测成本不能从场馆最大效益中予以弥补使委托人怠于观测，则此帕累托最优激励就不能实现。因此，上级政府可通过场馆效用与委托人绩效挂钩、委托人的社会满意度调查、政府奖励等方式促使委托人主动去观测场馆运营商努力程度。

②委托人不可观测运营商努力水平时的最优激励

如果委托人难以充分监管场馆运营商的运营行为，或运营商故意隐藏自己的运营措施，产生严重的信息不对称，致使委托人不可观测运营商努力水平，可将模型表述为

$$\max_{\alpha,\beta,ka} E_v = -\alpha + (1-\beta)ka,$$

$$\text{s.t.}\ (\mathrm{IR})\ \alpha + \beta ka - \frac{b}{2}a^2 - \frac{1}{2}\rho\beta^2\sigma^2 \geqslant \overline{\omega},$$

$$(\mathrm{IC})\max_{\alpha,\beta,ka} -\alpha + (1-\beta)ka。\qquad (模型 2)$$

由激励相容约束（IC）可知，对给定的 α、β，场馆运营商可以选择最优努力程度 a，使其收益最大化，根据式（11-7）的一阶条件 $\frac{\partial E_\omega}{\partial a}=0$，解得

$$a = \frac{k}{b}\beta, \qquad (11\text{-}13)$$

代入委托代理模型 2，可得

$$\max_{\alpha,\beta,ka} E_v = -\alpha + (1-\beta)ka,$$

$$\text{s.t.}\ (\mathrm{IR})\ \alpha + \beta ka - \frac{b}{2}a^2 - \frac{1}{2}\rho\beta^2\sigma^2 \geqslant \overline{\omega},$$

$$(\mathrm{IC})\ a = \frac{k}{b}\beta。\qquad (模型 3)$$

将激励相容约束（IC）与参与约束（IR）代入目标函数，此条件下最优化问题转化为

$$\max_{\beta} E_v = \max_{\beta} \frac{k^2\beta}{b} - \frac{k^2\beta^2}{2b} - \frac{1}{2}\rho\beta^2\sigma^2 - \overline{\omega}, \qquad (11\text{-}14)$$

式（11-14）的一阶条件 $\frac{\partial E_v}{\partial \beta}=0$，得：

$$\frac{k^2}{b} - \frac{\beta k^2}{b} - \beta\rho\sigma^2 = 0, \qquad (11\text{-}15)$$

$$\beta = \frac{k^2}{k^2 + b\rho\sigma^2} > 0。\qquad (11\text{-}16)$$

结论与讨论：

A. 在不可观测运营商努力程度的条件下，委托人需调节激励系数 β 实现最大收益，而最优激励强度 β 与运营商的风险规避程度 ρ、外生不确定性因素的方差 σ^2、运营商的边际生产率 k 相关。

B. 由 $\frac{\partial\beta}{\partial k}=\frac{2kb\rho\sigma^2}{(k^2+b\rho\sigma^2)^2}>0$ 可以看出，激励强度 β 与运营商的边际生产率 k 呈正相关。首先，从场馆管理的角度，运营商的边际生产率 k 与场馆生产效益 π 呈正比，因此，委托人在委托招标阶段要尽可能通过科学的招标制度设计，引入真正专业的场馆运营商作为代理人，因为其边际生产率更高；同时，由于激励强度 β 与边际生产率 k 成正比，应给予更专业的运营商更高的激励强度，提高其努力程度，这就是“鞭打快牛”的道理。

C. 由 $\frac{\partial\beta}{\partial b}=-\frac{k^2b\sigma^2}{(k^2+b\rho\sigma^2)^2}<0$ 可以看出，激励强度 β 与运营商努力成本系数 b 呈负相关。由式（11-13）可知，努力成本系数 b 与运营商的边际生产率 k 呈反比，意味着更为专业的场馆运营商往往具有更低的运营成本。因此，从这个角度也证明了应给予更专业的场馆运营商更高的激励强度，促使其提供更专业的场馆服务，以实现效益最大化。

D. 由 $\frac{\partial\beta}{\partial\rho}=-\frac{k^2b\sigma^2}{(k^2+b\rho\sigma^2)^2}<0$ 可以看出，激励强度 β 与运营商的风险规避程度 ρ 呈负相关，这意味着运营商越害怕风险，越要给予其更高的激励强度，提高其承担风险的能力。因此，委托人可以通过建立风险分担机制、设计与经营效益成正比的绩效工资制度、增加委托年限、容错许可、场馆大修资金保障、督促购买财产险和公共责任险、不可抗力损失免责等激励措施降低运营商的经营风险。

F. 由 $\frac{\partial\beta}{\partial\sigma^2}=-\frac{k^2b\rho}{(k^2+b\rho\sigma^2)^2}<0$ 可以看出，激励强度 β 与运营商外生不确定性因素的方差 σ^2 呈负相关。场馆运营的不确定性来自多个方面，如运营商的决策失误、委托人的政策变更、不可抗力因素等，委托人可通过提高容错率、合同履约保证、不可抗力风险分担等方式给予运营商以激励；同时考虑到场馆运营的特殊性，即绩效的考核中公共服务指标

所占比例，而此部分难以充分考核，委托人可在建立可科学计量公共服务效益的绩效考核体系之前，降低激励强度 β，提高固定收入 α，以调动运营商的积极性。

11.5 优化场馆委托管理激励机制设计的建议

针对目前国内场馆委托管理中激励机制设计存在的主要问题，依据最优激励模型设计，提出如下优化场馆委托管理激励机制设计的建议。

11.5.1 设计科学有效的激励模式

(1) 推广确立“基本费用+绩效”的薪酬激励机制

前面章节已证明，委托人最优的薪酬激励方式就是“基本费用+绩效”的模式，政府部门可通过政策解释、示范合同、典型案例等方式向基层推广和普及，逐步扭转原来较为固定的薪酬支付方式，包括固定工资、固定补贴或固定政府购买费用等。具体使用方式可根据不同的委托管理模式具体分析。

如果是采用委托人支付佣金的，可借鉴美国场馆委托管理的做法，公式表达仍为 $s(\pi)=\alpha+\beta\pi$，但需要用综合评价的方法来确定激励系数 β。

如果是采用“委托+补贴”或“委托+购买”模式的，在场馆运营收益归运营商所有的前提下，可将原固定的补贴改为“固定补贴+绩效”两部分，其中“固定补贴”是维持场馆运转的基本费用，“绩效补贴”是通过综合评价给予的奖励性补贴。公式可表达为：$s(\pi)=\pi'+[\alpha'+\beta(\alpha-\alpha')]$，其中，$\pi'$ 是场馆运营净收入；α 是合同约定的补贴总额；α' 是补贴总额 α 中的固定部分，$(\alpha-\alpha')$ 则是剩余的用于绩效评价部分，β 是基于绩效考核结果确定的激励系数，且 $\alpha>0$，$0\leqslant\alpha'\leqslant\alpha$，$0\leqslant\beta\leqslant1$。在此模式下，可有效避免运营商消极运营、坐等补贴等弊端。

如果采用“委托承包制”或“委托租赁制”的，可采用“租金+净收入+绩效费用”决定的政府购买费用的模式，公式表达为：$s(\pi)=\alpha+\pi'+\beta G_p$，其中，$\alpha$ 为资产管理费或租金，π' 为净收入，G_p 是政府购买场馆公共体育服务的费用，通过绩效考核的方式确定激励系数 β 再计入运营商总收入中（$\alpha \leqslant 0$，$0 \leqslant \beta \leqslant 1$）。此激励模式下，运营商仍需支付资产管理费，但委托人更看重的是运营商提供公共体育服务的质量，对公共服务质量进行绩效评估，评估结果与购买费用挂钩。

一种极端情况是，当委托人免收运营商管理费（$\alpha = 0$），且不购买公共体育服务（$M = 0$）时，意味着委托人将管理费作为运营商提供公共体育服务的服务费返还给了运营商，运营商自负盈亏的同时应根据合同规定承担公共体育服务义务。此时应将场馆收益与绩效直接挂钩，激励方式应为 $s(\pi) = \beta\pi'$，其中，$0 \leqslant \beta \leqslant 1$，即用绩效考核的方式约束运营商提供公共体育服务。

（2）探索混合所有制的股权激励机制

研究表明，在长期委托代理合同中股权激励明显优于薪酬激励①，且股权激励是调动职工积极性的重要方式②。对于场馆委托而言，可借鉴 PPP 模式中成立混合所有制运营公司的方式，委托人与运营商共同成立合资公司，在场馆所有权不变的前提下，委托人以场馆经营权入股，运营商以管理要素入股，此时场馆利益等同于运营商利益，构建了利益共同体，必然提高运营商努力程度；同时，在统一管理制度下，也使委托人便于观测运营商行为，减少了信息不对称的负面效应。此外，场馆高级管理人员的努力程度对场馆效益的影响更大，因此，可采用管理层持股，获得部分剩余索取权，使管理团队的利益目标与运营商及委托人保持相对一致，实现利益共享。

（3）适度引入非薪酬的隐性激励机制

隐性激励机制理论认为，运营商的大多数努力程度是不可观测的，委托人只能通过薪酬激励可观测的部分，而薪酬激励机制更多的是站在经济效益的角度，如果激励过度，难免会出现过度经营的风险；同时，

① 黄文彦，蓝海林. 委托代理关系中激励机制的设计［J］. 华南理工大学学报（社会科学版），2005，7（1）：34-37.

② 侯光明，李存金. 现代管理激励与约束机制［M］. 北京：高等教育出版社，2002.

运营商代理场馆运营的目的除经济收益外，还包括社会收益。因此，建议在以薪酬激励为主的前提下，适度引入非薪酬激励机制作为补充。适合场馆委托管理的非薪酬激励方式主要有两种。

①适度给予荣誉激励

良好的企业信誉是企业重要的无形资产，能够提升企业市场价值和未来收入。而竞争性的场馆运营商市场，信息趋于透明和公开，场馆委托人可以通过市场反馈的潜在运营商的过往业绩和信誉信息判断其运营能力，以做出委托或不委托的决策。因此，运营商渴望通过此场馆项目的成功运营获得委托人的认可，提高企业信誉和社会公信力，以便降低下一次委托项目的交易成本和风险。委托人可将运营商付出满足委托人目标函数的努力（即实现激励相容）作为获得官方荣誉的条件，使授予荣誉成为隐形激励的方式，如授权以政府名义提供公共服务，授予公共体育服务示范单位或优秀服务供应商，给予一定的体育产业引导资金扶持等各类荣誉奖励，以激励运营商按照委托人的目标努力工作。

②法律许可范围内可享受优先续约权

在长期的委托代理关系中，一方面，委托人可以相对准确地从观测到的变量中推断运营商的努力程度，使得运营商怯于偷懒；另一方面，长期契约向代理人提供了一定程度的保险，使运营商部分地免除了风险，这可以在一定程度上遏制运营商的道德风险，因此，适度延长委托期限可以实现对运营商的非薪酬激励。从美国的场馆委托管理实践来看，场馆委托合约一般都在 10 年以上。由于我国现行政策不允许政府委托管理项目签订过长的合同，在《政府和社会资本合作模式操作指南（试行）》中对于委托管理和管理合同这两种方式分别提出合同年限一般不超过 8 年和 3 年的限制。为充分发挥委托管理年限对运营商的激励作用，可将合同年限设置在 3—5 年，约定运营商连续每年考核达到良好且公众服务满意度较高的情况下，可优先续签 1—2 次，最终使委托代理年限在法律允许的范围内得以延长，以充分调动运营商的积极性。

11.5.2 完善场馆综合评价考核机制

完善场馆综合评价考核机制是破除场馆委托管理信息不对称的重要

举措，也是确定运营商绩效的最主要依据。完善该机制需要分两步走。

第一步，建立科学、完善的场馆运营管理综合评价体系。国家体育总局已出台《大型体育场馆基本公共服务规范》《大型体育场馆运营管理综合评价体系》等多个文件，但调研发现，实施效果并不理想，主要原因在于政策文件聚焦于大型体育场馆，而对于中小型场馆、全民健身中心或体育公园等场馆并不适用。建议各省级部门出台适合本省市的公共体育场馆综合评价体系，明确综合评价内容，突出公共服务指标，适当提高对外开放、服务内容、资产管理、群众满意度等指标权重，供各场馆委托人在评价运营商绩效时使用。

第二步，建立并完善与绩效挂钩的服务费支付制度。调研发现，各地区场馆委托人或体育主管部门并未真正将绩效评估结果与服务费发放挂钩，部分场馆委托条款中虽规定“甲方每年根据绩效考核结果向乙方支付管理费”，但在执行中并未真正履行该条款。这显然与相关政策相违背。《政府购买服务管理办法（暂行）》（财综〔2014〕96 号）、《关于开展政府和社会资本合作的指导意见》（发改投资〔2014〕2724 号）中都提出了“鼓励推进第三方评价，对公共产品和服务的数量、质量以及资金使用效率等方面进行综合评价，评价结果向社会公示，作为价费标准、财政补贴以及合作期限等调整的参考依据”等要求。因此，地方政府可强制性地要求场馆委托人、体育部门或国资部门聘请专业第三方评估机构开展场馆绩效评价，通过全面调研和科学评估，确定绩效结果与绩效奖金的比例关系（即激励系数），并严格按照评价结果向运营商支付服务费，以充分发挥绩效对运营商的激励作用。

11.5.3　培育专业场馆运营机构和竞争性的场馆运营商市场

在完全竞争市场，信息是完全公开的，资源是完全流动的，厂商只能通过优质服务取胜。培育专业市场运营机构，构建竞争性的场馆运营商市场，有利于增强运营商私人信息的公开性和透明度，减少信息不对称，便于委托人筛选优秀场馆运营商作为代理人，从而降低交易成本和决策风险。同时，委托人支付的委托管理费用取决于运营商的能力，而判断其能力的重要指标是过往业绩。在竞争性市场下，委托人对运营商的业绩是可观测的，而委托人对此项目的业绩评价成为下一个项目的场馆委托人的判断依据。因此，在竞争性市场下，业绩决定了运营商的市场价值和未来收入，这就迫使运营商努力工作，满足委托人利益需求，实现激励相容。

11.5.4 完善激励配套机制

（1）改进招投标制度设计

虽然激励机制更多的是为了解决委托管理后的道德风险问题，但解决事前逆向选择是后续改进的先决条件，因为优质场馆运营商拥有较高的风险承担能力和更高的努力倾向，更有利于激励机制效果的发挥。因此，改进委托管理的招投标制度设计也是委托人可利用的激励手段。针对当前我国场馆委托管理招投标制度设计中存在的竞争不充分、招标文件设计不科学、评审专业性不强、制度设计导向不合理等问题①，首先，应当科学编制招标文件，合理确定投标人资格，加强招投标环节的透明度，删除不公平竞争约束，为各类市场主体提供公平参与的机会；其次，应加大招投标宣传力度，吸引优秀运营商参与投标；再次，在招投标程序上邀请场馆运营专家参与评审，增加现场考察评审环节，以便于真正筛选出优质场馆运营商。

（2）加强运营商履约监管

根据前述模型分析结论，在一定条件下，委托人对运营商的全面监督可有效消除信息不对称造成的运营商道德风险，改进激励机制，提高激励强度，促进激励相容约束的实现。如美国普遍采用第三方监督机构对委托管理的场馆履约内容和财务纪录进行监督，如果发现违约行为，则监督费用由运营商承担。根据国外经验和国内实际，建议委托人采用多元监管方式，建立动态监管机制。

①注意重点监管与全面监管相结合

对服务内容、服务质量、服务价格、持续经营、国有资产等方面实

---

① 陈元欣，陈磊，王健．公共体育场（馆）经营权招投标的制度设计、现存问题及优化策略［J］．中国体育科技，2015，54（3）：52-59.

行重点监管；在经营内容、风险预备、内部管理等方面实行全面监管。

②要采用多元监管方式

对于公共体育服务内容和质量，采取合同监管、免费低收费开放月度/季度统计监管和绩效考核评价的方法。

对运营商的经营收益监管，采用财务会计年度审计监管和大数据后台监管。

对运营商日常经营行为，采取定期与不定期检查、明察和暗访的监管方式。

对运营商运营期间内体育设施、设备维修保障情况，采取建立资产清单和定期检查的办法监管。

③要建立运营商自查上报制度。运营商需在年末或年初的时候对上一年度的委托效益进行自查，如实编制自查报告上报委托人和业务主管部门，以便于绩效考核和后续工作检查。

④要建立外部监督机制，建立健全群众投诉和意见反馈机制，定期开展群众满意度调查，公开场馆运营信息和绩效考核结果，动员公众力量共同加强运营商监督。

（3）建立惩戒性的负面激励机制

负面激励作为一种惩戒性措施，是当正面的物质激励和精神激励无法起到激励作用，运营商出现重大运营责任事故时触发的激励机制，它通过使运营商利益受损以达到纠正错误行为的目的，在委托合同中一般以“违约责任”“赔偿责任”“合同解除情形与处理”等形式存在。负面激励措施包括扣除绩效、罚款、罚没履约保证金、经济赔偿、承担违约责任和法律责任、解除合同等。另外，委托人还可通过建立负面清单制度，为运营商划定运营红线，维护委托人利益。

11.5.5 优化委托管理合同设计

合同是明确双方责、权、利的重要法律文件，在规范管理内容、明确权利义务等方面具有重要的法律意义，合同中必须明确激励机制条款的设计，尽量细化核心条款。通过细化支付薪酬费用或补贴的条件、确定费用构成和相应比例等条款，以明确激励机制作用的范围；通过细化公共体育服务内容和综合运营效益的评价方式和量化指标等条款，提高对运营商运营管理效果的可观测度，便于及时纠正偏离运营目标等行为；通过细化双方权利、义务和法律责任条款，明确剩余控制权范围和归属以及因不可抗力因素引发的不良后果的责任分担，以减少运营不确定性风险；通过设置履约保证金和退出机制等条款，以负面激励的方式对运营商的行为予以约束，促使运营商按照委托人的目标行事，实现激励相容。

12 场馆经营权改革后监管体系构建研究

当前，场馆两权分离改革实践如火如荼，为保障经营权改革的顺利推进，政府的有效监管势在必行。但在监管过程中，也存在缺失化和碎片化的问题，尤其是在事中、事后监管方面存在“一改了之”“重改不重管”等现象，造成场馆运营服务质量下降、群众满意度较低、政府和运营商产生纠纷等问题，背离了经营权改革的初衷，也为后续监管带来困难。场馆经营权改革是一个长期的过程，需要相关的配套政策以及一系列制度安排作为其支撑，而目前关于场馆经营权改革的研究多集中于改革模式和改革后的绩效评价，对于改革后政府职能转变以及政府监管则鲜有涉及。根据党的十八届三中全会关于“创新社会治理体制”和十九大关于“打造共建共治共享的社会治理格局”的要求，本章从整体性治理的角度分析当前场馆经营权改革后政府监管中存在的问题，并提出相关建议，以期为场馆经营权改革的顺利进行提供理论支持。

12.1 整体性治理理论与政府监管

12.1.1 整体性治理理论

整体性治理（holistic governance）是以公众需求为治理导向，以信息技术为治理手段，以协调、整合、责任为治理机制[①]，使政府部门在沟通与合作的基础上，针对治理主体分散化、治理方式单一化等问题进行整合与协调，使公共治理模式从分散走向整合，从混乱走向协调，从

① 寇丹. 整体性治理：政府治理的新趋向［J］. 东北大学学报（社会科学版），2012，14（3）：230-233.

破碎走向整体。整体性治理概念最早由英国学者安德鲁·邓西尔于1990年提出，但彼时该理论还未成形。真正提出并不断完善整体性治理理论体系的是佩里·希克斯，其于1997年在《整体性政府》一书中首次提出“整体性政府”概念。同年，英国政府以该书中所倡导的整体性治理理念为政府改革纲领，提出“协同政府”模式。1999年，佩里·希克斯与格里·斯托克等学者合著《圆桌治理：整体政府策略》一书，并指出实现整体性政府的策略是整合。2002年，佩里·希克斯与黛安娜·利尔特等人在前述著作的基础上，合著出版《迈向整体治理：新一代革新议程》一书，首次提出“整体性治理”，将研究方向从整体性政府转向整体性治理，并从基本理念、构建策略等方面进行了阐述，标志着整体性治理理论体系的逐步成形。此后，澳大利亚、意大利、挪威等国学者对该理论进行了进一步的丰富和完善。从国内研究来看，学者竺乾威在2008年对整体性治理理论的发展背景进行了研究，并指出该理论的核心要义是重新整合①。胡象明等（2010）在回顾前人研究的基础上，从整体性治理的治理结构和机制等方面进行了深入分析。曾维和（2012）认为整体性治理理论以跨界合作为基本特点。在体育研究方面，吕寻金等（2014）从整体性治理的角度探索了非营利体育组织的发展路径及保障机制。王志文等（2017）就全民健身公共服务供给面临的困境给出了整体性治理的建议。李洪波等（2018）将整体性治理理论融入城市社区健身秩序，为新时代城市社区健身秩序的规范化提出了相关建议。国内学者以整体性治理理论为指导，将其与城市治理、公共服务、“放管服”改革等领域的研究相结合，成果丰硕。

12.1.2 整体性治理与场馆经营权改革后政府监管的理论联系

政府监管是指在市场经济条件下，政府为保障社会公共利益的实现通过规章制度等方式对相关主体进行的规范与制约。国内众多学者将整体性

---

① 竺乾威. 从新公共管理到整体性治理［J］. 中国行政管理，2008（10）：52-58.

治理理论应用于政府监管的各个领域，以解决监管面临的实际问题。陈刚等（2012）、杨建国等（2018）从整体性治理的角度分析我国食品安全监管存在的碎片化困境，并提出整体性治理之策。翁士洪（2018）针对城市共享单车监管体制的碎片化提出整体性治理创新路径。面对我国生态环境监管存在监管主体难以协调等碎片化问题，方卫华等（2018）从监管理念、监管主体、监管制度等方面研究构建整体性治理机制。作为为解决传统公共治理过程中的碎片化问题而产生的新公共治理范式，整体性治理通过多主体、多领域的信任、协调与整合，实现公共产品和服务的有效供给，其与场馆经营权改革后政府监管有较强的理论契合度。

（1）价值理念相契合

场馆经营权改革是全面深化体育改革的重要组成部分，其核心目的在于革新场馆运营模式，提升场馆运营效率。而经营权改革后的政府监管是为实现场馆经济效益和社会效益双赢，满足新时期群众和市场的多样化体育需求。由此可见，整体性治理与场馆经营权改革后政府监管具有一致的价值理念，即以满足群众需求为根本目标①。

（2）运行机制相契合

整体性治理强调信任机制的重要性，注重政府部门之间以及公私部门之间的协调整合与合作②。而场馆经营权改革后政府监管涉及政府部门、运营商以及公众等多个主体，各主体之间需形成良好的信任关系，在监管过程中彼此协调与配合。两者运行机制皆强调处理好政府、市场、公众之间的关系，厘清各主体的职能边界。

（3）治理手段相契合

伴随着信息时代的发展，整体性治理以信息技术为治理手段，场馆经营权改革后，充分利用信息技术的发展，采用线上、线下相结合的方式，不断拓宽群众参与监管的渠道，实现监管方式的创新。

---

① 刘潇阳. 地方政府“放管服”改革提升路径研究——基于整体性治理视角［J］. 领导科学，2018（32）：25-27.

② 吕寻金. 整体性治理：我国非营利体育组织发展路径研究［J］. 成都体育学院学报，2014，40（11）：22-26.

12.2 场馆经营权改革后政府监管的必要性

12.2.1 贯彻落实相关政策文件要求

完善场馆经营权改革后政府监管机制不仅是确保场馆公益属性、促进场馆良性运营的要求，更是落实相关政策文件的要求。2015 年，国家体育总局印发《体育场馆运营管理办法》，要求体育主管部门加强对场馆运营管理的监督，建立健全监管责任制，并将责任落实到具体部门。2016 年，体育总局出台《体育发展“十三五”规划》，指出要加快转变政府职能，厘清各政府部门权力边界，加强事中、事后监管。当前，随着我国全面推进深化改革，转变政府职能，各省市在开展场馆经营权改革时，均通过设计不同的制度或机制来实现政府监管。

12.2.2 规范运营行为，提高场馆运营效率

目前，国内场馆业主多为政府部门，其更注重充分发挥自身公共体育服务职能，满足群众多样化的体育需求，强调场馆的社会效益。而场馆经营权改革后，场馆运营商获得较大的经营自主权，其自然会选择通过多种途径扩大场馆经营项目和业务范围，追求经济效益，出现过度市场化行为①，难免会侵蚀公共利益。因而在运营过程中业主与运营商容易产生利益冲突，此时政府不能甩包袱，需通过设计合理的方式加强政府监管。改革后场馆的监管涉及财政、安全生产、体育等多个领域，从课题组的问卷调查结果来看，超过七成的受访者认为改革后政府对场馆的监管应围绕公共体育服务和资产安全进行（如图 12-1）。有效的政府监管是平衡运营商所追求的经济效益与场馆自身公共效益的杠杆②，因

---

① 陈元欣. 公共体育场（馆）运营改革过度市场化问题研究 [J]. 体育科学，2014，34（6）：3-10.

② 应建华. 委托经营型公共体育场馆监管体系的构建研究——以浙江省为例 [J]. 成都体育学院学报，2012，38（5）：26-30.

此，构建科学合理的政府整体性监管体系对于规范运营商行为，提升场馆综合效益具有重要意义。

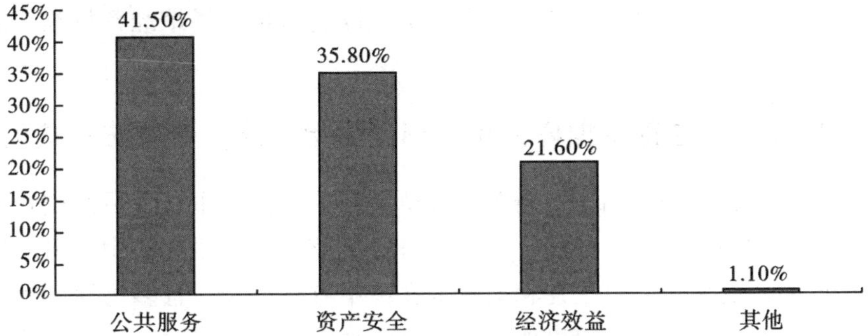

图 12-1 场馆经营权改革后监管内容占比图

12.2.3 降低信息不对称导致的风险

理想状态下，场馆实施经营权改革引入市场主体运营，业主与运营商所掌握的信息应是对称的。但在市场经济条件下，运营商作为行业内专业机构，掌握的信息远多于业主，二者表现出明显的信息不对称①。如前所述，业主追求社会效益最大化，而运营商则相反，在市场经济刺激下，作为理性经济人，以实现自身经济利益最大化为目标，且在市场竞争压力下，运营商会通过多种途径扩大收入来源，受这一动机驱使，往往会忽视社会效益。运营商会利用信息不对称，采取某些隐蔽行为获利。如在场馆经营权招投标过程中，运营商可能会隐瞒某些妨碍自己中标的信息，而导致场馆业主可能会误选；运营商在获得场馆经营权后，业主对运营商究竟付出了多大程度的努力来运营场馆也无法全面掌握。因此，需通过设计多种形式的监管机制降低信息不对称带来的风险。

12.3 场馆经营权改革后政府的碎片化监管及其弊端

场馆经营权改革的持续推进在激发市场主体积极性、提升公共体育

① 宋慧宇．食品安全激励性监管方式研究［J］．长白学刊，2013（1）：91-95．

服务质量等方面发挥了重要作用。但也应该注意到，在经营权改革后的政府监管方面存在碎片化困境，主要表现为监管依据、监管主体、监管方式以及保障措施缺乏系统性，在一定程度上影响了场馆经营权改革的效果。

12.3.1 监管依据碎片化：制度供给不足，专项法规缺乏

相对于如火如荼的场馆经营权改革实践，对其事中、事后的监管研究与实践则稍显不足。目前，有关政府对场馆经营权改革事中、事后监管没有专门的规定，只是在相关政策文件中有所提及，且多为原则性的要求，并没有具体的监管操作细则，有关政府监管的专项法规制度建设较为滞后。具体表现为当前政府监管制度供给不足，较为权威的只有国家体育总局近年来发布的相关文件，但作为指导性的政策文件，其刚性约束力稍显不足。而各地在实践过程中所依据的文件多沿用中央下发的文件，缺乏实质性的操作规范。相关法律规范的不完善，导致了政府监管职能的模糊。此外，场馆业主与运营商在签订合同时更多地考虑场馆经济效益、社会效益的实现，而对于运营过程中的监管问题则容易忽视。如某些委托经营合同中，缺乏运营商应积极配合政府部门监管的相关条款；或对于运营商未能提供相应标准的服务时，业主应采取何种措施进行监管等内容缺乏，导致监管依据不足。

12.3.2 监管主体碎片化：政府角色多样，职责权限模糊

政府监管最重要的前提是监管者与被监管者之间需保持距离，否则难以确保监管的独立性，事实上，监管部门的独立性和权威性是监管结果公平公正的重要保障①。而从已实施经营权改革的场馆来看，并未设置独立的监管机构，监管职责多由场馆业主或政府部门承担；从国内情况来看，场馆业主多为行政部门下属事业单位，与政府关系密切，二者职能界限模糊。如江苏省南通市某县级奥体中心，由体育局下属事业单

① 冯维胜．政府购买公共体育服务的评估实践与反思［J］．首都体育学院学报，2016，28（6）：484-487，492.

位奥体中心运营，实施场馆经营权改革后，场馆所有权集中于县体育局，成立国有企业体育发展投资有限公司负责运营，事业单位职能由经营转变为监管。政府部门既是实际的场馆资产所有者，也是政策制定者和场馆运营监管者，集多种角色于一身，导致出现自己监管自己的局面。

12.3.3 监管方式碎片化：缺位越位并存，监管手段单一

政府监管缺位主要表现在意识层面上，政府部门对于自身应承担的监管职能认识不足，自认为场馆交由公司运营后就彻底解决了场馆运营难的问题，政府不必再为之付出。但实质上，场馆经营权改革只是提升场馆公共服务能力的一种手段，并不意味着政府不必再履行公共服务供给职能，也不意味着政府就此可以高枕无忧。相反，政府更应该承担起对场馆运营的监管职责，维护好各利益相关方的利益。但现实是，在政府监管缺位的情况下，运营商为实现利益最大化，通过多种手段增加收入来源，甚至不惜侵蚀公共利益。武汉市某体育公园通过委托经营方式引入社会力量实施经营权改革，场馆业主与运营商在合同中就场馆免费、低收费开放时长进行了约定，但并未明确说明免费开放时段及相关收费标准，政府价格监管缺位。后期运营中，以羽毛球场地为例，运营商将免低收费时段设置在上班时间，而在晚上等黄金时段则采取市场价收费，且其收费价格过高，市场价时段价格达到200元，远超当地居民承受能力。监管越位则表现在政府对运营商的监管过于全面，且以直接的行政干预为主，从部分场馆经营权改革实践来看，运营商在涉及场馆冠名、非体项目经营以及大型赛事开展等重大事项方面均需向监管部门申请汇报①，导致运营商在场馆资源多元化开发方面不敢放开手脚。政府在监管过程中应调整监管手段，形成以合同契约、规章制度等经济和法律手段为主，行政指导为辅的监管机制。

---

① 李佳颖. 我国体育场馆供给存在的问题及创新路径［J］. 体育成人教育学刊，2018，34（3）：6-9，2.

12.3.4 监管保障碎片化：配套措施不健全，监管效果受限

如前所述，场馆经营权改革后政府监管是一个长期的过程，需要一系列政策、机制等保障措施才能稳步推进。但是从实践来看，上述保障措施还存在不足。首先，统一独立的政府监管部门缺乏。场馆经营权改革涉及部门众多，除体育行政部门外，还有财政等部门。由于经营权改革过程中完善的部门协调机制尚未形成，针对改革后的监管，各部门之间容易相互推诿或唱“独角戏”，导致监管流于形式。如武汉市某区级全民健身中心在经营权改革后，通过与运营商签订合同，明确由甲方文体局联合区财政局、物价局、税务局及审计机构等对当年运营管理服务进行考核。但实际上，每年仅由文体局自主或委托第三方机构对运营商进行考核，其他各监管部门未能协调一致。其次，合同内容规范性缺失。根据相关政策文件要求，场馆经营权改革应通过公开竞争性方式进行，在确定好运营商后，应通过合同将双方权责以及场馆公共服务、履约保证金等内容契约化，以规范双方的行为。但从笔者查阅到的部分合同来看，合同文本千篇一律，未能结合场馆实际情况，合同内容规范性不足；关于场馆服务定价权、政府监管方式等核心内容未能明确①，导致后期政府监管困难。最后，第三方评估参与不足。经营权改革后对场馆运营商的运营质量进行评估是检验改革效果的必要手段，同时也是政府监管的重要环节。但实践中，部分改革后的场馆未引入第三方评估，从笔者参与的评估来看，多为期末对运营商进行评估，运营过程中各个阶段的评估缺乏，致使运营效果不够理想。

12.4 国外场馆监管的经验与启示

欧美等发达国家在场馆运营方面经验丰富，尤其在构建完善的事中、事后监管体系研究方面投入大量时间和精力，形成了较为成熟的经

---

① 陈元欣. 公共体育场（馆）经营权招投标的制度设计、现存问题及优化策略 [J]. 中国体育科技，2018，54（3）：52-59.

验和做法。深入分析国外的经验和做法可为我国政府构建场馆经营权改革后的监管体系提供借鉴和参考。

12.4.1　设立独立监管部门

监管机构及其工作人员的独立性是场馆经营权改革后政府监管有效性的重要保证。从美国路易斯安那州体育场馆委托管理实践来看，州政府与运营商在签订委托合同时就约定了州政府对体育场馆的预算等事项进行监管，但不得干涉运营商的日常运营活动①。同时，政府还设有专门机构——体育场馆与展览区域委员会协助进行场馆管理。通过设置独立的机构专门就场馆业主与运营商签订的合同进行监管，定期对运营商的行为进行审查，这样，既保证了合同双方能按合同约定行事，也增强了监管的可信度。

12.4.2　以合同监管为核心

国外尤其是美国体育场馆委托经营实践起步较早，运作模式已发展较为成熟，其能够保证委托经营良性发展的核心是完善的委托经营合同制度设计，对运营商实施契约化监管。从查阅到的部分合同来看，委托人多为州政府，受托人则为专业运营商，如 SMG、AEG 等，通过合同，明确委托人享有一定范围内的监管权，但在此范围外，委托人则不得影响运营商的正常经营。委托人的监管权限主要包括财务审查、服务标准监管、预算审批等。如美国康涅狄格州政府与 AEG 签订的合同中约定，AEG 在场馆管理、大型体育赛事、演艺活动收支以及银行账户等方面须接受州政府的审查，且业主有权对 AEG 的年度预算提出修改意见②。美国体育场馆委托经营合同双方通过事前在合同中对监管范围等内容予以明确，保证了后期运营过程中政府监管权力的

---

①　陈元欣．国外体育场馆运营案例集锦［M］．武汉：华中师范大学出版社，2014．

②　王健．中美体育场馆委托经营比较研究［J］．西安体育学院学报，2013，30（1）：1-7．

有效行使。

12.4.3 注重全过程监管

为了充分提升场馆的经济效益和社会效益，必须对运营商进行动态监管。美国体育场馆委托给专业运营公司后，除每年年末对运营商进行评估外，运营商还需定期向业主提供运营情况月度、季度、年度报告①。根据合同约定，运营商需定期向业主汇报当月或当年的总收支情况、主要收入来源、每月大型活动举办情况以及年度计划完成情况等内容；此外，在每个季度的报告中，运营商还需向业主说明后续经营中需购置或维护的设备以及未来必要的支出，以便业主能够随时了解场馆的运营状况，并根据运营商提供的报告及时做出应对。国外场馆运营中政府监管涉及场馆运营的全过程，这样既保证了业主能够顺利行使其知情权，也保证了运营商在运营过程中兢兢业业。

12.4.4 定期进行财务审计

财务审计是美国体育场馆委托运营合同中的重要内容。运营商需定期向业主提交财务报告，及时向业主汇报场馆收支情况。如知名场馆运营商 AEG 每月或每季度要向业主上报主要收入来源、支出去向、应付应收账款说明以及银行账户信息等。此外，部分委托合同中还明确指定独立的第三方审计机构，负责对运营商的财务预算或运营收支进行审计，如发现运营商有弄虚作假的行为，运营商除需弥补业主的损失外，还要承担相关审计的费用②。如路易斯安那州政府与 SMG 达成委托合作意向后，州政府委托第三方定期对 SMG 运营情况进行审计，以了解场馆财务状况，并根据审计机构的建议调整相应合同条款。

---

① 陈磊. 美国大型体育场馆运营中 PPP 模式应用研究 [J]. 首都体育学院学报，2018，30（4）：297-301.

② 严小娟. 美国体育场馆委托经营研究 [J]. 成都体育学院学报，2012，38（8）：30-34.

12.5 场馆经营权改革后政府整体性监管体系的构建

公共体育场馆经营权改革是全面深化体育改革的重要组成部分，未来将持续进行。因此，完善改革后的政府监管体系尤为重要。针对目前改革后政府在监管实践中存在的碎片化困境，本小节拟结合整体性治理理论，从以下几方面入手，探讨构建场馆经营权改革后政府整体性监管体系（如图 12-2）。

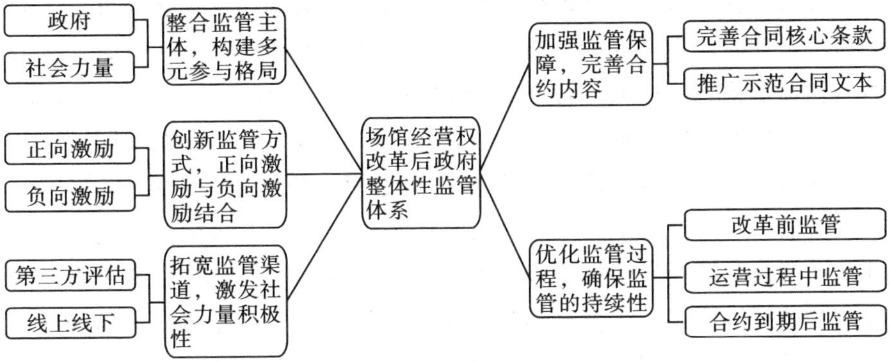

图 12-2 场馆经营权改革后政府整体性监管体系示意图

12.5.1 整合监管主体，构建以政府为核心的多元参与格局

在整体性政府监管理念下，要将政府作为场馆经营权改革后唯一监管主体的传统思维转变为多元监管主体共同参与，推动各监管主体的沟通协作，以及各个监管主体内部的协调，构建多层次的监管体系和多元化的监管格局。多层次的监管体系强调以政府监管为核心，设置独立监管机构；多元化的监管格局则强调社会组织、公众等多元监管主体的共同参与。在构建以政府为核心的监管体系方面，应坚持权、责对等和经济高效的原则，在场馆实施经营权改革过程中，政府应成立由业主与运营商共同认可的监管部门，并安排专职人员负责该项工作。同时，该监管机构应具备独立性、专业性，独立于被监管者和政府部门之外。多元

化的监管格局则要求以政府为主导，市场主体、社会组织、公众等多元监管主体协同参与，妥善处理政府部门与社会力量之间的关系①。政府作为场馆经营权改革后监管的核心主体，应明确自身在监管体系中的职责定位，顺应国家治理现代化的发展要求，创新监管思维，转变治理理念，正确认识社会力量参与监管的重要性，给予社会组织、公众等更多的参与机会，调动社会力量共同参与的积极性。同时，政府应协助能力强、信誉好的运营商共同建立行业规范，推动场馆运营服务标准化的建立，提高场馆运营市场进入门槛，合理运用监管结果，确保经营权改革过程中有更多的优质运营商参与②。场馆运营商应积极配合政府的工作，加强自我监管，最大限度地公开场馆运营相关信息，主动接受社会公众的监督，共同建立良好的沟通协调机制，促进彼此的互联、互动，为政府监管提供便利。同时，注重自身建设，积极学习国外先进经营理念，借鉴国外优秀经验，提高自身专业化水平，探索与国内场馆实际情况相结合的运营模式；场馆协会等专业社会组织应积极承担政府转移职能，在政府监管不到位的地方，发挥自身优势作为第三方机构参与场馆运营评估；公众是场馆经营权改革最直接的感受者，应鼓励公众通过多种途径对改革提供建议，积极接纳公众的意见，接受社会监督。场馆经营权改革涉及的主体众多，主要有政府部门、运营商、公众等，各主体之间沟通难度大、成本高且效率较低，而构建独立的以政府为核心的多元监管格局，一方面能对经营权改革进行全过程监管，保证改革的顺利进行；另一方面则能更好地协调各利益主体间的关系，保证监管的公平公正。

12.5.2 创新监管方式，正向激励与负向激励相结合

市场经济条件下，场馆运营商无疑是追逐利益最大化的“理性经济

---

① 舒宗礼. 城镇化进程中我国县域公共体育场馆市场化配置风险与监控研究［J］. 首都体育学院学报，2016，28（2）：100-104.

② 任鹏飞. 农村公共文化服务第三方评估研究：理论溯源、功能审视与实践反思［J］. 图书馆建设，2018（11）：17-22.

人”，因此在监管方式上应有所创新，将正向激励与负向激励相结合。在正向激励方面，通过制定一系列明确的正向激励指标以及配套的激励方案，对按照合同诚信运营的场馆运营商给予物质或精神激励。物质激励主要包括为优秀运营商提供政府补贴、税收优惠、运营便利等；精神激励则主要指声誉激励机制等，此种激励虽不能直接带来经济利益，但能够提升场馆运营商品牌形象，是一项重要的无形资产，主要包括荣誉激励，如授予公共体育服务优质供应商称号以及法律许可范围内的优先续约权，即合同到期后，对于评估良好的运营商可优先续约①。负向激励是指当运营商的行为违背合同约定而做出有损场馆业主利益的行为时，监管机构为及时纠正而对运营商做出处罚或负面评价等。通过对运营商进行负面激励，如警告、没收履约保证金等，促使运营商规范其运营行为，使其按照合同约定执行。正向激励与负向激励相结合的监管方式从奖惩两方面约束运营商的行为，降低了运营商产生机会主义行为的可能性，能够推动监管效果的提升。

12.5.3 拓宽监管渠道，激发社会力量积极性

场馆经营权改革的核心目标是提升场馆经济效益和社会效益，满足群众日益增长的多样化体育需求，而完善监管体系是实现这一目标的重要保证。整体性监管体系的构建应顺应国家治理现代化潮流，拓宽监管渠道，激发社会力量参与的积极性，形成政府、社会、公众紧密配合的局面。培育社会监管力量，发挥多元监管主体的作用，主要从以下三方面进行：一是增强公众监管意愿和权利意识，使其自觉对运营商的行为进行监督，同时，完善相关配套措施，运用信息技术，如开通监督热线或官方微信公众号，提供多种需求表达和服务投诉渠道，为群众监管提供便利。二是进一步调动相关社会组织或市场主体的积极性，引入第三方评估。由场馆经营权改革利益相关者共同确定第三方机构，通过第三方服务认证、第三方绩效评估等方式定期或不定期对运营商的运营绩效

---

① 陈元欣. 公共体育场（馆）委托管理激励机制研究［EB/OL］.（2019-01-08）［2019-02-17］. 中国体育科技 https://doi.org/10.16470/j.csst.2019994.

进行考核，并及时向监管部门反映。三是增强信息透明度。通过线上线下多种途径，及时对外公布场馆经营权改革相关信息，增强公众的信息知情权和责任感，同时提升政府公信力。场馆经营权改革后的政府监管是一项长期的、系统的工作，需要多元主体的协调配合才能完成，而拓宽社会力量参与渠道是弥补政府监管缺位、完善监管体系的重要途径。

12.5.4 加强监管保障，完善合同内容

合同是场馆经营权改革后政府监管的重要依据。随着市场经济的发展，契约思想已深入社会生活的方方面面，场馆业主在选定运营商后，须就场馆运营可能遇到的问题以及双方的权责与运营商协商一致后签订合同。合同既有法律约束力，同时在方式上又灵活多变。从目前国内场馆经营权改革后业主与运营商签订的合同内容来看，存在较为明显的规范性缺失的问题，尤其是部分合同核心条款缺失。因此，业主与运营商应就合同问题反复协商，除明确双方权利与义务等一般性内容外，还应重点细化公共体育服务、服务定价权以及政府监管等核心内容。通过细化公共体育服务内容和要求，为运营商提供群众满意的公共体育服务指明方向；通过明确服务定价权给予政府实施价格监管的权力，针对公共体育服务提出最高限价，避免运营商的过度经营行为；通过明确监管主体、监管方式和内容，为政府实施有效监管提供保障。同时，政府层面应积极推广示范合同，为各地在场馆经营权改革中提供参考。如湖北省体育局针对委托运营出台了《场馆运营管理合同示范文本》，明确了合同中必须包含的核心内容，具有重要的参考价值。

12.5.5 优化监管过程，确保监管的持续性

在保持监管效果方面，场馆经营权改革后政府监管并不是一劳永逸的，而是一个长期持续的过程。对运营商的监管可分为改革前的监管、运营过程中的监管及合约到期后的监管，只有对运营商实施全过程的监管才能有效实现经营权改革的目的。改革前的监管主要集中在对运营商资质的监管。场馆业主根据自身利益诉求和群众体育需要，通过招投标等公开竞争方式向社会公开遴选运营机构，符合相关要求的运营商参与

竞争，由政府部门对运营商的资质和服务能力进行审核，通过完善的招投标程序，综合考虑多种因素，选择最优的运营商。运营过程中的监管主要是对运营商的合同履行情况进行监督。政府在确定运营商后应与之就合同内容进行协商，签订内容完备的合同，此后，政府根据合同内容履行监管职责。同时，政府还可充分发挥公众、社会组织或第三方机构的监管作用。公众是场馆经营权改革效果优劣的直接体验者，最具发言权，公众通过向监管机构反馈信息可帮助政府及时修改合同内容或对运营商进行相应约束。第三方独立评估主体对运营效果进行评估既可以缓解政府压力，又能够保证监管的公正准确。合约到期后的监管主要包括运营期满后场馆资产顺利移交，以及确保运营商能够诚实守信，严守场馆相关的商业秘密。

参考文献

［1］小罗宾·阿蒙，理查德·M. 索撒尔，大卫·A. 巴利尔. 体育场馆赛事筹办与风险管理［M］. 高俊熊，主译. 沈阳：辽宁科学技术出版社，2005.

［2］伊迪丝·彭罗斯. 企业成长理论［M］. 赵晓，译. 上海：上海人民出版社，2007.

［3］陈天祥. 新公共管理——政府再造的理论与实践［M］. 北京：中国人民大学出版社，2005.

［4］陈元欣. 大型体育场馆投融资实务［M］. 北京：北京体育大学出版社，2012.

［5］陈元欣. 国外体育场馆运营案例集锦［M］. 武汉：华中师范大学出版社，2014.

［6］侯光明，李存金. 现代管理激励与约束机制［M］. 北京：高等教育出版社，2002.

［7］刘凤芹. 新制度经济学［M］. 北京：中国人民大学出版社，2015.

［8］刘田修，等. 运动场（馆）规划与管理［M］. 台北：华杏出版机构，2014.

［9］骆品亮. 管理经济学［M］. 上海：上海财经大学出版社，2006.

［10］让-雅克·拉丰，大卫·马赫蒂摩. 激励理论（第一卷）委托-代理模型［M］. 北京：中国人民大学出版社，2002.

［11］萧浩辉. 决策科学辞典［M］. 北京：人民出版社，1995.

［12］殷文强. PPP 模式核心要素及操作指南［M］. 北京：经济日报出版社，2016.

［13］张为付. 江苏省体育产业发展报告（2017）［M］. 南京：南京

大学出版社，2018：90.

[14] 张维迎．博弈论与信息经济学［M］．上海：上海三联书店，上海人民出版社，1996.

[15] 张维迎．理解公司：产权、激励与治理［M］．上海：上海人民出版社，2014.

[16] 鲍明晓，邱雪，吴卅．论市场在群众体育发展中的作用［J］．北京体育大学学报，2014，37（10）：1-6.

[17] 曾庆贺，马书军，陈元欣，等．大型体育场馆市场化供给的可行性分析［J］．北京体育大学学报，2009，32（4）：17-20.

[18] 陈琦，曹兴．企业成长理论述评［J］．湘潭大学学报（哲学社会科学版），2008（3）：72-75.

[19] 陈文倩．我国大型公共体育场馆体制改革模式研究［J］．西安体育学院学报，2016，33（3）：295-298.

[20] 陈小安．我国准公共产品垄断与竞争性供给改革［J］．经济体制改革，2006（5）：20-24.

[21] 陈元欣，黄昌瑞，王健．职业体育俱乐部参与体育场（馆）运营研究［J］．体育科学，2017，37（8）：12-20.

[22] 陈元欣，陈磊，王健．公共体育场（馆）经营权招投标的制度设计、现存问题及优化策略［J］．中国体育科技，2018，54（3）：52-59.

[23] 陈元欣，何凤仙，王健．我国公共体育场馆税费政策研究［J］．天津体育学院学报，2012，27（6）：484-486.

[24] 陈元欣，姬庆，周彪．公共体育场（馆）委托管理激励机制研究［J］．中国体育科技，2019，55（1）：52-60.

[25] 陈元欣，姬庆．大型体育场馆运营内容产业发展现状、问题及对策［J］．首都体育学院学报，2015，27（6）：483-487.

[26] 陈元欣，刘倩．我国大型体育场馆运营管理现状与发展研究［J］．体育成人教育学刊，2015，31（6）：23-31，2.

[27] 陈元欣，王健．大型体育场（馆）运营管理企业化改革研究［J］．体育科学，2015，35（10）：17-24.

［28］陈元欣，王健．公共体育场（馆）运营改革过度市场化问题研究［J］．体育科学，2014，34（6）：3-10．

［29］陈元欣，王健．我国公共体育场（馆）发展中存在的问题、未来趋势、域外经验与发展对策研究［J］．体育科学，2013，33（10）：3-13．

［30］陈元欣，张崇光，王健．大型体育赛事场馆设施的民营化探析［J］．上海体育学院学报，2008（1）：25-30．

［31］陈元欣．我国体育场馆业发展态势［J］．环球体育市场，2010（2）：11-13．

［32］程丽霞，孟繁颖．企业成长理论的渊源与发展［J］．江汉论坛，2006（2）：53-56．

［33］楚迤斐．中国公用事业市场化的政府规制途径探析［J］．河南师范大学学报（哲学社会科学版），2010，37（2）：119-122．

［34］代璐．浅析我国公共体育场馆经济政策的现状及存在问题［J］．价值工程，2011，30（16）：110-111．

［35］邓伟，刘健．国有企业的行政级别、政治关联与经营业绩［J］．经济经纬，2014，31（1）：107-111．

［36］丁云霞，张林．两权分离背景下公共体育场馆委托经营管理模式的应用［J］．北京体育大学学报，2017，40（2）：24-29．

［37］董颖，温洪泽．21世纪中国体育场馆政策法规效用研究［J］．广州体育学院学报，2014，34（6）：40-44．

［38］方曙光，徐文强，陈元欣，等．文化体制改革对我国公共体育场馆管理体制改革的启示［J］．吉林体育学院学报，2011，27（3）：16-18．

［39］冯维胜，曹可强．政府购买公共体育服务的评估实践与反思［J］．首都体育学院学报，2016，28（6）：484-487．

［40］冯欣欣，邹英，荆俊昌．西方国家大型体育场馆民营化改革研究［J］．沈阳体育学院学报，2009，28（4）：35-38，46．

［41］戈乃西，张凡．世界银行招标采购规定对我国现行招标采购制度的启示［J］．招标采购管理，2017（2）：14-16．

[42] 耿国阶，李超. 政府购买社会服务的“内卷化”——基于A县政府购买城市规划服务的实证分析 [J]. 东北大学学报（社会科学版），2018，20（6）：594-600.

[43] 郭敏刚，王健，陈元欣，等. 大型体育赛事场馆无形资产开发特征、存在问题及对策 [J]. 上海体育学院学报，2008（1）：35-38.

[44] 何亚东，胡涛. 委托代理理论述评 [J]. 山西财经大学学报，2002（3）：62-65.

[45] 贺小刚，李新春. 企业家能力与企业成长：基于中国经验的实证研究 [J]. 经济研究，2005（10）：101-111.

[46] 胡敏洁. 论政府购买公共服务合同中的公法责任 [J]. 中国法学，2016（4）：143-158.

[47] 胡艳. 后奥运时期大型体育场馆多元化运营战略分析 [J]. 成都体育学院学报，2012，38（4）：44-47.

[48] 黄昌瑞，陈元欣，何凤仙，等. 美国大型体育场馆的盈利模式及启示 [J]. 体育文化导刊，2017，12（12）：1-5.

[49] 黄春蕾. 我国政府购买公共服务中公开招标机制应用研究 [J]. 地方财政研究，2015（1）：46-54.

[50] 黄凯南. 不完全合同理论的新视角——基于演化经济学的分析 [J]. 经济研究，2012，47（2）：133-145.

[51] 黄惠娟. 台湾公立运动场（馆）委外经营相关政策与模式 [J]. 大专体育，2013（126）：23-32.

[52] 黄文彦，蓝海林. 委托代理关系中激励机制的设计 [J]. 华南理工大学学报（社会科学版），2005，7（1）：34-37.

[53] 江其建，卢竞荣，徐双. 文化体制改革的配套政策对公共体育场馆改革的启示 [J]. 河北体育学院学报，2012，26（3）：49-52.

[54] 姜政扬，王秋雯. 对以民营化方式消除公用事业垄断问题之反思 [J]. 河北法学，2011，29（9）：90-95.

[55] 黎国庆. 我国大型体育场馆改制的选择模式 [J]. 商场现代化，2008（5）：277-278.

[56] 李昂，傅士成. 政府购买公共服务合同的性质探析 [J]. 政法

学刊，2017，34（1）：35-41.

［57］李军波，蔡伟贤，王迎春. 企业成长理论研究综述［J］. 湘潭大学学报（哲学社会科学版），2011，35（6）：19-24.

［58］李明. 我国公共体育场馆的资产性质及其改革［J］. 天津体育学院学报，2003（2）：56-58.

［59］李艳丽. 我国体育场馆国有资产混合所有制改革研究［J］. 体育与科学，2016，37（6）：49-53.

［60］李正全. "特许竞标"理论及其发展［J］. 现代经济探讨，2004（7）：29- 31.

［61］林伟刚. 日本的体育设施建设及其启示［J］. 体育文化导刊，2013（12）：69-72.

［62］刘波，邹玉玲. "公共物品理论"视角下我国公共体育场馆民营化改革的思考［J］. 首都体育学院学报，2008（4）：46-48.

［63］刘杰. 大型体育场馆市场化运营的体制性障碍研究［J］. 武汉体育学院学报，2011，45（6）：39-44.

［64］刘银国. 基于委托—代理理论的国有企业经营者激励机制研究［J］. 经济问题探索，2007（1）：155-160.

［65］刘长庚，王迎春. 核心资源基础企业理论框架下的企业内生成长模型［J］. 经济经纬，2013（6）：89-93.

［66］陆亨伯，徐培兴，谢萍萍. 论公共体育场馆民营机制的选择［J］. 浙江体育科学，2008（3）：7-9.

［67］罗平. 日本公共体育设施运营的指定管理者制度及启示［J］. 上海体育学院学报，2010（6）：23-26.

［68］牛要聚. 台湾地区政府和社会资本合作的主要做法及启示［J］. 中国财政，2015（15）：70-71.

［69］彭婧，张汝立. 如何避免政府购买服务成为公众"不称心的礼物"？——基于政府责任视角的分析［J］. 中央民族大学学报（哲学社会科学版），2018，45（1）：58-65.

［70］齐超. 社会组织参与体育公共服务供给的现实困境及路径选择——来自上海的启示［J］. 天津体育学院学报，2016，31（3）：

252-258.

[71] 沈满洪，张兵兵. 交易费用理论综述 [J]. 浙江大学学报（人文社会科学版），2013，43（2）：44-58.

[72] 宋涛，陈元欣，姬庆. 体育场馆专业运营商发展研究 [J]. 体育成人教育学刊，2015，31（4）：15-19.

[73] 唐建新，罗文涛. 产业政策、政治关联与民营企业投资 [J]. 商业研究，2016（11）：33-40.

[74] 童诣雯. 台北市市民运动中心，公办民营之关键课题之探讨 [J]. 物业管理学报，2013，4（2）：1-14.

[75] 万璐. 改革开放后我国体育场馆的政策内容演进研究 [J]. 科技资讯，2015，13（23）：124，126.

[76] 王宝成. 委托—代理框架下激励问题的理论综述 [J]. 特区经济，2005（5）：357-358.

[77] 王健，陈元欣，王维. 中美体育场馆委托经营比较研究 [J]. 西安体育学院学报，2013，30（1）：1-7.

[78] 王进. 公共体育场馆的属性及其产品供给方式选择——公共经济学视角下的理论分析 [J]. 南京体育学院学报（社会科学版），2008，22（6）：17-19，67.

[79] 王俊豪. 特许投标理论及其应用 [J]. 数量经济技术经济研究，2003（1）：137-140.

[80] 王龙飞，王岩，刘运州. 美国体育场（馆）的公共财政支持及其启示 [J]. 体育科学，2009，29（10）：24.

[81] 王喆，陈元欣. 大型体育场（馆）市场化运营中获取大型活动资源策略分析 [J]. 首都体育学院学报，2013，25（3）：196-204.

[82] 王治君，陈元欣. 欧洲职业足球俱乐部场（馆）建设与运营现状及其发展趋势分析 [J]. 成都体育学院学报，2013，38（12）：28-33.

[83] 武国栋. 奥运体育场馆赛后运营模式分析与启示 [J]. 西安体育学院学报，2011，28（4）：458-462.

[84] 肖华，夏树花，王钦澄. 公共体育场馆民营化管理模式研究 [J]. 沈阳体育学院学报，2015，34（3）：13-16，26.

［85］王龙飞，王朋．税收政策在美国职业体育场馆建设中的作用及其启示［J］．西安体育学院学报，2015，32（1）：33.

［86］徐全军．现代企业成长理论研究状况分析［J］．山东经济，2009，25（5）：54-63.

［87］徐文强，陈元欣，张洪武，等．我国公共体育场馆经营现状及管理体制改革研究［J］．成都体育学院学报，2007（3）：1-6.

［88］严小娟．美国体育场馆委托经营研究［J］．成都体育学院学报．2012，38（8）：30-34.

［89］杨京钟，郑志强．公共体育场馆体育消费财税激励的学理因由及推进策略［J］．武汉体育学院学报，2016，50（9）：11-16.

［90］杨林岩，赵驰．企业成长理论综述——基于成长动因的观点［J］．软科学，2010，24（7）：106-110.

［91］杨其静．企业与合同理论的新阶段：不完全合同理论——兼评Hart的《企业，合同与财务结构》［J］．管理世界，2005（2）：162-169.

［92］杨其静．从完全合同理论到不完全合同理论［J］．教学与研究，2003（7）：27-33.

［93］余鸿潇，陈元欣，姬庆，等．我国体育场馆建设和运营发展趋势研究［J］．体育科技文献通报，2015，23（6）：132-133.

［94］余佶．政府向社会组织购买公共服务的风险管理——基于委托代理视角及其超越［J］．马克思主义与现实，2016（3）：169-175.

［95］余明桂，回雅甫，潘红波．政治联系、寻租与地方政府财政补贴有效性［J］．经济研究，2010，45（3）：65-77.

［96］袁俊．市政公用事业特许经营权招标，拍卖中存在的问题及监管对策［J］．特区经济，2007（11）：246-247.

［97］张桂宁．公共体育场馆的属性及其产品供给方式［J］．体育文化导刊，2009（2）：60-61.

［98］张宏．我国公共体育场馆改制的模式、操作流程和关键点［J］．广州体育学院学报，2011，31（2）：10-14.

［99］赵一洋，周雨阳．互联网体育海外镜鉴［J］．互联网经济，

2018，8（8）：1-5.

［100］钟宏武，徐全军. 国内外现代企业成长理论研究现状比较［J］. 经济管理，2006（1）：39-43.

［101］周良君，谭建湘. 深圳市大型公共体育场馆管理体制改革的现状与对策［J］. 上海体育学院学报，2009，33（2）：17-20.

［102］周雪光. "关系产权"：产权制度的一个社会学解释［J］. 社会学研究，2005，20（2）：1-32.

［103］庄永达，陆亨伯. 公共体育场馆民营化经营管理的几个瓶颈问题思考［J］. 北京体育大学学报，2011，34（5）：4-7.

［104］陈元欣. 谋划未来场馆发展［N］. 中国体育报，2016-07-20（001）.

［105］国务院. 国务院关于加快发展体育产业促进体育消费的若干意见［Z］. 北京：国务院. 2014.

［106］国务院办公厅. 中国足球改革发展总体方案［Z］. 北京：国务院办公厅，2015.

［107］江苏海州湾发展集团有限公司. 连云区文体馆合作经营合同［Z］. 连云港：江苏海州湾发展集团有限公司，2015.

［108］海安县体育中心整体委托运营招标项目招标文件［Z］. 南京：江苏省公共资源交易中心，2017.

［109］江苏省体育局. 2017年江苏省体育产业工作情况报告［Z］. 北京：国家体育总局，2017.

［110］江苏省五台山体育中心. 江苏省五台山体育中心转企改制总体方案［Z］. 南京：江苏省五台山体育中心，2018.

［111］南京市栖霞区体育局. 南京市栖霞区全民健身中心委托运营管理合同［Z］. 南京：南京市体育局，2015.

［112］镇江市体育局. 2018年体产公司考核目标任务书［Z］. 镇江：镇江市体育局，2017.

［113］镇江体育产业发展有限公司. 2017年主要工作及2018年工作思路［Z］. 镇江：镇江体育产业发展有限公司，2017.

［114］中共江苏省委办公厅. 关于从事生产经营活动事业单位改革的实施意见［Z］. 南京：中共江苏省委办公厅，2018.

［115］中共镇江市委办公室. 关于调整完善镇江体育产业发展有限公司管理体制的通知［Z］. 镇江：中共镇江市委办公室，2017.

［116］常荣霞. 大型公共体育场馆改革的财税政策研究［D］. 武汉：武汉体育学院，2014.

［117］史小强. 美国公共体育服务体系研究［D］. 上海：上海体育学院，2014.

［118］钟文传. 政府对民间参与公共建设管理研究［D］. 天津：南开大学，2009.

［119］国家体育总局. 第六次全国体育场地普查数据分析报告［R］. 2015.

［120］王健. 国际体育场（馆）建设、运营的经验与启示［R］. 武汉：华中师范大学，2009：8-10.

［121］中投顾问：2019-2023年中国体育场馆行业深度调研及投资前景预测报告［R］. 2018. 06.

［122］LONG J G. Public/Private Partnerships for Major League Sports Facilities［M］. UK：Routledge，2013.

［123］HOWARD D R，CROMPTON J L. Financing Sport［M］. 3rd ed. Morgantown：Fitness Information Technology，2013.

［124］NORTH D C. Institutions，Institutional Change and Economic Performance［M］. Cambridge：Cambridge University Press，1990.

［125］SAVAS E S. Privatization：The Key to Better Government［M］. Chatham，NJ：Chatham House Publishers，1987.

［126］MARSHALL A. Principles of Economics［M］. New York：Cosimo Classics，2009.

［127］NELSON R R，WINTER S G. An Evolutionary Theory of Economic Change［M］. Cambridge：Harvard University Press，1982.

［128］PENROSE E T. The Theory of the Growth of the Firm

[M]. Oxford: Oxford University Press, 1959.

[129] WILLIAMSON E O. The Economic Institutions of Capitalism: Firms, Markets, Relational Contracting [M]. New York: Free Press, 1985.

[130] JOHNSON B K, GROOTHUIS P A, WHITEHEAD J C. The value of public goods generated by a major league sports team: The CVM approach [J]. Journal of Sports Economics, 2001 (2): 6-21.

[131] NELSON R R, WINTER S G. In Search of a Useful Theory of Innovation [J]. Research Policy, 1977, 6 (1): 36-76.

[132] PRAHALAD C K, HAMEL G. The core competence for the corporation [J]. Harvard Business Review, 1990, 68 (5): 79-91.

[133] WILLIAMSON E O. Transaction-cost economics: the governance of contractual relation [J]. The Journal of Law and Economics, 1979, 22 (2): 233-261.

[134] BAADE R A. Stadium subsidies make little economic sense for cities, a rejoinder [J]. Journal of Urban Affairs, United States: Academic Search Premier, 1996, 18 (1): 33-37.

[135] HOLMSTROM B, MILGROM P R. Aggregation and Linearity in the Provision of Intertemporal Incentives [J]. Econometrica, 1987 (55): 303-328.

[136] JOHNSON B K, WHITEHEAD J C. Value of public goods from sports stadiums: the CVM approach [J]. Contemporary Economic Policy, 2000, 18 (1): 48-58.

[137] MILLER P A. The Economic Impact of Sports Stadium Construction: The Case of the Construction Industry in St. Louis, MO [J]. Journal of Urban Affairs, 2002, 24 (2): 15.

[138] POPP N, SCHRIVER T DE, MCEVOY C, et al. A valuation analysis of corporate naming rights for collegiate sport venue [J]. Sport Marketing Quarterly, 2016 (1): 7-20.

[139] NELSON A C. Prosperity of Blight? A Question of Major League Stadia Locations [J]. Economic Development Quarterly, 2001, 15 (3): 255-265.

[140] RAPPAPORT J, WILKERSON C. What Are the Benefits of Hostinga Major League Sports Franchise [J]. Economic Review, 2001, 86 (1): 57.

[141] BAADE R A.. Stadium Subsidies Make Little Economic Sense For Cities, a Rejoinders [J]. Journal of Urban Affairs, 1996, 18 (1): 33-37.

[142] HESTER S. Facility Operations: Financial, Venue, and Environmental Sustainability [J]. Kahperd Journal, 2016, 53 (1): 15-18.

[143] ROSS W D. Financing techniques and stadium subsidies in the United States [J]. Journal of Urban Technology. Academic Search Premier, 2004, 11 (2): 41-59.

[144] WAYNE F. Stadium Management Agreement-The Professional Baseball Stadiumat Harrison square [Z]. Indiana: Fort Wayne, 2007.

[145] LOUISIANA LEGISLATIVE AUDITOR. Performance Audit [Z]. 2006.

[146] NORTHLAND AEG LLC, STATE OF CONNECTICUT. Stadium Management Agreement [Z]. 2007.

[147] YANKEES BALLPARK COMPANY. New York City Industrial Development Agency ("NYCIDA") Project Cost/benefifit Analysis [Z]. 2006.

[148] LEWIS B. The Management of An Analysis of NBA Arena Management Trends [D]. California: California Polytechnic State University, 2013.

[149] BSG. Georgia World Congress Center Authority: Selected Case Studies Preliminary Draft-Subject to Revision [R]. 2010.

[150] DELOITTE. Annual Review of Football Finance 2016 [R]. 2016.

[151] KPMG International. European Stadium Insight [R]. 2011.

[152] KPMG. Santa Clara Stadium Authority [R]. 2016.

[153] Louisiana Legislative Auditor. Performance Audit Report [R]. State of Louisiana: Legislative Audit Advisory Council, 2006: 2-7.

[154] UEFA. The European Club Footballing Landscape [R]. 2015.

后　记

本书是在我承担的 2017 年国家社科基金重点项目《全面深化改革进程中大型体育场馆经营权改革研究》主要研究成果的基础上完善而成。在该项目的研究过程中，为获得一手的资料，力求研究成果能够客观、准确反映我国大型体育场馆（以下简称“场馆”）经营权改革的基本情况，课题组积极与国家体育总局经济司、群体司和中国体育场馆协会等部门沟通，争取体育总局等部门对于课题研究的大力支持，并积极参与国家体育总局组织开展的场馆改革政策研究工作，力争将本课题的研究成果服务于场馆改革实践。在国家体育总局、中国体育场馆协会、江苏省体育局、湖北省体育局等部门的大力支持下，在 2017 年中国体育场馆协会年会期间对参会的 200 多家场馆负责人进行了问卷调查，并召开了场馆所有权与经营权两权分离改革座谈会，听取一线场馆负责人对于场馆经营权改革的意见。江苏省体育局专门下文开展全省体育场馆经营权改革的问卷调查。同时，课题组借助国家体育总局在江苏、浙江、重庆、湖北等省市开展的场馆改革试点工作的机会，积极参与改革试点工作，跟踪改革进展情况，为本研究提供了大量一手的素材，为课题研究的顺利进行奠定了坚实的基础。课题组经过近三年的刻苦钻研和深入调研，较为圆满地完成了既定的研究计划和研究内容，形成了 20 余万字的研究报告，在结项评审时被评定为优秀。

该书就场馆经营权改革的基本情况与实践探索、剧院和域外场馆运营经验与模式、企业化改革、PPP 模式在场馆经营权改革中的应用、民营企业和职业体育俱乐部参与场馆运营、场馆运营企业规模化运营、场馆经营权竞标问题、场馆委托合同、场馆经营权改革后公共体育服务供给、场馆运营商激励机制和监管体系构建等问题进行了较为深入的分析，部分研究内容国内学者鲜有涉猎，在一定程度上丰富和拓展了场馆运营改革研究内容。

该课题在研究过程中，我曾经指导的研究生姬庆、陈磊、方雪默、何于苗、周彪、杨金娥、邱茜、黄昌瑞、黄嫣铃子、付倩等参与了部分内容的研究，部分研究生参与了审校工作，在此一并向他们表示感谢。

在该课题的调研过程中得到了国家体育总局经济司、群体司、中国体育场馆协会、江苏省体育局、湖北省体育局、安徽省体育场馆协会以及各地体育中心和体育场馆运营公司等部门和机构的大力支持，在此向他们表示衷心的感谢。

感谢华中师范大学出版社的支持，将该书纳入学校学术著作出版资助项目，感谢出版社冯会平主任为本书顺利出版所付出的辛苦努力。

体育场馆运营改革是一项系统性工程，我虽深耕该领域10多年，但因学识和能力有限，书中难免有疏漏及不尽如人意之处，还望读者和专家不吝赐教。

陈元欣

2021年秋于南湖